Waldemar Pallasch, Uwe Hameyer
Lerncoaching

Pädagogisches Training

Waldemar Pallasch, Uwe Hameyer

Lerncoaching

Theoretische Grundlagen und
Praxisbeispiele zu einer didaktischen
Herausforderung

Unter Mitarbeit von Peter Flittiger,
Grit Möller, Ines Petersen,
Hilda Rohmer-Stänner und Regina Walther

2. Auflage

BELTZ JUVENTA

Die Autoren

Waldemar Pallasch, Dipl. Paed., Dr. sc. paed., Jg. 1938, ist Professor (em.) am Institut für Pädagogik der Christian-Albrechts-Universität zu Kiel, Mitglied des Direktoriums von Advanced Studies (AS) und Begründer des Kieler Supervisionsmodells (KSM) sowie des Kieler Coachingmodells (KCM). Seine Arbeitsschwerpunkte sind Interaktion und Kommunikation, Microteaching, pädagogisch-psychologische Trainings, pädagogische Beratung und Therapie, Supervision, Coaching, Lerncoaching, Gruppendynamik und Konfliktmanagement.

Uwe Hameyer, Dr. phil., Jg. 1949, ist Professor für Pädagogik und Direktor am Institut für Pädagogik der Christian-Albrechts-Universität zu Kiel, Mitglied des Direktoriums von Advanced Studies (AS), ebenfalls Universität Kiel. Seine Arbeitsschwerpunkte sind Innovationsforschung im Schulfeld, Curriculumtheorie, Lernen und Lernarrangements, Schulentwicklung im internationalen Vergleich, Organisationsberatung und Projektmanagement.

ISBN 978-3-7799-2140-0

1. Auflage 2008
2. Auflage 2012

Beltz Verlagsgruppe GmbH & Co. KG
Werderstraße 10, 69469 Weinheim
service@beltz.de

Druck und Bindung: Libri Plureos GmbH, Friedensallee 273, 22763 Hamburg
Printed in Germany

Vorwort

Dieses Buch führt in die theoretischen Grundlagen und Module des Kieler Lerncoachingkonzepts ein. Einen wesentlichen Ausgangspunkt bilden langjährige Erfahrungen, Entwicklungen und Forschungsstudien aus dem Institut für Advanced Studies (AS) – Universität Kiel – im Bereich professioneller Beratung, Supervision und Coaching. Lerncoaching setzt dort an, wo Lernende Beratung brauchen, wo ihr Selbstmanagement Unterstützung verlangt und wo es darauf ankommt, Aufgaben und Probleme eigenständig lösen zu lernen. Die Zeit des strukturellen Wandlungsprozesses ist zugleich eine Zeit des Beratungszuwachses. Nicht nur in pädagogischen Arbeitsfeldern, sondern auch in Wirtschaft, Unternehmen und Behörden. Beratungszuwachs entsteht sowohl auf der personalen als auch auf der organisationalen Ebene.

Ein Buch zum Lerncoaching zu schreiben stellt die Autoren vor zwei Herausforderungen: eine praktische und eine theoretische. Die praktische Herausforderung besteht darin, dass Lerncoaching inzwischen viel nachgefragt wird und wir nach Klärung der damit verbundenen Erwartungen Lerncoaching nur in begrenztem Umfang durchführen können.

Als Problem erweist sich häufig, die Erwartungen, Wünsche und Hoffnungen der Praxis mit den realen Möglichkeiten einer Verbesserung oder Optimierung von Lernen in Einklang zu bringen. Lerncoaching – inzwischen als moderne pädagogische Vokabel verbreitet – verspricht viel, kann aber unter den gegebenen Bedingungen nur eine begrenzte Optimierung des Lernens leisten. Die neueren Erkenntnisse angrenzender Bezugswissenschaften von Lernen sind als theoretische Vorgaben nur schwer in die Praxis zu transformieren. Aber gerade deshalb ist die Pädagogik gefordert, die theoretischen Aussagen für die praktische Arbeit zu prüfen.

Die theoretische Herausforderung bezieht sich auf die Begrifflichkeit ‚Lerncoaching'. Es geht um die Klärung von ‚Coaching' und um die immer wieder neu zu stellende Frage, was unter ‚Lernen' zu verstehen ist. Coaching hat sich als eine besondere Form professioneller Beratung in der Arbeitswelt etabliert und wird mit Erfolg nachgefragt. Coaching im Kontext von ‚Lernen' ist neu und muss in diesem Kontext noch begründet werden.

Praktisches Lerncoaching steht also vor der Frage, wie Lernen verstanden wird und wie der Lerner unter diesen Bedingungen gecoacht werden kann. Die ‚Praxis des Lernens' und die ‚Theorie des Lernens' sind aufeinander abzustimmen. Dies ist eine didaktische Herausforderung.

In diesem Band wird versucht, Lerncoaching als eine Herausforderung zu thematisieren. Die Überlegungen dienen der eigenen theoretischen Klärung und Positionierung und sie dienen dazu, eine Konzeption für ein Lerncoaching im Ansatz zu entwerfen. Die von uns gedachte Konzeption spricht Adressaten an, die bereits in der Praxis stehen, also ergänzende oder zusätzliche Kompetenzen erwerben wollen.

Sollte sich das Lerncoaching als eine erfolgreiche Beratungspraxis erweisen, ist nicht auszuschließen, dass theoretische Ansätze modifiziert und praktische Umsetzungen verändert werden müssen. Die Beiträge von Peter Flittiger, Regina Walther und Hilda Rohmer-Stänner sind praktische Beispiele auf diesem Weg.

Bei den konzeptionellen Überlegungen haben uns viele Kollegen aus der Praxis dadurch geholfen, dass sie uns wertvolle Hinweise gegeben haben. Ihnen sei an dieser Stelle ausdrücklich gedankt. Unseren besonderen Dank möchten wir unseren beiden Mitarbeiterinnen Grit Möller und Ines Petersen aussprechen. Sie haben das Manuskript durch Hinweise und Anmerkungen kritisch begleitet und die fachlichen Auseinandersetzungen führten zu Korrekturen und Ergänzungen. Grit Möller hat überdies an der Verfassung von Kapitel 6 mitgewirkt sowie die Grafiken nicht nur fachlich bearbeitet, sondern auch in eine verständliche Sicht gebracht; Ines Petersen hat die Übersicht der spezifischen Beratungsformen erstellt und darüber hinaus die verschiedenen Lerncoachingansätze für Kapitel 7 zusammengestellt.

Und einen besonderen Dank möchten wir ebenfalls Frau Engel-Haas vom Juventa Verlag aussprechen, die das Projekt mit ihrer fachlichen Kompetenz sowie mit viel Geduld unterstützt und begleitet hat.

Advanced Studies (AS)
Christian-Albrechts-Universtität zu Kiel
Olshausenstr. 75, D-24118 Kiel
Telefon: 0431/880-1225
www.advanced-studies.de

Kiel, im Herbst 2007
Waldemar Pallasch und Uwe Hameyer

Inhalt

1. Klärung: Zum Vorverständnis

Diskussionen über die Leistungsfähigkeit unseres Schulsystems verschärfen sich seit der Veröffentlichung internationaler Schulleistungsvergleiche – darunter TIMSS und PISA. Bundeslandweite Vergleichsarbeiten und die Bildungsstandarddebatte tragen dazu erheblich bei (s. Klieme 2003; Hameyer 2004, Bildungsstandards – vergessene Geschichte; Altrichter, Messner & Posch 2004 zur österreichischen Situation). Neben den notwendigen strukturellen Veränderungen von Schule rückt vor allem das Lernen als lernpsychologische, didaktische und methodische Herausforderung in das Zentrum pädagogischer Diskurse.

Die Lehrerausbildung besonders in der Ersten Phase wird in diesem Zusammenhang als überwiegend praxisfern empfunden; solche Wertungen werden durch eine Flut an Repertoirebüchern auf dem Büchermarkt faktisch verstärkt. Rezeptologien und Methodiken zum schnellen Anwenden – Nachhilfekurse für Versäumnisse des Systems? Auf jeden Fall sind viele Methoden- und Repertoirebücher Bestseller; ökonomische Leitwölfe im pädagogischen Verlagswesen. Kein wissenschaftliches Buch kann mit den Gipfelstürmern der Auflagencharts mithalten. Für eine *nachhaltige* Kompetenzentwicklung und veränderte Lehrqualität jedoch können sie allenfalls Ideen liefern. Das ist viel, aber nicht alles. Über das Lesen allein kann sich niemand in zentralen Feldern von Unterricht, Lernen und Schulentwicklung weiterbilden. Die beanstandeten Ausbildungslücken schließen sich dadurch nicht. Um Umsetzungssicherheit zu gewährleisten, braucht es systemische Verbundlösungen, praktische Trainings, Übungsangebote, Dialog und Reflexion auf begründetem theoretischen Fundament.

Es verwundert also nicht, wenn sich außerhalb der universitären Ausbildung neue Formen des Lernens und der Lernarrangements etablieren. Zwei Formen gewinnen dabei immer mehr an Kontur: die *‚Lernbegleitung'* (1) und das *‚Lerncoaching'* (2). Beide verstehen sich als ergänzende, zum Teil auch als alternative Formen der Lernoptimierung.

(1) *Lernbegleitung*
Der Ansatz der Lernbegleitung basiert auf der Idee, einem benachteiligten Lerner (in der Regel Jugendlichen ohne Schulabschluss) durch eine personale und permanente Betreuung und Begleitung den Anschluss an die Berufs- und Arbeitswelt zu ermöglichen. In jüngster Zeit gibt es in Schulen mit besonderer Prägung (zumeist Privatschulen) Bemühungen,

die Lehrkräfte durch eine zusätzliche Qualifikation zu Lernbegleitern für ihre Schüler auszubilden.
Lernbegleitung wird vornehmlich angeboten.

(2) *Lerncoaching*
Der Ansatz des *Lerncoachings* basiert auf der Idee, durch eine professionelle Beratung die vorhandenen Lerndispositionen des Lerners zu erkennen und zu optimieren. Lerncoaching bedeutet individuelle (auch gruppale) Beratung und geht über die übliche Didaktisierung des Lehrens und Lernens hinaus.
Lerncoaching wird vornehmlich angefragt.

Im Rahmen bildungsorientierter Projekte ist das Institut für *Advanced Studies (AS)* an der Universität Kiel mit der Frage der Lernoptimierung immer wieder konfrontiert worden. Dies war der Anlass und Anstoß, sich mit neueren Ansätzen zum Lernen auseinander zu setzen und eine zunächst grobe Konzeption für ‚Lerncoaching' zu entwerfen, die wir hier zur Diskussion stellen.

Begrifflichkeit: Lerncoaching

- Was verstehen wir unter ‚Lerncoaching'?
- Wie ist Lerncoaching zu definieren?

Versuchen wir im Sinne einer Vorklärung eine erste und sehr grobe Annäherung über die drei Begrifflichkeiten: *‚Lernen'* (1), *‚Coaching'* (2) und *‚Lerncoaching'* (3).

(1) *Lernen*
Unter *‚Lernen'* versteht jeder zunächst das, was er irgendwann, irgendwo und irgendwie gelernt hat. ‚Lernen' als Begriff (Verständnis) und als Prozess (Aneignung) ist ein subjektives Konstrukt. Jeder hat eine eigene Vorstellung von dem, was Lernen ist und welchen Stellenwert das Lernen und das Gelernte für ihn zur Alltagsbewältigung einnehmen, sei es im persönlichen oder beruflichen Kontext. Die eigenen sehr subjektiven Lernerfahrungen, die positiven wie die negativen, prägen und beeinflussen das weitere Lernen (und als Erwachsener im weiteren Sinne auch das ‚Arbeiten'). Die eigenen Erfahrungen und Prägungen werden in der Regel als Erfahrungswissen an andere weitergegeben; sie bestimmen in hohem Maße auch das Lehrverhalten. Das tun auch vielfach Lehrer, obwohl zu erwarten wäre, dass sie aufgrund ihrer professionellen Ausbildung andere Lernsettings arrangieren können müssten.
Das alltagspraktische Verständnis vom Lernen muss den wissenschaftlichen Theorien und Erkenntnissen nicht unbedingt widersprechen. Zu klären ist, inwieweit das alltagspraktische, mithin das subjektive Verständnis mit dem wissenschaftlichen korrespondiert. Das heißt: Um das ‚Lernen' eines Individuums zu optimieren, müssen die alltagsprakti-

schen subjektiven Erfahrungen mit den wissenschaftlichen Erkenntnissen abgeglichen werden. Das Ziel ist herauszufinden, wo, wie und wann alternative oder ergänzende Lernmethoden in den Lernprozess einzubringen sind.

(2) *Coaching*
Der Begriff *,Coaching'* in seiner professionellen Bedeutung ist nicht jedem geläufig; zumindest nicht denjenigen, die sich primär mit dem Thema ,Lernen' beschäftigen. In der Beratungsszene ist er hingegen zu einem Modebegriff geworden. ,Coaching' ist derzeit ,in' und wird vielfach nachgefragt. ,Coaching' als ,Containerbegriff' (Rauen 1999[1]) subsummiert die unterschiedlichsten Angebote, die mit Beratung im weitesten Sinne assoziiert werden können. Dass diese diffuse Praxis nicht gerade zur eindeutigen Klarheit beiträgt, ist bedauerlich.
Gleichwohl: Unter ,Coaching' wird eine professionelle Beratungsform verstanden, die sich als ergänzende Variante zu bereits existierenden Beratungsformen (u. a. Supervision, Intervision, Mediation) etabliert hat. Coaching wird je nach Bedarf angefragt. Bearbeitet werden Probleme des beruflichen Alltags.

(3) *Lerncoaching*
Das *,Lerncoaching'* ist – folglich – eine angestrebte Kombination von zwei unterschiedlichen Themenbereichen, in der das Lernen – als Prozess der Vermittlung und der Aneignung – im Fokus der Beratung steht. Da sich ,Lernen' immer über Inhalte vollzieht, geht es im Beratungsprozess um die optimale Passung zwischen ,Lerner' und ,Lerninhalt'.[2] Vom Lerner erwartet man, dass er sich den (Lern-)Inhalt aneignet (Aneignungsprozess) und vom Lehrer (Vermittler) erwartet man, dass der (Lern-)Inhalt dem Lerner optimal vermittelt wird (Vermittlungsprozess). Betrachtet werden im Lerncoaching also die beiden Prozesse: Vermittlungsprozess und Aneignungsprozess. Die Abbildung 1.1 (S. 12) gibt zunächst eine grobe Übersicht wieder.

Was darunter im Einzelnen zu verstehen ist, ist Ziel dieser Schrift.

Wir wollen in den folgenden Kapiteln in gebotener Kürze unser Verständnis zu den theoretischen Begriffen *,Coaching'* und *,Lernen'* und deren Substanz etwas näher erläutern. Dabei gehen wir davon aus, dass diejenigen, die sich mit *,Coaching'* und *,Lernen'* befassen, bereits ein wissenschaftliches oder ein alltagspraktisches Verständnis zu beiden Themenkomplexen mitbringen. Die Ausführungen beschränken sich daher nur auf das Wesentliche bzw. fokussieren nur die Aspekte, die aus unserer Sicht für das Verständnis der vorliegenden Ausführungen nötig sind. Dabei wird das Thema

---

1 Vgl. Rauen, Ch.: Coaching. Göttingen: Verlag für Angewandte Psychologie 1999
2 Vgl. Pallasch, W.: Lerncoaching. Ein Weg aus der schuldidaktischen Krise? In: Grundschule 2006, H. 3, 16-19

‚Coaching' nur kurz, hingegen das ‚Lernen' ausführlicher behandelt; das Thema ‚Lerncoaching' wird in einem gesonderten Kapitel abgehandelt.

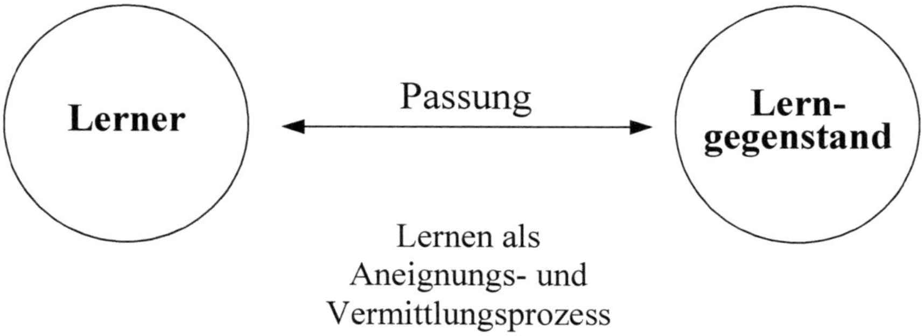

Abb. 1.1: Passung von Lerner und Lerngegenstand

Übersicht: Spezifische Beratungsformen

Vorgreifend und zusammenfassend: Lerncoaching gehört aus unserer Sicht – unabhängig von verschiedenen anderen Einordnungsversuchen – zu den Beratungsformen im weiteren Sinne. Innerhalb unserer Trainingsarbeit unterscheiden wir die verschiedenen spezifischen Beratungsformen so, wie wir sie in der Praxis vorfinden. Überlappungen und Überschneidungen sind dabei nicht zu vermeiden. Die folgende Synopse gibt die Merkmale als Unterschiede spezifischer Beratungsformen stichwortartig wieder. Sie ist hier um die angrenzenden Formen ‚Therapie', ‚Training' und ‚Psychohygiene' erweitert, natürlich nicht komplett und mit Sicherheit ergänzungsbedürftig, vielleicht sogar korrigierwürdig. Uns dient sie als brauchbares Arbeitsraster und Orientierungsmatrix. Wir stellen sie daher hier an den Anfang, um bestimmte Ausführungen zum Lerncoaching besser einordnen zu können. Zu den einzelnen Beratungsformen ausführlich in:

Pallasch, W.; Petersen, R.: Coaching. Ausbildungs- und Trainingskonzeption zum Coach in pädagogischen und sozialen Arbeitsfeldern. Weinheim u. München: Juventa 2005.

Die Beratungsformen werden in der folgenden Reihenfolge vorgestellt:
1. Klassische Beratung
2. Coaching
3. Supervision
4. Intervision
5. Mediation
6. Lerncoaching
7. Therapie
8. Training
9. Psychohygiene

Die beiden letztgenannten gehören im engeren Sinne nicht zu den spezifischen Beratungsformen. Sie werden aber hier aufgeführt, weil sie als einzelne Komponenten in den hier benannten Settings durchgeführt werden können.

Vergleichende Übersicht: Spezifische Beratungsformen

Beratungsformen (Bf) **Merkmale (M)**	**1. Klassische Beratung**
(1) Bezeichnung	Berater – Klient
(2) Grundformel	Individuum – Problem
(3) Intention	Klärung/Unterstützung/Begleitung
(4) Ziel	• Erweiterung der Lösungs- u. Handlungskompetenzen • Stärkung der Selbstgestaltungspotenziale
(5) Inhalte/Themen	Individuelle Problemkonkretisierung (sozialtypisch, verallgemeinerungsfähig)
(6) Formen	1. Vertikale Beratung (asymmetrisch) 2. Horizontale Beratung (symmetrisch) (beide: präventiv bzw. korrektiv)
(7) Phasen (Ein Erstkontakt geht allen Phasen voraus)	(1) Deskriptive Phase (2) Diagnostisch-analytische Phase (3) Problembearbeitungsphase (4) Lösungsexplorationsphase
(8) Methoden	Diverse Methoden aus unterschiedlichen Ansätzen [GT; TA; NLP; GS; TZI u. a.] (emotional u. kognitiv; quasi therapeutisch)
(9) Dauer	Überschaubar (erfahrungsgemäß: eher längere Zeiten)
(10) Ort	Externer Ort

Bf **M**	**2. Coaching**	**3. Supervision**
(1)	Coach – Coachee	Supervisor – Supervisand
(2)	Mensch – Arbeit	Gruppe/Individuum-Berufsarbeit (Gruppe/Individuum-Prozess)
(3)	Überwiegend: Intervention	Überwiegend: Reflexion
(4)	Optimale Passung von Mensch – Arbeit; oder: Individuum – Arbeitsfeld (Auflösung von Diskrepanzen)	Erhöhung der Reflexionsfähigkeit (Erweiterung der Handlungs-modalitäten)
(5)	Probleme im Arbeitsfeld (personal, prozesshaft, organisatorisch)	Individuelle (persönliche) und kollektive Probleme bezogen auf Arbeitsprozesse

(6)	1. Contextuelles Coaching (Einzel-, Gruppen-, Teamcoaching) 2. Personales Coaching 3. Crash-Coaching	1. Einzelsupervision 2. Gruppensupervision 3. Teamsupervision
(7)	(1) Anliegen (2) Konkretisierung (3) Ziele/Erwartungen (4) Bearbeitung (5) Lösung (6) Abschluss	(1) Deskriptive Phase (2) Diagnostisch-analytische Phase (3) Informationsphase (4) Problembearbeitungsphase (5) Lösungsexplorationsphase (6) Realisationsphase (7) Realisationsaufarbeitungsphase
(8)	Diverse Methoden nach unterschiedlichen Ansätzen und Arbeitsfeldern (Präferenz: kognitive Auf- bzw. Bearbeitung)	Diverse Methoden nach unterschiedlichen Ansätzen und Arbeitsbereichen (Präferenz: kognitive u. emotionale Vorgehensweise)
(9)	Knapp/übersichtlich, eher kürzere Abstände; diskontinuierlich	Begrenzte Anzahl von Sitzungen
(10)	Externer Ort (möglich: Coaching on the job; vor Ort)	Externer Ort (möglich: Supervision on the job; vor Ort)

Bf M	**4. Intervision**	**5. Mediation**
(1)	Interner Intervisor – Arbeitskollegen (auch: Supervisor – Supervisanden)	Mediator – Medianten
(2)	Gruppe/Arbeitsprozess (Optimierung des Arbeitsprozesses)	Konfliktbeteiligte – Konflikt – allparteilicher Dritter (Mediator)
(3)	Autonome Reflexion (eigenständige Arbeitsoptimierung)	Einvernehmliche Beilegung von Konflikten
(4)	Analysierendes/reflektierendes Vorgehen (Optimierung: Effektivität/Effizienz)	Vermittlung in Konflikten (Vermeidung eskalierender Konflikt-und Kostensteigerung durch Gerichtsverfahren)
(5)	Individuelle und gruppale Probleme der Arbeitsprozesse	Streitigkeiten zwischen zwei oder mehr Konfliktparteien
(6)	1. Gruppenintervision 2. Teamintervision 3. Projektgruppenintervision *Anmerkung:* Intervision wird häufig als besondere Form der Supervision verstanden.	1. Zweiparteien-Mediation 2. Mehrparteien-Mediation (z. B. Teams, Großgruppen) 3. Mediation in verschiedenen Lebensbereichen (z. B. Partnerschaft/Familie, Arbeitsplatz, Schule, Gemeinwesen, Umweltkonflikte)
(7)	(1) Bestandsaufnahme (2) Analyse (3) Beratungsrunde (4) Aktionsphase (5) Auswertung (6) Umsetzung	(1) Einleitung des Mediationsgesprächs (2) Sichtweise der Konfliktparteien (3) Konflikterhellung (4) Entwurf von Lösungen (5) Vereinbarungen treffen (6) Nachgespräch

(8)	Übergeordnete gruppenbezogene Methoden (z. B.: Ereignismethode, Kräfte-Feld-methode, Umfeldanalyse, Profil-beschreibung, Organisationsanalyse)	Einfühlendes aktives Zuhören, diverse kon-fliktklärende, lösungsorientierte, systemi-sche Interventionsstrategien auf der Basis der ‚Gewaltfreien Kommunikation' (GFK)
(9)	Begrenzte Anzahl von Sitzungen; regelmä-ßige Abstände	Begrenzte Anzahl von Sitzungen
(10)	Bevorzugt: vor Ort	Externer Ort

Bf M	**6. Lerncoaching**	**7. Therapie**
(1)	Lerncoach – Lernender (auch: Lerncoach – Individuum)	Therapeut – Klient (auch: Therapeut – Patient)
(2)	Mensch – Lernen (Lerner – Lerngegenstand)	Patient – Krankheitssymptomatik (Symptombearbeitung)
(3)	Intervention Beratung/Begleitung	Wiederherstellung der Funktionsfähigkeit (Lebensgefühl)
(4)	Optimale Passung von Mensch – Lernen (Lerner – Lerngegenstand) Fähigkeit zur Optimierung eigenen Lernverhaltens	Klärung von vor- und unbewussten Belastungssituationen (Bewältigung des Alltagslebens)
(5)	Lernprobleme, Lernoptimierung, Lernstrategien	Intra- bzw. interpsychische Themen (bzw. Störungen)
(6)	1. Einzelberatung/-begleitung 2. Gruppale Beratung/Begleitung 3. Organisationale Beratung/Begleitung (Institution als System)	1. Einzeltherapie 2. Gruppentherapie 3. Paartherapie 4. Familientherapie 5. andere
(7)	(1) Problembenennung/ Situationsbeschreibung (2) Analyse/Diagnose (3) Auswertung/Beurteilung (Lerntheorie – wissenschaftliche Einordnung) (4) Entwicklung von alternativen Lernstrategien (5) Umsetzung/Training (6) Überprüfung/Auswertung	Unterschiedlich je nach Therapie-ausrichtung
(8)	(1) Lerninterview (2) Lerndiagnose -- (3) Umfeldanalyse (4) Lernbefindlichkeitsanalyse (5) Lernstilanalyse	3 Richtungen: unterschiedliche Methoden 1. Tiefenpsychologie (Psychoanalyse) 2. Verhaltenstherapie 3. Humanistische Psychologie 4. andere
(9)	Begrenzte Anzahl von Sitzungen; Lernbegleitung auf unbestimmte Zeit	Mehrere Sitzungen; Dauer unbestimmt
(10)	Externer Ort; (möglich: Lerncoaching in der jeweiligen Lernsituation)	Bevorzugt: therapeutische Praxis; Externer Ort

Bf M	8. **Training**[3] [Training entweder als: (a) eigenständiges Ausbildungsangebot (b) innerhalb spezifischer Beratungssettings]	9. **Psychohygiene**[3] [möglich: im Beratungssetting situativ abhängig einzubringen]
(1)	Trainer – Trainee	Berater – Klient
(2)	Trainee – Methodenkompetenz (auch: Trainee – Methodenrepertroire)	Psychische Entlastung
(3)	• Überprüfung bzw. Optimierung eigener Methodenkompetenz für bestimmte Arbeitsfelder • Neues Verhaltensrepertoire aneignen und persönlichkeitsadäquat adaptieren (Erweiterung des Methodenrepertoires)	Spontane (emotionale), unkontrollierte Veräußerungen von Widrigkeiten, Problemen, Ärgernissen, Belastungen, aktuellen Vorkommnissen u.a.m.
(4)	Erweiterung der Methodenkompetenz • methodisch-didaktisch • sozial-emotional • fachwissenschaftlich • interaktive (auch: gruppendynamisch)	Prävention psychischer und physischer Gesundheit/Entlastung/Befreiung
(5)	Je nach Bedarf: Subjektives/Objektives Defizitempfinden aufgrund von Beobachtungen und Rückmeldungen	Abhängig von der situativen Befindlichkeit des Klienten und der benannten Problematik
(6)	Training ist als Modell-Lernprozess zu verstehen: (1) Aufmerksamkeit: Neues erkennen (2) Behalten: Neues speichern (3) Motorische Reduktion: Wesentliches filtern (4) Motivation: Anreiz stimulieren (5) Integration: Persönlichkeitsadäquat adaptieren [siehe (8)]	Psychohygiene ist nicht planbar, nicht institutionalisierbar, nicht methodisierbar. (Sie ist als Entlastungsfaktor an geeigneter Stelle innerhalb der spezifischen Beratungsformen zuzulassen.)
(7)	Grobe Phasen der Veränderung: (1) Unfreezing: Ist-Analyse/ ‚Auftauen von alten Verhaltensweisen' (2) Changing: Veränderungsanliegen/ neue Zielsetzung von Verhaltensweisen (3) Refreezing: Integration neuer Verhaltensweisen	Entfallen (Grundsätzlich: situationsabhängig; zuzulassen in allen Phasen der spezifischen Beratungsformen) [siehe (9)]
(8)	Verschiedene Formen möglich, besonders geeignet: Klassisches Microteaching (Video unterstützt)	Anwendung der Methoden und Techniken der pädagogisch-therapeutischen Gesprächsführung
(9)	Überschaubar: abhängig von der Zielsetzung (Methoden, Verfahren, Strategien, Verhaltensweisen, Fertigkeiten, soziale skills)	Abhängig vom Belastungsdruck; eher zeitbegrenzt
(10)	Externer Ort (möglich: Training on the job; vor Ort)	Im jeweiligen Setting und Prozess

Übersicht zusammengestellt von Waldemar Pallasch und Ines Petersen

3 Gehören im engeren Sinne nicht zu den spezifischen Beratungsformen. Sie werden aber hier aufgeführt, weil sie als einzelne Komponenten in den hier benannten Settings durchgeführt werden können.

2. Theoretische Position: Coaching

Coaching ist eine spezifische Beratungsform, die sich neben anderen Beratungsformen (z. B. Klassische Beratung, Supervision, Intervision, Mediation) als eine ergänzende Beratungspraxis etabliert hat.

Der Begriff *,Beratung'* selbst ist vielschichtig.[1] Er enthält viele unterschiedliche Bedeutungen. Zum einen wird er (a) umgangs- bzw. alltagssprachlich (also im nicht-professionellen Kontext) und zum anderen wird er (b) fach- bzw. wissenschaftssprachlich (im professionellen Kontext) verwendet.

Zu (a):
Im nicht-professionellen Kontext bezeichnet Beratung umgangssprachlich in der Regel eine Art ‚Alltagsberatung' (vgl. Bachmair u. a. 1983[2]). Jeder benutzt den Begriff ‚Beratung' im alltagsüblichen Gebrauch so, wie er ihn im jeweiligen situativen Kontext verstanden haben möchte. Das gilt in Analogie auch für andere Begriffe im Beratungskontext, besonders aber für die Supervision und das Coaching. Das alltagssprachliche Verständnis stimmt dabei mit dem fachwissenschaftlichen nur selten überein. Insofern ist es notwendig, das nicht-professionelle Verständnis vom professionellen zu trennen, und das heißt, die jeweils eigene Beratungsform genau zu definieren und das zugrunde liegende Konzept theoretisch zu begründen.

Zu (b):
Unter *Beratung* versteht man im professionellen Kontext einen auf wissenschaftlicher Grundlage gestalteten interaktiven Prozess zwischen einem Ratsuchenden und einem Beratungsexperten. Beratung ist eine freiwillige Inanspruchnahme eines professionellen Experten zur Entscheidungs- und Lösungsfindung für eine relativ eingrenzbare Problematik innerhalb eines überschaubaren Zeitraums. Gearbeitet wird auf der kognitiven und emotionalen Ebene mit dem Ziel, beim Ratsuchenden die eigene (Lern-)Kompetenz wieder zu aktivieren, bei ihm die eigene Problemlöse- und Handlungskompetenz zu stärken, seine Selbstregulierungs- und Selbstgestaltungsfähigkeiten zu fördern und seine eigenen Ressourcen zu erkennen und zu nutzen. Der Kommunikations- und Interaktionsstil und die Auswahl des

1 Pädagogische Rundschau 2005, H. 2
2 Bachmair, S.; Faber, J.; Henning, C.; Kolb, R.; Willig, W.: Beraten will gelernt sein. Weinheim, Basel: Beltz 1983

methodischen Instrumentariums sind der Person des Ratsuchenden und seiner Thematik (Problematik) adäquat anzupassen.

Neben der ‚Klassischen Beratung' (z. B. Erziehungsberatung, Lebensberatung), die historisch als die älteste anzusehen ist, haben sich im Laufe der Zeit spezifische Beratungsformen etabliert, so die Supervision, die Intervision, die Mediation und das Coaching. Sie sind als spezifische Lösungsangebote für die filigranen Probleme einer zunehmend komplexer werdenden Privat- und Berufswelt zu verstehen. Zwischen den einzelnen Beratungsformen gibt es diverse Überschneidungen und Überlappungen, die sowohl in den theoretischen Ansätzen wie auch im methodischen Vorgehen zu finden sind. Je nach theoretischem Ansatz variieren somit die Definitionen und Methoden im Detail (dazu: Krause 2002[3]; Rechtien 1998[4]; Pallasch & Petersen[5] u. a.).

Das ‚Lerncoaching' steht sprachlich und fachlich in sehr naher Beziehung zum Coaching.

- Welches sind die Gemeinsamkeiten?
- Wo sind die Unterschiede?

Zur besseren Einordnung bzw. Abgrenzung ist ein kurzer Blick auf die Beratungsform ‚Coaching' und deren Hintergrund nützlich.

Der Ursprung des Coaching-Begriffes stammt aus dem englischen Wort ‚coach', das ‚Kutsche' bedeutet: *„Das Bild von der Kutsche vermittelt einen wesentlichen Kern von Coaching: Die Kutsche ist ein Hilfsmittel, ein Beförderungsmittel, um sich auf den Weg zu machen und ein Ziel zu erreichen."* (Fischer-Epe 2002, 18[6])

In den siebziger Jahren des vergangenen Jahrhunderts wurde er im Kontext des Managements in den USA aufgegriffen. Wenig später erfolgte die Übernahme des Begriffs in diesem Zusammenhang in Europa. In Deutschland hat sich das Verständnis des Coaching-Begriffes von einem „entwicklungsorientierten Führungsstil" über das Verständnis der „Führungskraft als Coach" und eine spezifische „Beratung für Führungskräfte" zu einem verbreiteten personalen Entwicklungsangebot entwickelt (vgl. Pallasch & Petersen 2005, 20 f.; Fischer-Epe 2002, 19 f.; u. a.).

Inzwischen hat sich aufgrund der Komplexität der Arbeitswelt eine Vielzahl unterschiedlichster Coaching-Ansätze mit jeweils unterschiedlichen

---

3 Krause, C.; Fittkau, B.; Fuhr, R.; Thiel, H.-U. (Hrsg.): Pädagogische Beratung. Grundlagen und Praxisanwendung. Paderborn, München, Wien, Zürich: Schöningh 2002
4 Rechtien, W.: Beratung. Theorien, Modelle und Methoden. München, Wien: Profil 1998
5 Pallasch, W.; Petersen, R.: Coaching. Ausbildungs- und Trainingsprogramm zum Coach in pädagogischen und sozialen Arbeitsfeldern. Weinheim, München: Juventa 2005
6 Fischer-Epe, M.: Coaching: Miteinander Ziele erreichen. Reinbek bei Hamburg: Rowohlt 2002

Zielsetzungen und Zielgruppen ausdifferenziert. Exemplarisch seien genannt: Team-Coaching nach Buchner, Meister-Coaching nach Grün und Dorando, Mitarbeiter-Coaching nach Brinkmann, Einzel-Coaching nach Mahlmann, Persönlichkeits-Coaching nach Ulrich, Selbst-Coaching nach Weiß, Management-Coaching nach Egger-List, Manager-Coaching nach Fischer und Graf, Individual-Coaching nach Sattelberger, Systemisches Coaching nach Gester, Führungskräfte-Coaching nach Looss, Crash-Coaching nach Ruede-Wissmann, Lösungsfokussiertes Coaching nach I.K. Berg, Organisations-Coaching nach Schmidt, Integrales Coaching nach Ken Wilber, Humanistisches Coaching nach Pallasch und Petersen (vgl. ; Looss 1993[7]; Rauen 1999 u. 2000[8]; Schreyögg 1998[9]; Pallasch 2001[10]; Pallasch & Petersen 2005[11]). Wir verzichten hier auf eine detaillierte Darlegung der verschiedenen und unterschiedlichen Konzepte und Formen und deren Anwendungsfelder.

Trotz unterschiedlicher definitorischer Beschreibungen zum Coaching zeichnet sich gleichwohl eine gemeinsame Grundlinie über das heraus, was die gemeinsamen Zielsetzungen sind und wie der Prozess zu verstehen ist.

Die Grundformel im Coaching

‚Mensch'		**‚Arbeit'**
Persönlichkeit		Arbeitsplatz
Persönlichkeitsstruktur		Arbeitsstruktur
Psychostruktur		Arbeitsorganisation
Einstellungen	⟷	Arbeitsanforderungen
Haltungen		Personal
Motive		Verantwortung
Verhaltensweisen		Tätigkeiten
u.a.m.		u.a.m.

Abb. 2.1: Die Grundformel im Coaching

7 Looss, W.: Coaching für Manager. Problembewältigung unter vier Augen. Landsberg/Lech: Verlag Moderne Industrie 1993

8 Rauen, Ch.: Coaching. Göttingen: Verlag für Angewandte Psychologie 1999; Rauen, Ch. (Hrsg.): Handbuch Coaching. Göttingen: Verlag für Angewandte Psychologie 2000

9 Schreyögg, A.: Coaching. Eine Einführung für Praxis und Ausbildung Frankfurt, New York: Campus 1998

10 Pallasch, W.: Coaching. Personalentwicklung im Schulbereich. AS-Train-Broschüre. Institut für Advanced Studies, Universität Kiel 2001

11 Pallasch, W.; Petersen, R.: Coaching. Ausbildung- und Trainingskonzeption zum Coach in pädagogischen und sozialen Arbeitsfeldern. Weinheim, München: Juventa 2005

Das basale und damit fundamentale Ziel ist die Förderung der beruflichen *Selbstgestaltungspotenziale* und der *Selbstregulierungsfähigkeiten,* um mit ihnen das *Selbstmanagement* zu optimieren. Im Mittelpunkt steht dabei das Korrespondenzverhältnis ‚Individuum' (Mensch) und ‚Arbeit' (berufliche Tätigkeit). Angestrebt wird eine möglichst optimale Passung zwischen ‚Individuum' und ‚Arbeit' (vgl. Abb. 2.1, S. 19).

Coaching ist …
- ein personenzentrierter Beratungs- und Betreuungsprozess, der berufliche und private Inhalte (privatweltliche Erfahrungen) umfassen kann und zeitlich begrenzt ist,
- ein Beratungsprozess, der auf der Basis einer tragfähigen und durch gegenseitige Akzeptanz gekennzeichneten Beratungsbeziehung in mehreren freiwilligen und vertraulichen Sitzungen abgehalten wird,
- ein durch einen Berater mit psychologischen Kenntnissen sowie praktischer Erfahrung bezüglich der thematisierten Problemfelder durchgeführter Prozess.

Coaching bedeutet …
- eine personenorientierte Förderung von Menschen in ihrer professionellen Rolle, bezogen auf ihr konkretes Aufgaben- und Arbeitsfeld,
- eine Verbindung zwischen Prozess begleitender Beratung und ergebnisorientierter Unterstützung,
- individuelle Beratung,
- zielorientierte Anleitung,
- praxis- und handlungsorientiertes Training,
- integrative Personalentwicklung, die Lernen und Arbeiten optimal zu verzahnen versucht.

Zusammenfassend kann gesagt werden: Coaching als eine spezifische Beratungsform fokussiert die Anliegen, Beschwerden und Probleme der Arbeitswelt, thematisiert auf Wunsch privatweltliche Fragestellungen, nutzt ein breites methodisches Instrumentarium, erarbeitet mit dem Coachee gemeinsam Lösungen und bietet konkrete Handlungsalternativen und Hilfen an.

Coaching wird angefragt und ist freiwillig. Thematisiert wird das, was der Coachee vorgibt. *Coaching ist keine Therapie!*

Weiter unten wird zu fragen sein, was davon für das Lerncoaching relevant ist.

3. Theoretische Position: Lernen

Es gibt kaum ein anderes Thema innerhalb der Pädagogik und Psychologie zu dem so viel publiziert worden ist wie zum ‚Lernen'. Die vielen Bezugswissenschaften, die sich um dieses anthropologische Phänomen bemühen, entwickeln ihre eigenen Theorien und Erklärungsmuster, um nach ihnen handlungsableitende Strategien für ein erfolgreiches Lernen zu entwickeln (Und es ist äußerst spannend und aufschlussreich zu verfolgen, wie unterschiedlich die einzelnen Wissenschaftszweige ein gleiches Phänomen erschließen und verstehen[1]). Der aufhellende Durchbruch zum vollständigen Verstehen des Lernens und des Lernprozesses ist bisher keiner Disziplin gelungen. Die Forschung steht zwar nicht am Anfang, ist aber mit Blick auf die bisherigen Forschungsbemühungen auch noch nicht sehr viel weiter.

Es gibt eine nicht mehr zu überblickende Vielzahl von Erklärungsversuchen und Definitionen des Lernens und unzählige Anleitungsprogramme für erfolgreiches Lernen. Und dennoch: Wir wissen immer noch nicht genau, was *‚Lernen'* eigentlich ist, wie es prozessual genau funktioniert und wie wir es generell optimieren können. Wir haben zwar im Laufe der Zeit viel über das Lernen gelernt, aber richtig gelernt (verstanden), wie man optimal lernt, haben wir immer noch nicht. *„Über das Lernen gibt es also noch viel zu lernen"* (Spitzer 2006, 89)[2]. Diese Feststellung ist – wenngleich zum Leidwesen der Lehrkräfte – dennoch tröstlich! Wüssten wir es, würde sich die Lernlandschaft mit allen ihren Begleitaccessoires radikal verändern. Wir bräuchten nur eine geringe Anzahl von Lehrern, nur eine begrenzte Zeit der Vermittlung und wahrscheinlich nur ein sehr eingeschränktes Lernbegleitmaterial. Alle – oder: fast alle – würden alles – oder: fast alles – spielerisch leicht lernen. Es gäbe kaum (Lern-)Probleme. Eine fantastische und gleichzeitig horrible Vorstellung. Noch sind wir von einem Idealzustand des ‚optimalen Lernens' weit entfernt.

Aus dem Blickwinkel eines nur sehr begrenzten Wissens[3] über das Lernen ist auch unser Konzept des ‚Lerncoaching' zu verstehen. Unser Lern-

1 Barrow, J.D.: Die Entdeckung des Unmöglichen. Forschung an den Grenzen des Wissens. Heidelberg, Berlin: Spektrum 2001

2 Spitzer, M.: Nervenkitzel. Stuttgart: Suhrkamp 2006

3 Auch wir unterliegen bei den Darlegungen der Erkenntnisfalle, dass wir ‚die Welt' nur so beschreiben und verstehen können, wie wir sie sehen und wahrnehmen ohne sicher zu sein, ob ‚die Wirklichkeit tatsächlich so ist' (Konstruktivismusdebatte).

Coaching-Konzept ist folglich nur ein Versuch von vielen, das Lernen zu optimieren. Dabei bewegen wir uns mit unseren Erkenntnissen im bekannten Raum des schon und nur vorhandenen Wissens über das Lernen, allerdings favorisieren wir eine Sichtweise, die grundsätzlich nicht neu ist, die aber den Fokus auf die Optimierung des Lernens anders ausrichtet.

Fragen wir zunächst, was es bereits gibt.

Der Begriffsdschungel

Es gibt einen – man ist versucht zu sagen – fantastischen Begriffsdschungel. Schauen wir uns zunächst den Lern-Begriffs-Dschungel – und hier nur exemplarisch – etwas näher an. Dabei fällt es schwer, den Dschungel nach eindeutigen (Zuordnungs-)Kriterien zu ordnen, etwa nach den Kategorien: Lernen als Vermittlungsprozess – Lernen als Aneignungsprozess.

1. Es gibt:
   - Lerntheorien (z. B. Konditionierungstheorien oder Kognitive Theorien)
   - Lerntheoretische Ansätze (z. B. konvergente oder divergente Ansätze)
   - Lerngesetze (z. B. Gesetz des Effekts oder Gesetz der Übung)
   - Lernkonzepte (z. B. Lernen durch Einsicht oder ‚Lernen zu lernen')
   - Lernmodelle (z. B. Imitationslernen oder Lernen durch Versuch und Irrtum)
   - Lernprinzipien (z. B. vom Nahen zum Fernen oder vom Leichten zum Schweren)
   - Lernmotivationen (z. B. intrinsische oder extrinsische; lernmotivationale Schemata)
   - Lerntypen (z. B. auditive oder visuelle)
   - Lernhierarchien (z. B. Lernprozesshierarchisierung oder Regellernen nach Prioritäten)
   - Lerntaxonomien (z. B. Taxonomy Of Educational Objectives nach Bloom oder Lernen multipler Diskriminationen)
   - Lerncurricular (z. B. Spiralcurriculum oder Teacher Proof Curriculum)
   - Lernmethoden (z. B. Glasgow-Methode oder Stationen-Lernen)
   - Lernstrategien (z. B. 5-Punkt-Methode oder Struktur-Lege-Technik)
   - Lernpläne (z. B. individuelle und gruppale)
   - Lernspiele (z. B. Rechenspiele, Kreativitätsspiele)

2. Es gibt eine unendliche Zahl von Lerndefinitionen:
   (1) Allgemeine Definitionen (z. B. Unter Lernen versteht man die hypothetischen Prozesse, die die Verhaltens- und Erlebnisänderungen erklären, die nicht durch Reifung, mechanische Eingriffe oder Ermüdung von außen zustande kommen).
   (2) Vorwissenschaftliche Definitionen (z. B. Lernen als absichtliche Anstrengung zur Erreichung bestimmter Fähigkeiten, Fertigkeiten oder Kenntnisse).

(3) Faktische Definitionen (z. B. Lernen ist jede überdauernde Verhaltensänderung, die durch Beobachtung oder eigenes Tun erworben wurde).
(4) Theoretische Definitionen (es sind Definitionen, die das Zustandekommen von Lernen zu erklären versuchen, z. B. Beobachtungslernen: ‚... die Wahrscheinlichkeit des Lernens wird dadurch beeinflusst und erhöht, dass das Modell für sein Verhalten belohnt wird').
(5) Gemischte Definitionen (z. B. Lernen ist diejenige Veränderung der Erlebnis- und Verhaltensdispositionen, die eine Verbesserung der Umweltbeziehungen verspricht, oder: Lernen vollzieht sich in einem besonderen organisatorischen und sozialpsychologischen Rahmen).

3. Es gibt literarisch-philosophische Metaphern zum Lernen:
   - Was Hänschen nicht lernt, lernt Hans nimmer mehr.
   - Der Mensch soll lernen, nur die Ochsen büffeln (Erich Kästner).
   - Es wird nicht gelernt, was gelehrt wird.
   - Inwendig denken ist besser als auswendig lernen (Klaus Klages).
   - Lernen ist Vorfreude auf sich selbst (Peter Sloterdijk).
   - Lernen ist ein sich selbst fördernder Prozess.
   - Der Mensch lernt selbst und ständig.
   - Nichts im Verstand, was nicht vorher in den Sinnen war (John Locke).
   - Lernen mit Kopf, Herz und Hand (Pestalozzi).
   - Lernen ist wie Rudern gegen den Strom, sobald man aufhört, treibt man zurück (Chinesisches Sprichwort).[4]

4. Es gibt eine Vielzahl von Lernarten:
   Eigenständiges Lernen – induktives Lernen – deduktives Lernen – genetisches Lernen – reflektierendes Lernen – implizites Lernen – assoziatives Lernen – deklaratives Lernen – forschendes Lernen – vernetztes Lernen – szenisches Lernen – prozesshaftes Lernen – handlungsorientiertes Lernen – situiertes Lernen – verstehendes Lernen – problemorientiertes Lernen – strukturiertes Lernen – stationiertes Lernen – entdeckendes Lernen – funktionales Lernen – selbstgesteuertes Lernen – elaboriertes Lernen – expositorisches Lernen – nachhaltiges Lernen – autotelisches Lernen – proaktives Lernen – organisatorisches Lernen – service learning – systemisches Lernen u.v.a.m.

Wir wollen hier (noch) nicht der Frage nachgehen, was die einzelnen Begriffe oder Begrifflichkeiten in ihrer Substanz eigentlich bedeuten oder aussagen. Etwa: Was bedeutet ‚selbstgesteuertes Lernen', wenn doch jedes Lernen eo ipso ‚selbstgesteuert' ist. Oder was bedeutet ‚eigenständiges Lernen'? Gibt es dann auch ein ‚nicht-eigenständiges Lernen'? Oder das derzeit favorisierte ‚Situierte Lernen' (‚Situated Learning'[5]) aus konstruktivis-

---

4 Teilweise entnommen aus Müller, A.: Lernbuch Coaching. Institut Beatenberg: Internes Arbeitspapier 2005

5 Es sei denn, man versteht ‚Situated Learning' als übergreifende soziale Theorie des

tischer Sicht, das die Erkenntnis betont, jedes Wissen werde nur in einem bestimmten Kontext erworben. Wie sonst?

Als sprachliche Metaphern mögen solche Bezeichnungen zur Verdeutlichung bestimmter (methodisch-didaktischer) Vorgehensweisen dienlich sein, das ‚Lernen selbst' und den Lernprozess erklären sie nicht. Man könnte glauben und der heimlichen Hoffnung verfallen, die immer wieder neu kreierten Begriffe würden neue Erkenntnisse über das Lernen beinhalten, das Phänomen ‚Lernen' also etwas mehr entschlüsseln. Mitnichten, in Wirklichkeit tragen sie bei den anvisierten Adressaten eher zur Verwirrung als zur Klarheit bei. Und so werden sie von Lehramtskandidaten – wie schon immer – als lediglich moderne Vokabeln in ihre Unterrichtsvorbereitungskonzepte aufgenommen, ohne deren lerntheoretische Substanz und Relevanz zu hinterfragen und zu verstehen. Sie dienen als strategische Worthülsen im eigenen Qualifizierungsmanagement und sollen anzeigen, dass man sich auf dem aktuellen Stand der Diskussion befindet. Mehr nicht!

Die entscheidenden Fragen in unserem thematischen Zusammenhang sind andere:

- Wie hilfreich sind diese Begriffe und Begrifflichkeiten bei der Konzeptualisierung des Lerncoachings?
- Wo und wie sind sie zu platzieren?
- Und was sagen sie über den Vermittlungs- bzw. Aneignungsprozess aus?

Eine Unterscheidung bei der Nutzung des Begriffsapparates ist schon hier zu treffen:

‚Lernen' kann und muss man als abstrakte (theoretische) Kategorie denken, erforschen und konstruieren. Das ist die Aufgabe der Wissenschaft. Und so sind einige Begriffe und Begrifflichkeiten auch zu verstehen. Sie dienen der wissenschaftlichen Disputation; sie erfordern eine wissenschaftliche Auseinandersetzung, Verständigung und Kritik. Die Forschung kann versuchen, diese Prozesse besser zu verstehen und in Modellen abzubilden. Die einzelnen Modelle sind in sich logisch, aber untereinander nicht immer kompatibel. Das macht es mitunter schwer, ein einheitliches Bild zu entwerfen, wie wir weiter hinten aufzeigen werden.

‚Lernen' als Aneignungsprozess materialisiert sich hingegen immer nur in der konkreten Person eines Lerners. In diesem Prozess spielen die Begriffe keine Rolle, sondern nur die internen Mechanismen (Abläufe, Gesetze) des hirnphysiologischen und corporalen Aneignungsprozesses.[6] Deshalb sind wissenschaftliche Konstrukte wichtig, um an das Innere des Geschehens heranzukommen, es aufzuschlüsseln.

---

lungsprozess vom Newcomer zum Experten innerhalb eines sozialen Gefüges, also in einer Community of Practrice (dazu ausführlich Niemeyer 2005, 77 ff.).

6 Zur Begriffsbildung im wissenschaftlichen Kontext: Die lebensweltliche Erfahrung wird im Wesentlichen als Sinneserfahrung wahrgenommen und entsprechend sprachlich artikuliert, „während wissenschaftliche Erkenntnis als Erfassung von Relationen charakterisiert ist. An die Stelle der Einheit von Sinnlich-Konkretem der Lebenswelt

Etymologisch bedeutet Lernen *einer Spur nachgehen, etwas nachspüren.* Das gilt sowohl für einzelne Personen als auch Organisationen oder bestimmte Systemeinheiten in der Organisation.

Anthropologisch betrachtet ist Lernen ein Aneignungs- und Umstrukturierungsprozess. Der Lernende setzt sich mit seiner inneren und äußeren Welt auseinander. Dabei kann er u. a. etwas lernen, vergessen oder sich dem Lernen sogar verweigern. Wie das Lernen geschieht und wie neu Gelerntes vom einzelnen Menschen aufgenommen und gespeichert wird, das ist ein Haupterkenntnisinteresse vieler Lerntheorien.

Können auch Organisationen lernen?
Seit gut zwei Jahrzehnten beschäftigt sich damit eine anhaltende wissenschaftliche Debatte (siehe Dalin, Rolff & Buchen 1995; Rolff 1993; Senge 1999; Schratz & Steiner-Löffler 1998; Leithwood & Louis 1998; Kline & Saunders 1997; Lehner 2000). So sind es auch in lernenden Organisationen die Menschen, welche lernen oder eben nicht lernen.

Entscheidend sind in beiden Fällen (individuelles und organisationales Lernen) Ziele und Settings, unter denen Lernanlässe zustande kommen, ganz gleich, ob sie bewusst oder unbewusst zu solchen werden.

Einfacher ausgedrückt: Einzelne *Personen* – intra- und interpsychisch betrachtet – lernen in der Auseinandersetzung mit inneren und äußeren Wirklichkeiten. Diese Wirklichkeiten sind für sie bedeutsam. *Organisationen* lernen – systemisch betrachtet – durch unterschiedliche Strategien und Instrumente eines Austauschprozesses, den sie zwischen sich und der Umwelt eingehen oder annehmen, weil ihre Sicht auf die Umwelt sie dazu herausfordert. Natürlich – auch in *lernenden Organisationen* – sind es Menschen, die etwas lernen oder ihr Wissen aufgrund neuer Erkenntnisse umstrukturieren, elaborieren oder anpassen. Aber sie tun das nicht in erster Linie für sich persönlich, sondern in ihrer Aufgabenbestimmung als Mitglied einer Organisation, die nach eigenem Verständnis eine lernende ist und dafür Subsysteme für Problemlösungen, Formen des Wissensmanagement oder auch Netzwerke für *best practices* eingerichtet hat. Solche Bausteine einer lernenden Organisation sollen diese über den einzelnen Menschen hinaus

---

tritt in der Wissenschaft das Begrifflich-Abstrakte, die Rekonstruktion des Gegenstandes im theoretisch erfassten Zusammenhang. Dem Übergang vom lebensweltlichen zum wissenschaftlichen Denken liegen erkenntnistheoretische Brüche zugrunde. Die in der Literatur anzutreffende Vorstellung eines kontinuierlichen Übergangs von den lebensweltlichen Ausdrücken zu den wissenschaftlichen Termini ist eine Fehleinschätzung. Es ist vielmehr festzustellen, dass die Sprache der Wissenschaft nach Inhalt, Form und Funktion von der Sprache des Alltags unterschieden ist."
Krope, P.: Zum Verhältnis von erster und zweiter Ausbildungsphase im Rahmen der Lehramtsausbildung nach dem Bachelor-Master-System. Internes Arbeitspapier, Institut für Pädagogik, Dezember 2005; ausführlich dazu: Krope, P. & Wolze, W.: Konstruktive Begriffsbildung. Münster: Waxmann 2005

auf dem neuesten Stand halten und auf ihre Umwelt so eingehen, dass sie ihre Ziele bestmöglich erreichen können.

Die meisten Lerntheorien und Erkenntnisse sind jedoch auf die *Person des Lerners* gerichtet, wenn es um Fragen der Verbesserung von Lernen und Lernwirksamkeit geht. Lernen findet nicht im luftleeren Raum statt, sondern ist immer personal (anthropomorph) gebunden.

Im besten Fall sind also die oben genannten Begriffe und Begrifflichkeiten Hilfskrücken, die den Aneignungsprozess zu erklären versuchen. Das heißt: Alle lerntheoretischen Überlegungen und Erkenntnisse sind auf die *Person des Lerners, auf seine internen Prozesse* zu übertragen, wenn die Fragen nach Optimierung und Wirksamkeit des Lernens gestellt werden.

Abstraktion (als theoretisches Lernkonstrukt) und Konkretisierung (als personaler Aneignungsprozess eines Lerngegenstandes) stimmen in ihrer Korrespondenz und Konsistenz sehr häufig nicht überein oder werden getrennt gesehen. Das ist aus theoretisch-analytischer und praktisch-pragmatischer Sicht auch verständlich. Das Entscheidende jedoch ist die Frage der Transformation der Abstraktion in die Konkretisierung und umgekehrt: Was lässt sich aus der Konkretisierung für die Abstraktion erschließen? In Analogie dazu Becker (2006, 77):

„Lerntheorien machen generalisierte Aussagen darüber, wie Lernen abläuft und was man dabei beobachten kann, Lehrtheorien dagegen enthalten Aussagen darüber, wie Lehre gestaltet werden soll. Lehrtheorien enthalten daher Zusatzannahmen, die sich nicht aus den lerntheoretischen Modellen ableiten lassen."

Ein simples Beispiel soll das verdeutlichen.
Bei akademischen Prüfungen im Fach Pädagogik oder Psychologie geben die Kandidaten nicht selten das Thema ‚Lernen' als Prüfungsschwerpunkt an. Nachdem sie die Lerntheorien, die Lerngesetze, die Lernprinzipien und Lernarten brav heruntergespult haben, werden sie gefragt, nach welcher Lerntheorie oder nach welchen lerntheoretischen Vorgaben sie selbst gelernt haben, beispielsweise bei der Vorbereitung auf diese Prüfung. Es erstaunt überhaupt nicht, wenn die meisten darauf keine (klare) Antwort geben können und sich mühsam aus der Fragestellung winden. Das ist nicht überraschend, sondern spiegelt den Umgang von Theorie und Praxis plastisch wider. Es stehen sich – bildlich gesprochen – zwei Welten gegenüber: Die Welt einer sehr abstrakten, eher verwirrenden und irritierenden Theorieüberformung und die Welt einer überforderten, weil hilflosen und folglich sperrigen Praxis. Wir könnten Ihnen als Leser auch die Frage stellen: Wissen Sie eigentlich genau, wie Sie lernen? Könnten Sie Ihre Art des Lernens wissenschaftlich erklären? Und den Lehrer würden wir ebenso fragen: Wissen Sie eigentlich, wie einzelne Schüler Ihrer Klasse lernen?

Das Dilemma und Fragen

Das Dilemma besteht darin, dass der Lehrende mit einer für ihn unüberschaubaren Begriffswelt überfrachtet wird und kaum Zeit und Gelegenheit findet, das Essenzielle und das Gemeinte nachvollziehen zu können. Selbst der wissenschaftliche (Lern-)Experte muss viel Mühe aufwenden, sich im Begriffsdschungel nicht zu verlaufen. Hinzu kommt, dass sich nach relativ kurzer Zeit die Begriffe bzw. Begrifflichkeiten ändern.

Mit Blick auf das Lerncoaching stellen sich folglich mehrere Fragen:

- Über welches theoretische Konstrukt finden wir am besten einen Zugang zum Phänomen ‚Lernen'?
- Über welches theoretische Modell oder Konzept gelangen wir zu relativ gesicherten Grundannahmen?
- Mit welcher Theorie oder mit welchem Bild vom Menschen können wir das ‚Lernen' einigermaßen plausibel erfassen und erklären?

Bei der Suche nach einem optimalen Zugang zur Thematik verlassen wir den pädagogisch-psychologischen Begriffsdschungel mit den vielen Definitionen und Beschreibungen und wenden uns einem anderen Blickwinkel zu. Es ist der Blickwinkel der ‚Neurowissenschaften'. Dieser Blickwinkel ist nicht grundsätzlich neu, aber er wird bis dato bei dem für uns relevanten Thema noch zu wenig beachtet. Und natürlich läuft auch er Gefahr, lediglich modisch zu sein. Dies werden wir zu beachten haben.

Neuer Zugang

Werfen wir zunächst einen Blick zurück. Die bisherigen Lerntheorien lassen sich in Anlehnung an Gasser (2000), Bodenmann et al. (2004) und Fuchs (2005) wie folgt stichwortartig zusammenfassen.

- *Gedächtnisforschung* (Deutschland): Behalten durch Wiederholen; Ebbinghaus 1850–1990: Vergessenskurve.
- *Gestaltpsychologie* (Deutschland): Verstehen durch Umstrukturieren; Köhler 1887–1967; Wertheimer 1880–1943: ‚Aha-Erlebnis'; einsichtig lernen und verstehen; Wahrnehmungsgestalten.
- *Reflexologie* (Russland): Signallernen, Konditionieren; Pawlow 1849–1936: Auf Signale reagieren.
- *Behaviorismus* (Amerika): Lernen am Erfolg, Versuch und Irrtum; Watson 1878-1958; Thorndike 1874–1949; Skinner 1904–1990: Verhalten stärken und formen.
- *Pragmatismus* (Amerika): Lernen als selbsttätiges Handeln; James 1842–1910; Dewey 1859–1952: Learning by doing an reflecting, Problemlösen.
- *Humanistische Psychologie* (Amerika): Personenveränderndes Lernen; Rogers 1902–1987: Ganzheitliches Lernen, Lernen lernen.

- *Kognitive Entwicklungstheorie* (Schweiz): Assimilation, Akkomodation; Piaget 1886–1980: Denken als inneres Handeln.
- *Kognitive Wende* (Deutschland): Mehrspeichermodell, Arbeitsspeicher; Roth, Markowitsch: Informationsverarbeitung; Klix u. Dörner: Algorithmen, Problemlösen, Kontrollprozesse.
- *Kognitive Wende* (Russland): Sozial-kulturelles Lernen; Wygotski 1896–1934: Sprach- und sozialgebundenes Lernen.
- *Kognitive Wende* (Amerika): TOTE-Modell, Strategien; Müller, Galanter, Pribam: Pläne; Brunner: Entdeckendes Lernen; Bandura: Modell- und Imitationslernen.
- *Kognitive Wende* (Schweiz): Kognitive Struktur; Aebli u. Steiner: Verstehen, elaborieren, Metakognition.
- *Konstruktivistische Einflüsse* (Deutschland): Expansives Lernen; Holzkamp um 1990: kritisch-subjektive Lerntheorien.
- *(Radikaler) Konstruktivismus* (Südamerika, Deutschland, Amerika): Subjektive Erkenntnistätigkeit; Maturana u. Varela, v. Foerster: Lernen als subjektive Konstruktion.

In den letzten Jahrzehnten haben sich verstärkt die naturwissenschaftlichen Disziplinen mit dem Phänomen ‚Lernen' beschäftigt. Im Zusammenhang von Fragestellungen nach dem ‚Sein', dem ‚Geist', dem ‚Bewusstsein', dem ‚Wahrnehmen', dem ‚Denken' und dem ‚Gedächtnis' in ihren wechselseitigen Abhängigkeiten wird auch das ‚Lernen' quasi als Nebenschauplatz thematisiert. Die Forschungsfragen und -ansätze der Neurowissenschaften (Neurophysiologie, Neurobiologie, Neuropsychologie, Neuropsychotherapie, Neuro-Psycho-Analyse, Soziobiologie, Neurolinguistik, Neurophilosophie) sind zwar nicht radikal neu, aber sie gehen forschungsmethodologisch sehr reduktionistisch[7] vor, indem sie einfache Fragen nach den internen Vorgängen, Prozessen und Arbeitsweisen des Gehirns stellen[8]. Selbst die Physik (‚... Geist und Bewusstsein als elektromagnetisches Feld', McFadden) und die Mathematik (‚... menschliches Bewusstsein als

7 Die Wissenschaft geht sehr häufig reduktionistisch vor, wenn der Forschungsgegenstand allerdings der ‚Mensch' ist, wird ein Unbehagen deutlich. ‚Ganzheitlichkeit' ist zu einem Ideologem geworden. Aber jede Ganzheitlichkeit besteht immer aus ‚Teilen', die gesondert betrachtet werden müssen.

8 Bauer, J.: Das Gedächtnis des Körpers. Frankfurt a.M.: Eichborn 2002; Hüther, G.: Bedienungsanleitung für ein menschliches Gehirn. Göttingen: Vandenhoeck & Ruprecht 2005; Markowitsch, H.J.: Neuropsychologie des menschlichen Gedächtnisses. In: Spektrum der Wissenschaft 2002, H. 3; Roth, G.: Fühlen, Denken, Handeln. Wie das Gehirn unser Verhalten steuert. Frankfurt am Main: Suhrkamp 2001; Roth, G.: Aus Sicht des Gehirns. Frankfurt a. M.: Suhrkamp 2003; Singer, W.: Development and plasticity of cortical processing architecture. Science 270, 758-764; Spitzer, M.: Lernen. Gehirnforschung und die Schule des Lebens. Heidelberg, Berlin: Spektrum 2002; Spitzer, M.: Selbstbestimmen. Gehirnforschung und die Frage: Was sollen wir tun? Heidelberg, Berlin: Spektrum 2004; Singer, W.: Der Beobachter im Gehirn. Frankfurt a.M: Suhrkamp 2002

quantenmechanisches Phänomen', Penrose)[9] beteiligen sich an dieser Diskussion. Man spricht inzwischen von so genannten ‚Brückentheorien' zwischen den Kultur- und Naturwissenschaften (Singer 2002). So werden beispielsweise mentale (kognitive) Prozesse (Denken, Gedanken) und psychische Phänomene (Wahrnehmungen, Stimmungen, Empfindungen, Gefühle) als besonders evozierte Erregungsmuster von Nervenzellen interpretiert, die wiederum durch eine gezielte Beeinflussung verändert werden können.[10]

Die bisher vorliegenden Ergebnisse und Erkenntnisse haben bei konservativen Vertretern der Geisteswissenschaften sehr heftige Diskussionen entfacht[11], weil sie befürchten, der Mensch würde ‚nur' aus biologistischer bzw. neurologischer Sicht betrachtet und bewertet werden. „Dieser Ansatz stößt (...) unter eher geisteswissenschaftlich geprägten Pädagogen immer wieder auf Widerstand."[12] Und in der Tat, die intensive Beschäftigung mit genuin geisteswissenschaftlichen Themen und die Erkenntnisse der Neurowissenschaften machen diese zu einer Art Metaphilosophie der Geisteswissenschaften. Ausführliche Überlegungen für das Für und Wider finden sich bei Nicole Becker.[13]

Reich (2005, 530[14]) spricht von einer neuen Leitwissenschaft: „Auch wenn die Biologie momentan die neue Leitwissenschaft ist, die Hirnforschung als Teil davon große Popularität genießt, so darf nicht übersehen werden, dass es weder ein Gesamtbild menschlichen Denkens und Lernens gibt, noch dass durch die Hirnforschung prinzipiell neue methodische oder didaktische Möglichkeiten eröffnet worden sind." Trotz aller Dialoge, so sein Fazit, sei die Kluft noch zu groß (vgl. ebd., 531). Wir gehen weiter hinten auf diese und andere Einwände genauer ein.

Die Gefahr liegt ohne Frage darin, dass die Überlegungen der Neurowissenschaften überhöht und voreilig überinterpretiert werden. Zu unrecht, wie sich noch zeigen wird. Anderseits haben die Pädagogik und die Pädagogische Psychologie über einen langen Zeitraum, aus welchen Gründen auch immer, Sachverhalte und Erklärungsmodelle vertreten, die durch neurophy-

9 Barrow, J.D.: Die Entdeckung des Unmöglichen. Forschung an den Grenzen des Wissens. Heidelberg, Berlin: Spektrum 2001, Penrose, R.: Das Große, das Kleine und der menschliche Geist. Heidelberg, Berlin: Spektrum 2002; DPG: Jahrestagung der Deutschen Physikalischen Gesellschaft (DPG) in Berlin 2005.

10 Besonders aufschlussreich und beeindruckend sind in diesem Kontext die Ausführungen und Folgerungen für die Psychotherapie; vgl. Grawe, K.: Neuropsychotherapie. Göttingen, Bern, Toronto, Seattle, Oxford, Prag: Hogrefe 2004

11 Kittel, W.: Pseudoneuro. In: Frankfurter Rundschau, 23.11.2004

12 Friedrich, G.; Preiss, G.: Lehren mit Köpfchen. In: Gehirn & Geist 2005, H. 2, 32

13 Becker, N.: Die neurowissenschaftliche Herausforderung der Pädagogik. Bad Heilbrunn: Klinkhardt 2006

14 Reich, E.: Kultur und Kognition. Impliziert die moderne Hirnforschung eine Neukonzeptionierung didaktischer Positionen. In: Pädagogische Rundschau 2005, H. 5

siologische Daten längst überholt sind.[15] Dies gilt auch und besonders für pädagogisch relevante Begrifflichkeiten wie ‚Motivation' oder ‚Leistung'. *Darüber hinaus scheinen zentrale Fragen der Lehr-Lernforschung* „zwar in den Neurowissenschaften angelegt, werden aber bisher kaum beachtet."[16] Erst seit Mitte der 1990er Jahre beschäftigen sich die Pädagogik und Pädagogische Psychologie intensiver mit den Forschungsergebnissen und Erkenntnissen der angesprochenen Bezugswissenschaften und seit dem müssen viele Annahmen zumindest teilweise revidiert werden.

Wir versuchen, mit diesem Zugang einen Anschluss zu den neuen Erkenntnissen zu finden.

- Wo und wie ist die Frage nach dem ‚Lernen' zu platzieren?
- In den Genen? In der Erfahrung? Im ‚Ich'?
- Welche Schlussfolgerungen (für die Praxis) sind zu ziehen?

Zur groben Orientierung diese Einstimmung:

„Man kann sagen, dass für die Wissenschaft die drei spannendsten Themen das Genom, das Gehirn und der Kosmos sind. Vielleicht ist das Gehirn das allerinteressanteste, weil es in seiner Zwischenstellung zwischen Genom und Kosmos einen Blick auf beide und damit gleichsam fast auf ‚alles' werfen lässt. Wer das Genom untersucht und das menschliche Verhalten verstehen will, kommt zu keinem ausreichenden Verständnis, wenn er sich nicht verdeutlicht, wie die Grundfunktionen des Gehirns organisiert sind."[17]
„Das Gehirn ist mit Abstand unser spannendste Organ und auch unser kompliziertestes Organ. Man sagt ja oft, das Gehirn sei das komplizierteste Stück Materie, das es im Universum überhaupt gibt."[18]

Fasst man die neuesten Erkenntnisse der Neurowissenschaften zusammen und bringt diese in eine – vorerst grobe – Formel, dann lautet sie:

‚Lernen' spielt sich im Gehirn ab[19] – und nirgendwo sonst!
Und alles, was das Gehirn für diesen komplizierten und komplexen Prozess benötigt, holt es sich selbst aus seinen internen Dispositionen und den bereits vorhandenen neuronalen Verknüpfungen. Das Gehirn versteht sich als aktives System, das sich selbst Lösungen sucht[20]. Das Gehirn organisiert sich selbst heterarchisch und hierarchisch (Dividuum als teilbares System) und ist in der Lage, übergeordnete Instanzen zu schaffen (Geist, Sein, Bewusstsein, Ich-Identität).

15 Vgl. Roth 2003, 11
16 Aufschnaiter, Cl.: Lerntheorien zwischen Neurowissenschaften und pädagogischer Psychologie. In: Pädagogik 2005, H. 5, 52-55, hier 55
17 Linke 2002, 7
18 Spitzer, M. (19.03.2004) in: BR-Alpha-Forum
19 Vgl. Herrmann, U.: Lernen findet im Gehirn statt – Die Herausforderung der Pädagogik durch die Hirnforschung. Text einer Sendung im Februar 2004 im SWR2 Aula.
20 Singer 2002, 96

Zum Verständnis unseres Anliegens genügt es, die relevanten Grunddaten, die nach derzeitigem Erkenntnis- und Wissensstand als relativ gesichert angenommen werden können, in unsere Überlegungen einzubeziehen. Die gesamte Gehirnphysiologie – auch mit den unter den Experten noch differenten Ansichten zu Einzelaspekten – aufzuarbeiten, würde den vorgegebenen Rahmen sprengen; hier sei auf die einschlägige Fachliteratur verwiesen.

Wir beginnen unseren Zugang mit einer zunächst sehr einfachen Darstellung der Stationen des Lernprozesses aus neurophysiologischer Sicht (vgl. Abb. 3.1).

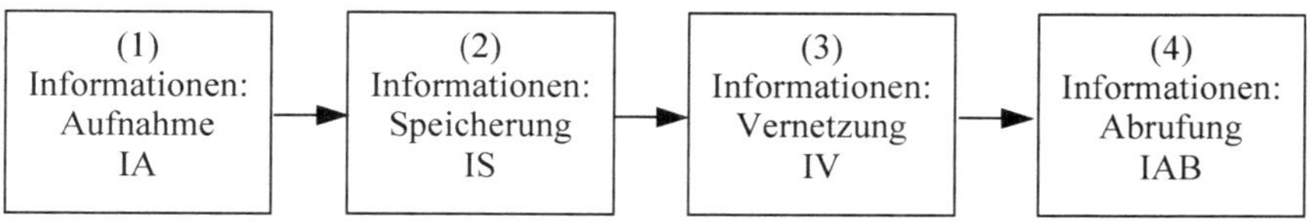

Abb. 3.1: Stationen des Lernprozesses

Entkleidet man das ‚Lernen' vom irritierenden pädagogisch begrifflichen Ballast, erkennen wir vier Stationen:

1. *Informationsaufnahme (IA)*: Informationen werden aufgenommen, z. B. über den visuellen Wahrnehmungskanal.
2. *Informationsspeicherung (IS):* Informationen werden gespeichert, z. B. als kognitive Engramme.
3. *Informationsvernetzung (IV):* Informationen werden vernetzt bzw. verarbeitet, z. B. als assoziative Verknüpfungen.
4. *Informationsabrufung (IAB):* Informationen werden abgerufen, z. B. als verbalisierte Veräußerungen.

Das Gehirn arbeitet an und mit Informationen, es ver- und bearbeitet sie. Dabei ist der Begriff ‚Information' willkürlich gewählt.[21] Unter ‚Information(en)' ist alles das zu verstehen, was über die sensorisch-physiologischen Wahrnehmungskanäle dem Gehirn aktiv oder passiv zugänglich gemacht wird. Für das Gehirn spielt es keine Rolle, ob wir diese Informationen ‚Daten', ‚Inhalte', ‚Lerngegenstände', ‚Gedichte', ‚Mathematische Formeln', ‚Handlungen', ‚Aktionen', ‚Handstand', ‚Kompetenzraster' oder ‚Begriffe' nennen. Statt ‚Informationen' könnte man auch *‚Inputs'*, *‚Reize'* oder *‚Signale'* sagen, so wie sie auch unterschiedlich in der Fachliteratur bezeichnet werden. Es sind aber immer physikalisch-elektrische und später im weiteren Aneignungsprozess biochemische *Impulse*, die das Gehirn aktiv werden lassen. Wenn wir an dieser Stelle den Terminus ‚Information' wählen, dann deshalb, weil unter ihm die unterschiedlichen ‚Lerngegenstände' am besten nachvollziehbar subsumiert werden können.

21 Auf den Begriff ‚Information' aus neurowissenschaftlicher Sicht wird weiter hinten eingegangen.

Um den sehr komplexen und komplizierten Prozess der Informationsbe- und -verarbeitung im Gehirn verständlich zu machen, sind Vereinfachungen erlaubt – wohl wissend, dass bei der Betrachtung des Gehirns das Gehirn sich selbst spiegelt. Es gilt etwas zu erklären, was sich selbst erklärt bzw. zu erklären versucht.

Lernprozesse im neurophysiologischen Kontext

Im pädagogisch-didaktischen Sprachgebrauch und in der Lernpsychologie unterscheiden wir zwischen einem *Vermittlungsprozess (extern)* und einem *Aneignungsprozess (intern)*. Beide werden in der Regel in ihrer Zusammenfassung als ‚Lernprozess' verstanden. Obwohl aus der Sicht des Lerners beide (hirnphysiologisch) nicht voneinander zu trennen sind, erleichtert uns diese analytische Trennung zunächst das Verstehen dieser beiden sich wechselseitig bedingenden Prozesse.

Unter *Vermittlung* (als ‚Instruktion' von außen) verstehen wir den Versuch und das Bemühen, dem Lerner neue, wichtige oder ergänzende Informationen (Lerninhalte, Informationen) zukommen zu lassen. Die Vermittlung wird dem Lerner durch unterschiedliche methodische Arrangements versucht zu erleichtern; bildlich gesprochen: schmackhaft gemacht.

Unter *Aneignung* (das ‚eigentliche Lernen' als interner Prozess) verbinden wir die Vorstellung, die Erwartung und Hoffnung, der Lerner speichert und vernetzt diese Informationen in seinem Gehirn, um sie zu einem gegebenen Zeitpunkt abrufen zu können. Im Aneignungsprozess werden bereits vorhandene neuronale Strukturen angesprochen und neue neuronale Verknüpfungen geschaffen bzw. ‚gebahnt' (vgl. Grawe 2004), genauer: an den entscheidenden Kontaktstellen werden die physikalisch-elektrischen Impulse in biochemische umgewandelt. Der Selbstorganisierungsprozess des Gehirns findet statt.

Es sind also – aus analytischer Sicht betrachtet – zwei getrennte Prozesse: Ein externer, in dem ‚von außen' Informationen an den Lerner herangetragen werden (*Vermittlungsprozess*), und ein interner, in dem die Bereitschaft und Fähigkeit des Lerners zur Speicherung und Vernetzung konstatiert wird (*Aneignungsprozess*).

Obwohl beide Prozesse miteinander eng verbunden sind, ist es zunächst hilfreich, sie getrennt zu betrachten, weil sich daraus die unterschiedlichen diagnostischen Zugangsweisen besser erschließen lassen.

Der (normal unterrichtliche) Vermittlungsprozess ist eigentlich der Versuch einer Manipulation ‚von außen' mit dem Ziel, das Gehirn zu verführen, etwas zu tun (zu lernen), was es eigentlich gar nicht tun (lernen) möchte. So wie der Mensch lieber in einer Landschaft lebt, die ihm alles Notwendige zum Leben bereits bietet und die ihm rundherum behagt und er daher lieber nicht in einer Landschaft leben möchte, wo er noch zusätzliche und womöglich anstrengende Anpassungsleistungen vollbringen muss, so reagiert auch das Gehirn. Das, was das Gehirn als eigenständiges und selbstaktives System zum Funktionieren mit seinen Teilsystemen in seinem übergeordneten System (Körper) benötigt, holt es sich selbst (Ruhe, Schlaf, Erregung, Lust, Träume, Assoziationen, Konnotationen, Fantasien). Das Gehirn ist ein autopoietisches System, es ist operational geschlossen und strukturdeterminiert, es kann nur die Informationen verarbeiten, für die kognitive und neuronale Strukturen vorhanden sind.[22] Das Gehirn ‚sieht' keine Notwendigkeit, sich mit zusätzlichen und anstrengenden Aktivitäten zu belasten, wenn sie nicht unbedingt zum reibungslosen Funktionieren benötigt werden.[23] Das Gehirn hat keine ‚Einsicht' und kennt kein ‚Ich' – (wahrscheinlich) auch kein ‚Bewusstsein'[24]. Allenfalls lässt sich formulieren: *„Geist und Bewusstsein – wie einzigartig sie von uns auch empfunden werden – fügen sich (...) in das Naturgeschehen ein und übersteigen es nicht. Und: Geist und Bewusstsein sind nicht vom Himmel gefallen, sondern haben sich in der Evolution der Nervensysteme allmählich herausgebildet. Das ist vielleicht die wichtigste Erkenntnis der modernen Neurowissenschaften"* (Das Manifest, 2004, 33).[25] Natürlich gibt es auch Gegenpositionen.[26]

---

22 Vgl. Siebert, H.: Selbstgesteuertes Lernen und Lernberatung. Augsburg: ZIEL 2006, 97

23 Literarisch lässt Daniel Kehlmann in seinem Roman ‚Die Vermessung der Welt' Carl Friedrich Gauß denken (2005, 55): „... In diesem Moment begriff er, dass niemand den Verstand benutzen wollte. Menschen wollen Ruhe. Sie wollen essen und schlafen, und sie wollen, dass man nett zu ihnen war. Denken wollten sie nicht."

24 Anmerkung: Die Frage, ob das Bewusstsein unabhängig vom Gehirn und damit vom Denken existiert, ist eine ebenso naturwissenschaftlich wie philosophisch strittige Frage. Für den hier thematisierten Zusammenhang genügen diese Hinweise: „Bewusstsein ist – anders als viele Philosophen glauben – kein einheitliches Phänomen, sondern tritt in ganz unterschiedlichen Zuständen auf, die einzig gemeinsam haben, dass sie von einem Individuum erlebt werden und von denen zumindest im Prinzip sprachlich berichtet werden kann" (197). Das heißt: „Bewusstsein unterliegt klar definierten physiologischen Bedingungen, die durch einen hohen Energie- und Stoffumsatz charakterisiert sind. Bewusstsein ist ein makrophysikalischer Zustand; ohne ausreichende Versorgung des Gehirns mit Sauerstoff und Glucose gibt es kein Bewusstsein" (Roth 2001, 218). Dazu auch A.R. Damasio (2002, 6): „Das Erforschen der neurobiologischen Grundlagen des Ich-Bewusstseins – eine Variante des klassischen Leib-Seele-Problems – ist geradezu als die letzte große Aufgabe übrig geblieben". Oder D.J. Chalmers (2002, 19): „Vielleicht werden theoretische Physik und Theorie des Bewusstseins sich sogar eines Tages in den Rahmen einer übergeordneten Theorie der Information fügen". Völlig anders kann ‚Bewusstsein' aus einer phylogenetisch-ontologischen Sicht betrachtet werden, etwa nach Ken Wilber: ‚Halbzeit der Evolution'. Frankfurt a.M.: Fischer 2004, 7. Aufl.

25 Das Manifest. Elf führende Neurowissenschaftler über Gegenwart und Zukunft der Hirnforschung, in: Gehirn und Geist, 2004, H. 6

26 Siehe dazu exemplarisch die kontroversen Ansichten und Diskussionen in: Gehirn und Geist, Dossier-ND 1, 2006. Ausführlich dazu aus philosophischer Sicht in:

Das Gehirn codiert und decodiert lediglich die Impulse funktionsadäquat nach seinen intern angelegten elektro-physikalischen und biochemischen Gesetzen und Mustern (z. B. Gedächtnisinhalte als Moleküle, RNS). Die Synapsen spielen dabei als Verbindungsglieder eine zentrale Rolle. Aber auch sie transportieren keine ‚Inhalte', sondern geben Impulse unterschiedlichster Qualität weiter, vernetzen die neuronalen Strukturen zu neuen komplexen Mustern. Neue Informationen ‚bahnen' somit neue und andere neuronale Schaltungen und Muster, die – sollen sie dauerhaft sein – immer wieder ‚gebahnt' (verstärkt, wiederholt, vertieft) werden müssen. Eine neue ‚Bahnung' (z. B. neue Informationen als Lerninhalte) benötigt somit eine gewisse Zeit, bis die entsprechenden Synapsen (durch Produktion und Übertragung spezifischer Neurotransmitter) genügend Stärke zur Aufrechterhaltung entwickelt haben. Für den Lernprozess lassen sich daraus spezifische methodische Interventionen ableiten, die dann auch als didaktische bzw. methodische Lernarten beschrieben werden können.

Das Gehirn ermöglicht also das, was wir als ‚Lernen' bezeichnen. Das ‚Lernen' ist beim Menschen als anthropologische Grundmatrix angelegt und somit auch das ‚Denken'. Denken als abstrakt geistiger Akt ist allerdings auf sinnliche Wahrnehmungen angewiesen und somit an stoffliche Substanzen gebunden. Darüber hinaus – und das ist eine einzigartige Qualität, man kann sagen ein evolutionärer Quantensprung – ermöglicht dem Gehirn in Verbindung mit anderen Teilsystemen (corporalen Zentren) die Bildung übergeordneter Instanzen, die man je nach Sichtweise eher kognitiv (z. B. Einsicht, Interesse, Wille), emotional (z. B. Motivation, Hoffnung, Befürchtung, Enttäuschung) oder sozial-emotional (z. B. Ehrfurcht, Anerkennung, Lob) einordnen kann. *„Heute wissen wir, dass das Gehirn (die) Aspekte Denken, Fühlen und Handeln zu einer Gesamtheit zusammenführt."* (Friedrich & Preiss 2005, 39) Das unterscheidet den Menschen vom Tier, zumindest glauben wir das. Eine dieser übergeordneten Instanzen kann als ‚Ich-Instanz' bezeichnet werden. Das ‚Ich' ist eine Konstruktion des Gehirns, es konstruiert somit seine eigene Realität und Wirklichkeit (Die Erkenntnistheorie des Konstruktivismus leitet sich hiervon ab). Und aus der Summe seiner Erfahrungen formt sich die Persönlichkeit heraus.[27] Dieser

---

Sturma, D. (Hrsg.): Philosophie und Neurowissenschaften. Frankfurt a.M.: Suhrkamp 2006; aus pädagogischer Sicht: Göhlich & Zirfas 2007

27 Anmerkung: Wir berühren mit diesem Denkansatz die ‚Kipplinie zwischen Geist und Materie' (Linke). Die Formel ‚Ich denke, also bin ich' (R. Descartes) beschäftigt Philosophen und Naturwissenschaftler gleichermaßen, ohne dass bisher eine endgültige Antwort zu ihr gefunden wurde. Es ist hier nicht der Raum, auch nur annähernd diese Diskussion nachzuzeichnen. Wir beschränken uns daher auf ausgewählte Zitate, die das thematische Spektrum andeuten. „Will man nicht nur Naturphilosophie betreiben, sondern einen allgemeineren philosophischen Ansatz verfolgen, so scheint es nicht unangemessen, die Dimension der Zuschreibung von Personalisation, Bewusstsein und Ich-Konzept, in Kürze also der gesamten geistigen Dimension im Funktionskonzept des Gehirns korrelationistisch von vornherein mitzu-

Denkansatz, nämlich dass das Gehirn auch kognitive und moralische Wertigkeiten ermöglicht bzw. produziert, berührt das Selbstverständnis des Menschen, im weiten Sinne berührt er das Leib-Seele-Problem. Er *„impliziert, dass sich auch psychische und seelische Phänomene Mechanismen zuordnen lassen, die in und zwischen Nervenzellen ablaufen, also an ein materielles Substrat gebunden sind.“*[28] Besonders an dieser Annahme werden die unterschiedlichen Positionen und Denkrichtungen deutlich – und strittig.

Diese übergeordneten Instanzen oder Wertigkeiten (z. B. Gefühle, Stimmungen, Einstellungen, Motivationen und das ‚Ich') beeinflussen in erheblichem Maße den Lernprozess (Vermittlungs- und Aneignungsprozess); sie zeigen sich entweder als situative oder als überdauernde psycho-physische Erregungszustände bzw. Befindlichkeiten (z. B. kurzfristige Motiviertheit oder überdauernde Motivation; punktuelles Interesse oder generelles Interesse; situative oder überdauernde Stimmungen)[29]. Zuständig im Gehirn sind dafür spezifische Erregungssysteme (z. B. der Nucleus accumbens oder die Substantia nigra) und besondere Botenstoffe, etwa die bekannten Neurotransmitter Noradrenalin, Serotonin, Dopamin und Acetylcholin. So ist beispielsweise das Dopamin (in der Area tegmentalis) für die Motivation und Kreativität und für Glücksgefühle und positive Stimmungen zuständig.[30] Ähnlich sind die anderen Botenstoffe bestimmten seelischen Befindlichkeiten bzw. Stimmungen zuzuordnen, so das Serotonin in den präfrontalen Gehirnregionen für Spannungszustände. Ungeklärt ist bis heute die Frage, ob die Transmitterstoffe diese Befindlichkeiten auslösen oder ob bestimmte Befindlichkeiten die Transmitterstoffe verstärkt produzieren. Deutlich wird auf jeden Fall die Wechselwirkung von Psychosomatik und Somato-

---

denken“ (Linke 2002, 14). Und das bedeutet: „Die Hirnforschung muss in den Blick nehmen, dass es nicht nur das Ich ist, welches dem Gehirn zugeordnet ist, sondern stets auch Aktivität auf eine Weise vom Gehirn verhandelt wird, die den Ich-Leistungen nicht einfach unterworfen werden kann“ (dergl., 78). Das bedeutet aber auch: „... dass man die Lokalisationslehre selber und die verschiedenen Positionen zum Zusammenhang von Ich, Kognition und Gehirn auch wieder ohne Probleme auf die Hirnlandkarte projizieren könnte. Gewisse Zuordnungen erscheinen jedoch bereits möglich“ (dergl. 76). Wenn man hingegen andere (sehr extreme) Positionen vertritt, die den Geist (das Denken) beispielsweise in den Zusammenhang von ‚morphischen Resonanzen' (Sheldrake 1989, 272 ff.) stellen, sind Zugriffe auf das normale Lernen kaum möglich. Ebenso extrem ist die Polarisierungstheorie, nach der sich im ‚Selbst' die Pole Geist und Materie vereinigen (Dethlefsen & Dahlke 1998).

28 Singer 2002, 39

29 In der Psychologie werden sie als die basalen Grundbedürfnisse eines Menschen beschrieben, die besonders im therapeutischen Prozess den wichtigsten Fokus bilden (vgl. Grawe 2004).

30 Dambmann, U.M.: Erfolgsfaktor Gehirn oder die Auflösung des Widerspruchs von Gefühl und Verstand. Münster: Lit 2004, 133 ff.

psychik[31]. Auch von außen vorgenommene Medikationen beeinflussen das Gehirn, etwa wenn das Thyroxin die Schilddrüse unterstützt und damit das müde Gefühl im Gehirn verblassen lässt. Offenbar benötigt das Gehirn zur optimalen Funktionsfähigkeit gelegentlich substanzielle Unterstützung. Unter diesem Gesichtspunkt kann auch die Verabreichung von pharmakologischen Substraten (Psychopharmaka) verstanden werden.[32] Problematisch zu beobachten ist der Trend in bestimmten gesellschaftlichen Kreisen, so genannte Life-Style-Drogen einzunehmen, die das Gehirn für bestimmte psycho-physische (d. h. euphorische) Zustände stimulieren sollen. Problematisch – zumindest fragwürdig – ist ebenso die Erwartung einiger Vertreter der biologistischen Position, über stoffliche Substrate das Gehirn für bestimmte Lernkonzepte zu manipulieren, oder umgekehrt, Lern- oder Verhaltensstörungen auf diesem Wege auszuschalten. Dass dies bereits in Ansätzen praktiziert wird, zeigen die Versuche, das ADS-Syndrom zu unterdrücken.

Die Zukunft kann je nach Standort entweder als beängstigend oder als hoffnungsvoll angesehen werden. Auf dem Weltkongress der Neurobiologie (Hamburg 2003) wurden so genannte ‚Hirnschrittmacher' vorgestellt, die bisher ungeahnte Möglichkeiten aufzeigen:

„Man könnte in bestimmte, genau ausgewählte Hirnregionen sehr kleine Magnete implantieren, deren magnetische Kraft ausreicht, im Blut zirkulierende Moleküle, die mit bestimmten Markern versehen wurden, zum verstärkten Andocken in genau dieser Hirnregion zu bringen. Auf diese Weise könnte man genau dort den Neurotransmitter-Stoffwechsel gezielt verändern, wo man ihn verändern möchte, um eine ganz spezifische Wirkung ohne unerwünschte Nebenwirkung zu erzielen. Je genauer wir wissen, welche Hirnregion maßgeblich an einem bestimmten psychischen Prozess, den man ändern möchte, beteiligt ist, desto gezielter könnte man auf diese Weise Einfluss auf die Aktivierbarkeit und die Bahnung bestimmter neuronaler Erregungsmuster in dieser Hirnregion nehmen. Auf diese Weise könnte eine Hirnregion z. B. für bestimmte Lernprozesse sensibilisiert werden." (Grawe 2004, 445)

Zusammengefasst: Zu konstatieren ist, Gefühle, Einstellungen, Stimmungen und andere emotionale Erregungen sind an materielle Substrate gebunden.

Wir beschäftigen uns hier aber mit der Frage, wie das Lernen durch Lerncoaching optimiert werden kann. Damit ist vorausgesetzt, dass das Gehirn bereits über Informationen verfügt; es ist keine Tabula rasa. Dabei lassen wir die Frage, ob das Gehirn bereits vor der Geburt (pränatal) mit Informa-

---

31 Emrich, H.M. 2002, 38. In: Plassmann, R. et al. (Hrsg.) Integrierte Medizin: Neue Modelle für Psychosomatik und Psychiatrie. Gießen: Psychosozial Verlag 2002

32 Die Forderung in manchen Diskussionen, psychische Erkrankungen generell ohne Psychopharmaka zu lindern, ist teilweise übertrieben ideologisch. Wer selbst unter einer psychischen Erkrankung gelitten hat, bringt ein anderes Verständnis ein.

tionen ausgestattet ist, unberücksichtigt. Vieles spricht dafür. Gesichert ist diese Annahme jedoch nicht. Gesichert hingegen ist die Annahme, das sich das Gehirn über drei unterschiedliche ‚Mechanismen' (Singer) mit Informationen (Inhalten, Wissen) versorgt: 1. durch die Evolution, 2. durch die Ontogenese und 3. durch das übliche normal-alltägliche Lernen.

1. *Evolution:* Durch die evolutionäre Entwicklung wird das Wissen der Welt in den Genen gespeichert (z. B. Kollektives Unbewusstsein, Archetypen). Das Gehirn wird entsprechend vorprogrammiert.
2. *Ontogenese:* Gespeichert wird das erworbene Erfahrungswissen (u. a. durch Sozialisation, Erziehung, Enkulturation, Personalisation, z. B. Angst hemmt das freie Lernen), das sich als relativ feste Strukturen abbildet. Das Gehirn bildet entsprechende Verknüpfungen (Muster) aus.
3. *Normales Lernen:* Erwerb von aktuellen Informationen (Wissen zur Alltagsbewältigung, z. B. Erwerb einer Fremdsprache), die in Verbindung mit bereits konsolidierten Strukturen gebracht werden.[33]

Unsere Fragestellung konzentriert sich auf den dritten Mechanismus, aber ohne das Wissen der anderen Mechanismen ist er nur unvollständig zu verstehen.

Lernen, so haben wir gesagt, findet im Gehirn statt – nirgendwo sonst. „Es ist (...) das Gehirn, das die zentrale Instanz aller Lernprozesse darstellt."[34]

Wir fügen hinzu:
Das Gehirn besitzt die zusätzliche Fähigkeit (Plastizität), übergeordnete Instanzen (Wertigkeiten, Ich-Zustände, Bewusstheit, Bewusstsein) zu schaffen, die dem rein mechanistischen Ablauf einen (aus ‚menschlicher' Sicht) sinnhaften und emotionalen Charakter verleihen. Es bedient sich dabei selbst erstellter kognitiver und emotionaler Karten (Informationen als Verknüpfungen). Das ‚Ich' als eine übergeordnete Instanz im hierarchischen System spielt dabei eine entscheidende Rolle.

Die Stationen des Lernens

Kehren wir zu den Stationen des Lernens zurück.

Obwohl das Bild der Stationen das Grundschema für alle Menschen abbildet, ist es in den Details von Mensch zu Mensch unterschiedlich. Die Einzigartigkeit des Menschen und damit die individuelle Ausprägung zeigen sich in den einzelnen Stationen als spezifische Muster. Die Unterschiedlichkeit in dem Gemeinsamen beruht auf den Komponenten (1) *Anlage* und (2) *Umwelt.*

33 In Anlehnung an: Singer 2002, 91 ff.
34 Aufschnaiter, a.a.O., 55

(1) *Anlage:*

Die Anlagen als biologisches Erbe unserer Vorfahren sind die genetischen Informationen, die das Individuum kennzeichnen und bestimmen: äußere Merkmale (Hautfarbe, Körpergröße, Blutgruppe u.a.m.) – körperliche und geistige Verfassung (Nervensysteme, Anomalien wie Mongolismus u.a.m.) – rudimentäre Überlebenshilfen (Angst, Sexualität u.a.m.) – allgemeine Lebensenergie (Temperament, Flexibilität im kognitiven, emotionalen und aktionalen Bereich u.a.m.).

Es ist das gesamte genetische Potenzial, das durch das Umfeld und die Umwelt angeregt wird – oder nicht. Dabei spielen die ‚Sensiblen Phasen' (neuerdings: ‚Neuronale Zeitfenster' genannt) in bestimmten Entwicklungsstufen für die Herausbildung von Fähigkeiten und Fertigkeiten eine besondere Rolle.

Der Mensch als Genotyp bildet sich heraus. In ihm zeigt sich die durch die Erbanlagen bedingte Beschaffenheit des Menschen.

(2) *Umwelt:*

Die Umwelt als kulturhistorischer Hintergrund und geistig-soziales Erbe vermittelt die gesellschaftlichen und sozialen Informationen: gesellschaftliche Situationen (Normen, Machtverhältnisse, Interaktionsformen u.a.m.) – Sozialschicht (Werte und Normen unterschiedlicher Schichten, Sprachcodes u.a.m.) – Familienkonstellationen (Stellung von Mann und Frau u.a.m.) – Ernährungsweisen (finanzielle Möglichkeiten u.a.m.) – Lebensumwelt (Land oder Stadt u.a.m.).

Es ist die enge und die weite Welt (eng: Umfeld; weit: Umwelt), in der das Individuum ständig oder zeitweise lebt.

Der Mensch als Soziotyp wird geformt und geprägt.

Genotypus und Soziotypus verschmelzen zum Phänotypus. In ihm zeigt sich das Erscheinungsbild, das ‚Sichtbare', des Lebewesens.

> „All das, was Ihre Persönlichkeit ausmacht, das, worauf Sie stolz sind, ebenso wie das, was Sie an sich selbst nicht mögen, worunter Sie vielleicht leiden, Ihre Schwächen und Stärken, Ihre Fähigkeiten und Kenntnisse, Ihre Wünsche und Erwartungen, auch Ihre Träume und Ängste, sind Ergebnis und Ausdruck der Installationen, der neuronalen Verschaltungsmuster, die bisher in Ihrem Gehirn entstanden sind. Sie sind ein Produkt von Zufälligkeiten, von zufällig in Ihrem Genom vermischten Anlagen und von zufällig vorgefundenen Bedingungen, unter denen sich manche dieser Anlagen besonders gut, andere nur sehr schlecht entfalten konnten." (Hüther 2005, 71)

Der Phänotypus zeigt sich uns in seinem Aussehen und seiner Erscheinung, in seinem Charakter, in seiner Intelligenz und Begabung, in seiner Geschicklichkeit und mit seinen sonstigen Fähigkeiten und Fertigkeiten. Er ist eine singuläre Persönlichkeit (vgl. Abb. 3.2).

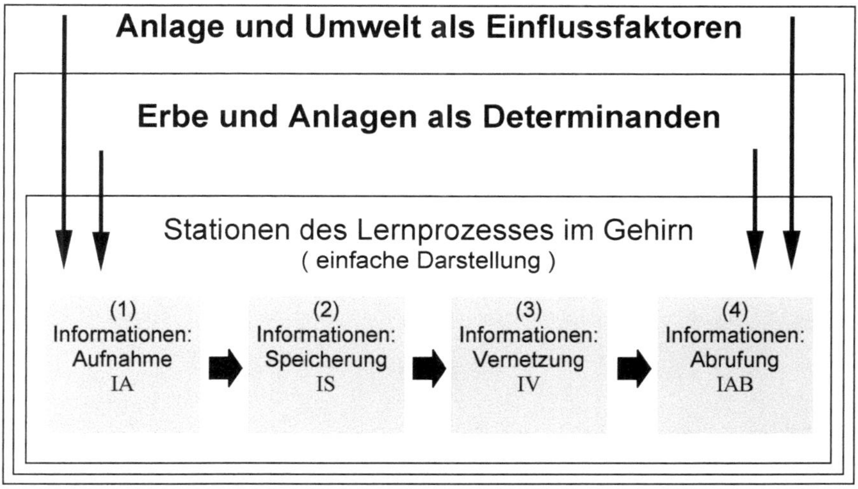

Abb. 3.2: Anlage und Umwelt

Wenn wir einem Lerner zum ersten Mal begegnen, dann erfassen wir nur seinen Phänotypus; das ‚Sichtbare'. Erst weitere Informationen lassen uns den Genotypus und Soziotypus annäherungsweise erschließen und erkennen. Über seine Dispositionen (Erbanlagen) und seine sozialen Erfahrungen (Umweltfaktoren) und deren Auswirkungen auf das Lernen wissen wir nichts – oder nur sehr wenig; das ‚Unsichtbare'[35]. Und wie sich sein kognitiver, emotionaler und sozial-interaktiver Lernprozess gestaltet, können wir nur vermuten. Um von einigermaßen gleichen Voraussetzungen auszugehen, werden in Bildungseinrichtungen möglichst homogene Lerngruppen gebildet. Das mag zwar den Vermittlungsprozess für den Lehrer erleichtern, ob sie für den jeweiligen Lerner mit dem Ziel, sein Lernen zu verbessern, optimal sind, wird unter Experten heftig diskutiert.

Zu den Stationen

Das Individuelle zeigt sich u. a. in den einzelnen Stationen: (1) Informationsaufnahme (IA) – (2) Informationsspeicherung (IS) – (3) Informationsvernetzung (IV) – (4) Informationsabrufung (IAB).

Man kann diese einzelnen Stationen auch anders benennen. So bezeichnet beispielsweise Markowitsch[36] die einzelnen Stationen wie folgt: *Informationsaufnahme – Informationseinspeicherung (Enkodierung) – Informationsablagerung (Abspeicherung) – Informationskonsolidierung (Festi-*

35 Siehe weiter hinten!

36 Markowitsch, H.J.: Dem Gedächtnis auf der Spur. Darmstadt: Wissenschaftliche Buchgesellschaft 2002, 102

gung) – Informationsabruf. Tücke[37] benennt sie als *Erkennen – Enkodieren – Speichern – Abrufe;* Steiner[38] als *Verstehen – Speichern – Abrufen – Anwenden;* Vaas[39] als *Informationsaufnahme – Auswahl (Filterung) – Informationsspeicherung (Engramme) – Verknüpfung – Reaktivierung (Erinnerung)* und Grawe[40] *als Sensorischer Eingang – Übertragung ins Langzeitgedächtnis – Speicherung – Abruf(Initiierung).* Von Nuancen abgesehen, enthalten sie die gleichen Aussagen.

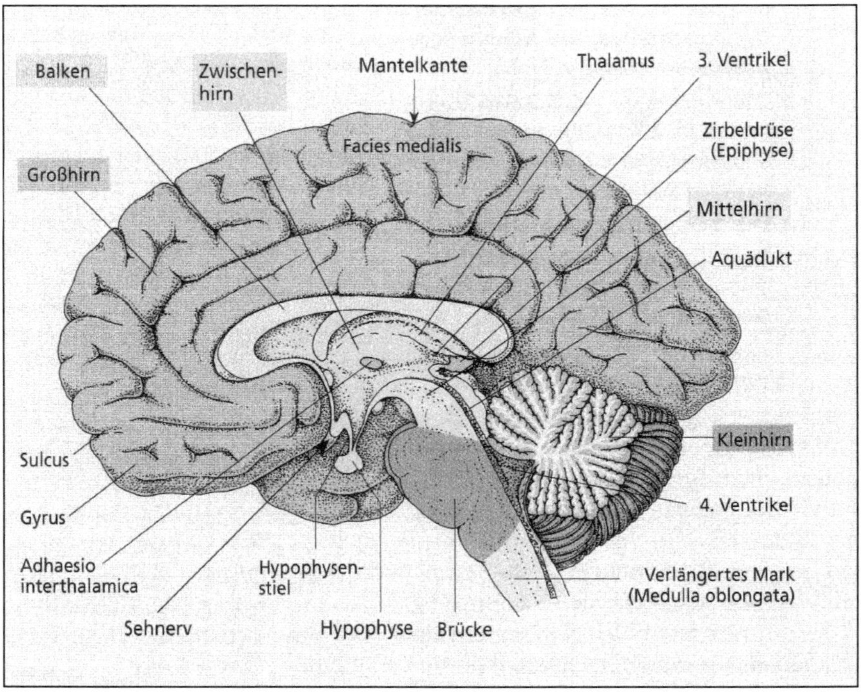

Abb. 3.3: Übersicht über Gehirnarreale
(Entnommen aus: Schäffler, A.; Menche, N.: Biologie, Anatomie, Physiologie. München, Jena: Urban & Fischer 2000, 157)

37 Tücke, M.: Grundlagen der Psychologie für (zukünftige) Lehrer. Münster: LIT 2003, 148 ff.
38 Steiner, G.: Lernverhalten, Lernleistung und Instruktionsmethoden 1997, 278 ff.
39 Vaas, R.: Gedächtnis. In: Lexikon der Neurowissenschaften (unter: www. Wissenschaft-online.de)
40 Grawe, K.: Neuropsychotherapie. Göttingen u. a.: Hogrefe 2004, 73

(1) Informationsaufnahme (IA)

Die Informationen werden aktiv und passiv, bewusst und unbewusst über alle Wahrnehmungskanäle als Impulse aufgenommen (auditiv, visuell, kinästethisch, gustatorisch, olfaktorisch, taktil, haptisch usw.). Dabei entwickelt jedes Individuum entsprechend seiner Anlagen unterschiedliche Kombinationen zwischen diesen Rezeptoren (z. B. visuell-kinästhetisch), wobei in der Regel ein Wahrnehmungskanal dominiert. Die angelegte Kombination bezeichnet den jeweiligen ‚Lerntyp'[41] So wird ein stark visuell ausgeprägter Lerntyp Schwierigkeiten mit nur auditiven Informationen haben – und umgekehrt. Er benötigt eine entsprechende ‚Übersetzungszeit' (vom Auditiven ins Visuelle). Wird sie ihm nicht gewährt, verliert er leicht den Anschluss im Vermittlungs- und Aneignungsprozess. In Analogie gilt dies für alle Lerntypen. Die synaptischen Verbindungen können nicht informationsspezifisch geschaltet werden. Es entsteht eine Transformationsblockade, die nach außen als Lernblockade erscheint. Diese Art von Lernblockade kann man als ‚didaktische Zeitblockade des Lerners' bezeichnen, sie hat mit den kognitiven Strukturen und Fähigkeiten des Lerners nichts zu tun. Die ‚didaktische Zeit' ist eine sehr wichtige Komponente im Aneignungsprozess. Sie spielt auch bei dem Übergang von der Informationsaufnahme zur Informationsspeicherung eine entscheidende Rolle. Alle wahrgenommenen Informationen (Impulse) gelangen zunächst ins Ultrakurzzeitgedächtnis (siehe weiter unten: Exkurs ‚Gedächtnis'). Finden die Informationen innerhalb weniger Sekunden keinen Anschluss (keine Verbindungen, Bahnen) zu bereits vorhandenen oder ähnlichen Informationen, gehen sie verloren. Das sensorische Gedächtnis ist also nur für eine sehr begrenzte Zeit impulsspezifisch (informationsspezifisch) erregt, das heißt, es werden nur in diesem Zeitfenster Assoziationen im Kurzzeitgedächtnis gesucht.

Erste Schlussfolgerungen für den Vermittlungsprozess

- Werden dem Lerner die Informationen über Wahrnehmungskanäle angeboten, die er aufgrund seiner Veranlagung nicht favorisiert, benötigt er eine ‚didaktische Übersetzungszeit', um sie speichern zu können.
- Die einzelnen Vermittlungsmethoden (methodische Arrangements) sollten daraufhin überprüft werden, welche Wahrnehmungskanäle vornehmlich angesprochen werden, um im methodisch-didaktischen Setting den unterschiedlichen Lerntypen Alternativen anbieten zu können.
- Viele Lernarten sind (folglich) leere Worthülsen. Dennoch: Einige Lernarten sind als methodische Hinweise daraufhin zu überprüfen, in wieweit sie die neurophysiologische Informationsaufnahme wirklich erleichtern oder unterstützen.

41 Bereits: Vester, F.: Denken, lernen, vergessen. Stuttgart: dva München [1975] 1996

Exkurs: Gedächtnis

Die bisherigen Ergebnisse über die Funktion und die Arbeitsweise des Gedächtnisses sind in den Details zum Teil noch sehr unterschiedlich. Das liegt an den jeweiligen Forschungsdisziplinen und ihren Methoden (z. B. entwicklungspsychologische Langzeitstudien, Untersuchungen bei Gehirnschädigungen, z. B. Amnesien, oder Untersuchungen durch ‚Bildgebende Verfahren', bei denen man durch spezifische Reize bestimmte Gehirnareale sichtbar machen kann)[42]. Das erklärt auch die mitunter unterschiedlichen Bezeichnungen und Erklärungsmuster. Und natürlich sind das alles nur Modellvorstellungen vom Gedächtnis.[43] Könnten wir das Gedächtnis selbst befragen, würde es uns vielleicht andere Erklärungsmuster geben. Immerhin, unter den Experten herrscht Einigkeit in den Grundannahmen.[44]

Die meisten übergreifenden Zusammenfassungen unterscheiden drei Gedächtnisformen:

(1) Ultrakurzzeitgedächtnis
Das *Ultrakurzzeitgedächtnis (UKG)*, auch *sensorisches Gedächtnis* oder sensorischer Speicher genannt, ist nur für wenige Sekunden (ca. 20 Sekunden) impulsspezifisch erregt. Physikalisch-elektrische Signale suchen neuronale Verbindun-

---

42 Dazu: Morneburg, H. (Hrsg.) Bildgebende Verfahren für die medizinische Diagnostik: Erlangen 1995
Zum Verständnis des Verfahrens: Unter ‚Bildgebenden Verfahren' werden Messmethoden verstanden, die es ermöglichen, die an einer bestimmten motorischen, sensorischen oder kognitiven Aufgabe beteiligten Hirnareale zu identifizieren und abzubilden. „Da die Aktivierung von Hirnarealen mit einer Depolarisation des Membranpotenzials der Neuronen verbunden ist, dessen Erhaltung und Wiederherstellung Energie und Sauerstoff benötigt, kommt es in diesen Regionen zu einer Steigerung von Blutfluss und Sauerstoffverbrauch. Hierbei führt die neuronale Aktivierung zu einer überproportionalen Steigerung des regionalen Blutflusses im Vergleich zum Sauerstoffverbrauch und damit zu einem Anstieg des oxygenierten Hämoglobins in den Kapillaren des aktivierten Hirngewebes. Diese Änderungen der lokalen Blutversorgung und der magnetischen Eigenschaften des Blutes können mit Hilfe der MRT erfasst werden", Klose, U. u. a.: Funktionelle Bildgebung mit der Magnetresonanztomographie, in: electromedica 67 ,1999, H. 1, 27

43 Je nach Sichtweise (Forschungsschwerpunkt) differieren auch die Begrifflichkeiten einzelner Autoren, vgl. die Themenhefte der Zeitschrift Spektrum der Wissenschaft: ‚Gedächtnis' 2003, 2 oder ‚Rätsel Gehirn' 2002, 3.
In der traditionellen Lernpsychologie werden die Begriffe ‚Gedächnis' und ‚Lernen' mitunter unterschiedlich interpretiert. Unter ‚Lernen' versteht man schwerpunktmäßig den Prozess der Aneignung und unter ‚Gedächtnis' die Vorgänge der Speicherung bzw. des Abrufens von Informationen.

44 Andersen, J.R.: Kognitive Psychologie. Heidelberg, Berlin: Spektrum 2001; Becker, N.: Die neurowissenschaftliche Herausforderung der Pädagogik. Bad Heilbrunn: Klinkhardt 2006; Spada, H. (Hrsg.): Lehrbuch Allgemeine Psychologie. Bern: Huber 1998; Deetjen, P.; Speckmann, E.-J. (Hrsg.): Physiologie. München, Wien, Baltimore: Urban u. Schwarzenberg 1994; Krapp, A.; Weidemann, B. (Hrsg.): Pädagogische Psychologie. Weinheim: Beltz 2001; OECD: Wie funktioniert das Gehirn? Auf dem Weg zu einer neuen Lernlandschaft. Stuttgart, New York: Schattauer 2004; Scheunpflug, A.: Biologische Grundlagen des Lernens. Berlin: Cornelsen 2001; Tücke, M.: Grundlagen der Psychologie für (zukünftige) Lehrer. Münster: LIT 2003

gen, um Anschluss an bereits vorhandene Verknüpfungen (Assoziationen, Bahnungen) zu finden. In dieser Zeitspanne wird aber auch sehr schnell auf ankommende Impulse (Informationen) spontan (Instinkthandlung, z. B. Flucht) oder automatisch (erlernte Verhaltensmuster, z. B. bei Rot auf die Bremse) reagiert. Mit diesen spontanen bzw. automatisierten Reaktionen (Handlungen) entlastet sich das (Langzeit-)Gedächtnis, weil es nicht alle eingehenden Informationen überprüfen muss, um richtig zu reagieren.
Lernpsychologisch gesprochen ist das die Phase, in der die Aufmerksamkeitszentrierung, -bereitschaft, -fähigkeit- und -dauer[45] beansprucht werden. Auch wenn die Aufmerksamkeit gerne vom Interesse abhängig gesehen wird, so ist sie dennoch primär ein physiologischer Prozess.

(2) Kurzzeitgedächtnis

Das *Kurzzeitgedächtnis (KZG)* entspricht dem *Arbeitsgedächtnis*. Das Kurzzeitgedächtnis verfügt ebenfalls nur über eine begrenzte Verarbeitungszeit (ca. 20 Minuten) und über eine begrenzte Speicherkapazität. Es ist das Bindeglied (umgangssprachlich: Eselsbrücke) zwischen Ultrakurzzeit- und Langzeitgedächtnis und sorgt für die Weiterleitung der Informationen. Zu viele neue und vor allem zu schnell empfangene Informationen führen zur Verwirrung und finden somit keinen Anschluss im Langzeitgedächtnis und werden daher nicht gespeichert; es entsteht ebenfalls eine ‚Lernblockade' (z. B. als Interferenzeffekte = multiple Assoziationen zu denselben Stimuli können nicht aufrechterhalten werden, Anderson 2001, 201 ff.). Das erklärt die besondere Störanfälligkeit dieses Gedächtnisses. Bekannt sind diese Prozesse als anterograde Amnesie (es werden keine neuen Informationen gespeichert, ‚Neugedächtnis') und als retrograde Amnesie (Informationen der zurückliegenden Zeit werden nicht erinnert, ‚Altgedächtnis').
Lernpsychologisch gesprochen ist das die Phase, in der der Lerner Zeit und Hilfen braucht, um an seine kognitiven und emotionalen Strukturen anknüpfen zu können. Adäquate Methoden können hier helfen.

(3) Langzeitgedächtnis

Das *Langzeitgedächtnis (LZG)* ist das eigentliche Speichergedächtnis und ist am wenigsten störanfällig. In ihm sind alle Informationen, die ein Mensch in seinem Leben aufgenommen hat, bewusst (wissentlich) und unbewusst (unwissentlich) in verschiedenen Gehirnarealen für immer codiert. Gespeichert werden die Informationen als so genannte Engramme (Gedächtnisspuren), die ein Erinnern wieder möglich machen. Ein ‚Vergessen' von Informationen gibt es aus hirnphysiologischer Sicht nicht, aber einmal gespeicherte Informationen können im Laufe der Zeit überdeckt, überlagert oder verschüttet werden. Der Zugang zu ihnen ist dann erschwert bzw. versperrt. Mit Methoden der Tiefenentspannung ist es allerdings möglich, verschüttete Informationen in begrenztem Umfang wieder frei zu legen, das heißt zu reaktivieren (z. B. über Hypnose).
Im Langzeitgedächtnis unterscheidet man verschiedene Gedächtnisformen oder -arten, die je nach Forschungsansatz auch spezifisch bezeichnet werden:
Das Explizite (oder: deklarative) Gedächtnis mit den Kategorien ‚Episodisches Gedächtnis', ‚Autobiografisches Gedächtnis', ‚Wissens- und Faktengedächtnis' (auch: ‚Kontextgedächtnis' genannt) und ‚Vertrautheitsgedächtnis';

45 Synonym für ‚Konzentration' (bewusst herbeigeführte Ausrichtung auf eine Tätigkeit oder einen Inhalt) und ‚Vigilanz' (Wachheit und Orientierung in Raum und Zeit und auf Personen).

das Implizite (oder: nicht-deklarative) Gedächtnis mit den Kategorien ‚Fertigkeitsgedächtnis' und ‚Prozeduales Gedächtnis'.
Diese verschiedenen Gedächtnisformen besagen lediglich, dass bestimmte Informationen je nach Qualität im Gehirn schwerpunktartig in spezifischen Arealen abgespeichert werden und dass beim Abrufen bestimmter Informationen diese Speicher bzw. deren Verknüpfungen angesprochen werden müssen. Inzwischen weiß man, dass die einzelnen Gehirnareale zwar bestimmte Informationen speichern (z. B. Sprachmuster in der Broca-Region), aber immer mit den angrenzenden vernetzt sind, so dass bei einer Schädigung eines Areals die komplementären Areale das Defizit auszugleichen versuchen.
Lernpsychologisch gesprochen ist das der Ort, wo die genetischen Dispositionen, die Bereitschaft und Fähigkeit das Memorisieren (Bildung von Engrammen) bestimmen.

(2) Informationsspeicherung (IS)

Im Ultrakurzzeitgedächtnis beginnt die Speicherung der über die Wahrnehmungskanäle aufgenommenen Informationen (Impulse). Die Speicherungszeit ist allerdings begrenzt. Finden die eingehenden Informationen keine Verbindungen im Kurzzeit- bzw. im Langzeitgedächtnis, verblassen sie. Die Speicherung ist die entscheidende Station im Aneignungsprozess. Ohne Speicherung kein Lernen. Für den Vermittlungsprozess bedeutet dies, möglichst viele Assoziationsmöglichkeiten beim Lerner anzusprechen, um Verknüpfungen zu ermöglichen. Die Informationen werden je nach Qualität in unterschiedliche Gehirnareale abgelegt. Kognitive Informationen werden überwiegend im Frontalcortex abgespeichert, während emotional getönte Informationen mit dem Limbischen System verknüpft werden. Ob überhaupt etwas abgespeichert wird, entscheidet nur der Lerner. Der Lerner (sein Gehirn) versteht sich als autonomes System. Und natürlich spielen an dieser Stelle die übergeordneten Instanzen, wie Interesse oder Motiviertheit (nicht: Motivation, allenfalls die ausgebildeten motivationalen Schemata), eine förderliche oder hinderliche Rolle. Fast gleichgewichtig ist das situative Lernumfeld, in dem sich der Lerner während des Aneignungsprozesses befindet. Das sind im einzelnen beispielsweise der Raum (Temperatur, Licht, Ausstattung) und die anwesenden (oder nicht anwesenden) Personen (Vermittler, Mitlerner, Interaktionspartner). Mit dem Satz ‚Locations have Emotions' wird ausgedrückt, dass die Umfeldfaktoren – meistens vor- und unbewusst – entscheidende Beeinflussungsfaktoren während des Aneignungsprozesses darstellen. Sicherheit und Vertrautheit stehen dabei an vorderster Stelle.

Erste Schlussfolgerungen für den Vermittlungsprozess

- Für den Lerner wäre es optimal, möglichst frühzeitig in bereits verankerten Informationen Anknüpfungspunkte zu finden, von denen er Verbindungen zu den neuen Informationen herstellen kann. Dadurch wird der Speicherungsvorgang erleichtert.

- Ausgewählte Techniken, möglichst abgestimmt auf die bereits vorhandenen des Lerners, erleichtern das Speichern (Assoziieren, Memorieren, Engrammieren).
- Da die Speicherungsbereitschaft von der jeweiligen Befindlichkeit (Stimmung, Interesse, Einsicht) maßgeblich mitbestimmt wird, wäre es für den Lerner eine Hilfe, diese für sich (mit Hilfe des Vermittlers) zu artikulieren. ‚Einsichten' und ‚Uneinsichten' (z. B. bezogen auf den Lerninhalt) können geklärt werden.
- Einen mitentscheidenden Einfluss hat die Lernumgebung (Raum, Interaktionspartner) während des Aneignungsprozesses. Für den Lerner sind Vertrautheit (Wohlfühlen, Wohlbehagen) und Sicherheit (Angstfreiheit, Geborgenheit) mitbestimmende Faktoren. Wechselnde Lernplätze innerhalb kurzer Zeitabstände sind in der Regel nicht förderlich. Auch Lerner brauchen ihre sicheren Reviere. Für den Vermittlungs- und Aneignungsprozess bedeutet dies, vertraute und sichere Lernumgebungen zu arrangieren.

(3) Informationsvernetzung (IV)

Die eingehenden Informationen werden mit bereits vorhandenen verknüpft (von Ausnahmen abgesehen, z. B. erste fundamentale Informationen im Säuglingsalter). Das ist die großartige Leistung des Gehirns, nämlich immer wieder neue Informationen (Impulse) mit bereits vorhandenen zu einem einzigartigen Netzwerk zu verbinden. Das macht die Substanz des Lernens aus. Je mehr und variationsreicher Informationen bereits vorhanden sind, je mehr Andockstationen es also gibt, desto leichter aber auch verzweigter verlaufen die Verknüpfungen. Lernen, genauer: ‚Neu-hinzu-lernen', bedeutet dann, das Verändern von Gedächtnisinhalten.[46]

Bereits oben wurde gesagt, dass bestimmte Informationen im Gehirn – und zwar von ihm selbst gesteuert – in favorisierten Arealen abgelegt werden. Solche Informationen unterteilen wir zum besseren Verständnis (mit den unzulänglichen Begriffen) als kognitive, emotionale oder sozial-emotionale. Tatsache ist, dass jede gespeicherte Information gleich welcher Qualität mit einer emotionalen Schicht versehen wird.[47] Wie kommt es dazu? Es gibt keine Lernsituation und keinen Vermittlungsprozess (Lernkontext), in der nicht auch die Gefühle (direkt oder indirekt, stark oder schwach, bewusst oder unbewusst) beteiligt sind.[48] Das heißt, mit jeder auch noch so nüchter-

---

46 Dieser Denkansatz wird als Zugangsmethode zum Gehirn bereits in psychologischen Therapieformen angewandt.
Grawe, K.: Psychologische Therapie. Göttingen: Hogrefe 1998, 269

47 Ciompi, L: Affektlogik. Über die Struktur der Psyche und ihre Entwicklung. Stuttgart 1982; Storch, M; Krause, F.: Selbstmanagement – ressourcenorientiert. Bern, Göttingen, Toronto, Seattle: Huber 2003

48 Die Begriffe ‚Gefühl' und ‚Emotion' (auch ‚Affekt') werden in der Literatur meistens synonym gebraucht. ‚Gefühle' sind grundlegender Natur, sie haben sich über

nen (kognitiven) Information werden die im (Vermittlungs-)Kontext mitschwingenden Gefühle aufgenommen und – und das ist sehr entscheidend – mit den nüchternen Informationen gekoppelt und vernetzt. Jede Information ist anteilig mit Gefühlen besetzt. Folglich sind alle kognitiven Informationen (Assoziationen) mit einer emotionalen Schicht versehen (Konnotationen). Spürbar und körperlich sichtbar werden diese Gefühle beispielsweise beim Abrufen bestimmter Informationen, nämlich solchen, die mit besonders vehementen positiven oder negativen Gefühlen verbunden sind (z. B. schmerzhafte Erinnerungen an bestimmte Lernsituationen).

Das Fazit lautet: Informationsaufnahme, -speicherung und -vernetzung sind immer kontextgebunden und diese Kontextgebundenheit mit den damit verzahnten Begleitphänomenen wird ebenso vernetzt und gespeichert.

Gefühle (auch Emotionen) sind immer mit Körperprozessen verbunden. Da das Gehirn die einzelnen Informationen in verschiedenen Arealen abspeichert und diese wiederum mit bestimmten Körperzentren verbunden sind, manifestieren sich Gefühle in Körperzonen. *„Denken braucht nicht nur den Kopf. Fehlt das Körpergefühl, fällt es schwer, Handlungen im Geist zu vollziehen und bei anderen einzuschätzen.“*[49] *„Denken, so auch kindliches Denken, kann nicht (...) losgelöst vom Körper betrachtet werden.“*[50] Umgangssprachlich haben wir dafür diverse Formulierungen: *‚Das schlägt mir auf den Magen'* oder *‚Das geht an die Nieren'*.[51] So werden besonders starke (zumeist schmerzhafte) Gefühle als so genannte ‚Somatische Marker' inkorporiert. Nach Damasio heißt das: *„Jedes Objekt oder jede Situation, mit denen ein Organismus Erfahrungen gesammelt hat, hinterlassen einen somatischen Marker, der eine Bewertung dieser Begegnung speichert.“*[52] Somatische Marker kann man als körperliche Fixpunkte bezeichnen; sie sind mit Inhalten, Themen, Situationen, Personen und Gefühlen verbunden – und damit dienen sie auch gleichzeitig als ‚diagnostische Leitsysteme'.[53]

---

einen längeren Zeitraum aufgrund von Erlebnissen und Erfahrungen gebildet und sind sehr stabil, und sie sind häufig verborgen und verdeckt und damit nicht immer gleich sichtbar (‚Man zeigt keine Gefühle'). ‚Emotionen' sind in der Regel spontane (d. h. in der Regel unkontrollierte) verbale und nonverbale (Ver-)Äußerungen auf Reize in einer Situation, und Emotionen deuten im gegebenen Kontext auf tiefer liegende Gefühle hin.

49 Marszk, D.: Denken braucht nicht nur den Kopf. In: Die Welt (Wissenschaft) 27. September 2005

50 Meier, M.: Neuropädagogik 2004, 161

51 Auch die klassische Medizin kennt den Zusammenhang von bestimmten Krankheitsbildern bzw. -erscheinungen zu bestimmten sensiblen Körperregionen; sie spricht dann von den ‚loci minoris resistentiae' (Orte mit geringerer Widerstandsfähigkeit), die für stimmte Erreger besonders anfällig sind.

52 Zit. nach Storch & Krause 2003, 44

53 Storch & Krause 2003, 48
Die Methode des Focusing nach E.T. Gendlin basiert auf dieser Annahme. Durch das Aufspüren von Körperempfindungen werden die damit verbundenen Informationen (Inhalte, Bilder, Gefühle, Situationen, Erlebnisse oder Personen) reaktiviert

Vergangene Ereignisse werden in ihrer emotionalen Bedeutung im orbitofrontalen Cortex als Gedächtnisspuren hinterlegt und werden an unterschiedlichen Körperregionen somatisiert; man spricht gelegentlich auch von ‚Label' (Eine wichtige, aber nicht bestandene Prüfung somatisiert sich beispielsweise als Magenkrampf oder Magenneurose). Vernetzt werden also nicht nur nüchterne Inhalte (kognitive Informationen) sondern auch Gefühle (emotionale Informationen). Das Gehirn vernetzt somit autonom die Informationen mit den dafür zuständigen Regionen.

Exkurs: Somatische Marker

A.R. Damasio ist der erste, der die ‚Somatischen Marker' entdeckt hat und folgende Hypothese aufstellt: „Im Stirnlappen des Gehirns seien drei Fähigkeiten lokalisiert: Zielorientiertes Denken, Entscheidungsfindung und Körperwahrnehmung. Letztere, eine Art Momentaufnahme dessen, was im Körper vor sich geht, ist der Hintergrund aller geistigen Operationen. Je nachdem, wie der Körper auf äußere Wahrnehmungen reagiert (das heißt seinen Zustand verändert), verändert sich auch die Körperwahrnehmung. Sie begleitet die Vorstellungsbilder, neue wie erinnerte, und markiert sie als angenehm oder unangenehm. Diese Fähigkeit, Körperwahrnehmungen mit Wahrnehmungen zu verknüpfen, ist teils angeboren, teil entwickelt sie sich im Zuge der Sozialisation des Individuums. Die somatischen Marker sind nach Damasio die Grundlage menschlicher Entscheidungen. Sie helfen beim Denken, in dem sie Vorentscheidungen treffen und, ohne das es bewusst würde, in eine bestimmte Richtung drängen, vor Dingen warnen, mit denen schon einmal schlechte Erfahrungen gemacht wurden, oder die Aufmerksamkeit auf etwas Wichtiges lenken. Auf diesem Weg beeinflussen sie auch das Räsonieren." (vgl. Decker 2006, 63)

Erst die Vernetzung macht ‚Denken' (und differenziertes ‚Fühlen') möglich; und die Art der Vernetzung bestimmt und erklärt die Art und Weise des Denkens, die Denkstrukturen und die Denkweise. Dass sich im Laufe der individuellen Entwicklung aufgrund der verschiedenen und unterschiedlichen Informationen und deren Kontextgebundenheit sehr differenzierte Vernetzungsmuster und -regionen etablieren (kognitive und emotionale Strukturen), macht sie einerseits sehr stabil (kognitive Sicherheit), aber auch relativ unbeweglich für die Aufnahme spezifischer (besonders nicht gewünschter) Informationen (kognitive und emotionale Resistenz). Das macht das Lernen mitunter so schwierig. Bei aller Homogenität einer Lerngruppe, die manche Vermittler anstreben mögen, machen die interindividuellen Vernetzungsmuster den entscheidenden lernpsychologischen Unterschied aus.

---

und wieder zugänglich gemacht. Eine gute Anleitung für die pädagogische Arbeit bietet: Renn, K.: Dein Körper sagt dir, wer du werden kannst. Freiburg i. Br.: Herder 2006

Erste Schlussfolgerungen für den Vermittlungsprozess

- Der Vermittlungsprozess ist darauf hin zu überprüfen, welche Umfeldvariablen dem Lerner eine Vernetzung erleichtern oder erschweren (Kontext).
- Bereits vorhandene Verknüpfungen können mit Hilfe des Vermittlers beim Lerner abgerufen werden, um die Vernetzung zu erleichtern.
- Es wäre hilfreich für den Vermittler, könnte er über diagnostische Verfahren die kognitiven und emotionalen Strukturen des Lerners einigermaßen verstehen.
- Einige gezielt ausgewählte Lernarten als methodische Zugangsweisen könnten den Vernetzungsprozess anregen.
- Die Gefühle von Sicherheit, Angstfreiheit, Geborgenheit und Vertrautheit sind im Vermittlungsprozess zu gewährleisten.

(4) Informationsabrufung

Informationen abrufen heißt nichts anderes, als das der Lerner in der Lage ist, bereits vorhandene Informationen für eine weitere Verwertung zur Verfügung zu haben. Abrufinformationen als Impulse werden über das Ultrakurz- und Kurzzeitgedächtnis ins Langzeitgedächtnis lanciert, um dort die gewünschten Anschlussinformationen zu finden, die für die weitere Verwertung benötigt werden. Ist der Anschluss gelungen, können die Informationen abgerufen werden. Eigentlich – prozedural gesehen – ein einfacher Prozess. Und bei nicht schwierigen Informationen stellt das auch kein Problem dar. So kann jeder recht schnell die Geburtsdaten seiner Mutter oder die Adresse seines Wohnsitzes abrufen. Schwieriger wird es bei komplizierten oder komplexen Informationen. Wieso arbeiten artesische Brunnen ohne Pumpen? Es beginnt ein Suchprozess. Dieser Suchprozess verläuft über die Verschaltungen der Synapsen zu den entsprechenden Arealen. Das Gehirn befragt alle Areale auf mögliche Antworten. Das braucht Zeit. Es braucht Zeit, um alle möglichen Verbindungen zu finden und zu prüfen. Dabei versucht das Gehirn, sich an die Informationsaufnahme zu erinnern (umgangssprachlich: *‚Wo, wann, wie und bei wem habe ich das gelernt?'*), um einen ersten Zugang zu finden *(‚Ich weiß, es steht irgendwo auf den ersten Seiten links oben'*). Man kann – idealer Weise – die Lerninhalte am effektivsten in den Gefühlslagen abrufen, in denen man sie aufgenommen bzw. gelernt hat.

Ist die Informationsaufnahme nicht mehr präsent, werden andere Stimuli bemüht (z. B. Eselsbrücken, Assoziations- oder Konnotationsreize). Erschwert oder erleichtert wird der Suchprozess durch den situativen Kontext. So wie bei der Informationsaufnahme bzw. -speicherung die Umfeldbedingungen eine wichtige Rolle spielen, so gilt dies in Analogie auch für den Abrufungsprozess. Druck, Angst oder Unsicherheit, die durch die Abrufungssituation ausgelöst und von körperlichen Empfinden begleitet werden (Somatische Marker), hemmen oder fördern den Abrufungsprozess. So können bestimmte Signale in der Abrufungssituation die somatischen Marker stimulieren und den Prozess positiv oder negativ beeinflussen.

Informationen abrufen bedeutet hirnphysiologisch, unendlich viele synaptische Verbindungen zwischen den Neuronen zu schalten. Und da das Gehirn nicht nur ein kognitives, sondern auch ein emotionales Bewertungssystem besitzt, müssen die übergeordneten Instanzen Hilfe leisten.

Die Ergebnisse des Abrufprozesses präsentieren sich sehr variantenreich: Wörter – Sätze – Bilder – Zeichnungen – Gesten – Handlungen – Körpersignale – körperliche Fertigkeiten – Geräusche – Lieder – Skulpturen u.v.a. Es sind alles Ergebnisse und Formen kultureller Objektivationen.

Erste Schlussfolgerungen für den Vermittlungsprozess

- Abrufen von Informationen (z. B. Wissen, Fertigkeiten) sind im Vermittlungsprozess nur dann sinnvoll, wenn die neuen oder erweiternden Informationen schon vorhandene Informationen nutzen, um weitere Vernetzungen für den Lerner erleichternd anzubahnen. Das bedeutet, der Lerner benötigt eine gezielte Anleitung für seinen Suchprozess. Ansonsten läuft dieser Prozess autonom ab und ist – aus der intentionalen Sicht des Vermittlers – mitunter wenig erfolgreich.
- Informationen abrufen sollte – möglichst – immer in Verbindung mit der Verarbeitung von anderen Informationen geschehen und nie als Selbstzweck verstanden werden (lernpsychologisch und physiologisch: formale Wiederholungen verstärken zwar die bereits angelegten Bahnungen, was durchaus sinnvoll sein kann, sind aber andererseits wenig geeignet, neue neuronale, assoziative Verschaltungen zu knüpfen).
- Das Abrufen von Informationen steht immer in einem Kontext. Es ist zu prüfen, inwieweit der Kontext den Abrufungsprozess unterstützt oder hemmt.
- Kognitive, emotionale und körperliche Signale können Aufschluss über den Abrufungsprozess geben.

Das Resümee aus biologischer bzw. neurophysiologischer Sicht

Auch wenn gestandene und disziplintreue professionelle Pädagogen angesichts neuerer biologischer bzw. neurowissenschaftlicher Erkenntnisse immer wieder darauf hinweisen, das sei alles nichts wirklich Neues, das hätten bereits Pädagogengenerationen schon längst gedacht oder gewusst (Comenius, Pestalozzi, Salzmann, Kerschensteiner)[54], so ist das nur die halbe

54 Vgl. u. a. Herrmann, U.: Gehirnforschung und die Pädagogik des Lehrens und Lernens: Auf dem Weg zu einer ‚Neurodidaktik' 2004

Wahrheit. Mit ihren Annahmen und Sichtweisen zum optimalen Lernen haben sie zwar das intentional erfasst, was heute empirisch – zumindest in Teilen – belegt werden kann. Gleichwohl kann nicht geleugnet werden, dass die neuen Befunde und Erkenntnisse weit mehr über den Zusammenhang von Lerner, Lernvermittler, Mitlerner, Lernarrangement, Lernprozess und Lerngegenstand aussagen als bisher nur traditionell angenommen bzw. vermutet wurde. *„Der Fortschritt besteht vielmehr darin, zeigen zu können, warum das funktioniert, was ein guter Pädagoge tut, und das nicht, was ein schlechter tut. Nur so aber können bessere Konzepte des Lehrens und Lernens entwickelt werden, und die meisten Experten sind sich inzwischen einig, dass die gegenwärtigen Konzepte schlecht sind.“* (Roth, zit. n. Herrmann a.a.O.) Die Pädagogik als zuständige Wissenschaftsdisziplin für das Lernen ist somit keineswegs entlastet, im Gegenteil: Sie ist didaktisch und methodisch auf eine spezifische Weise neu gefordert. Wenn *das Lernen* nach den bisherigen Erkenntnissen doch mehr über die neuronalen Grundlagen zu erklären ist, dann müssen für ein optimales Lernen genau diese Grundlagen stärker in den Blick genommen und im Lernprozess verändert werden. Ob das mit den bisher zur Verfügung stehenden Mitteln und Methoden der Pädagogik hinreichend gelingt, ist eine andere Frage. Entziehen kann sich die Pädagogik dieser Herausforderung allerdings nicht.[55] Und dieser Blick auf nur ein Segment der Pädagogik, nämlich der der Didaktik und Methodik, unterstreicht eine grundsätzliche Forderung an die Pädagogik: „Hoffnung auf einen (...) nötigen Bewusstseinswandel durch die Pädagogik gibt es nur, wenn sich zunächst die Pädagogik gründlich verändert, was seinerseits einen Bewusstseinswandel voraussetzt.“ (v. Hentig, a.a.O., 71)

Es ergeben sich folgende Überlegungen:

- Der Lerner tritt uns als *Phänotypus* entgegen. Als Vermittler wissen wir über den Lerner fast nichts oder haben nur Vermutungen. Was sich erkennen lässt, ist das *‚Sichtbare‘*: sein Wissen, sein Können, seine Fähigkeiten, seine Fertigkeiten. Was sich nicht sofort erkennen lässt, ist sein *‚Unsichtbares‘*: seine Potenziale, seine Befindlichkeiten, seine Ressourcen, seine Traumata, seine internen Verarbeitungsmuster, seine motivationalen Schemata. Das *‚Unsichtbare‘* lässt sich allenfalls (über Analysen, Diagnosen, Lerninterviews) erschließen. Von entscheidender Bedeu-

---

Dazu H. Scheich (Webseiten Radioakademie SWR2): „Dies ist die Wahrheit bestimmter Klassiker der Pädagogik und deshalb ein alter Hut. Wir wissen jetzt aber, warum sie Recht hatten“.

55 Vor der gleichen Schwierigkeit steht die Psychologie, besonders die Psychotherapie. Im erweiterten Sinne wird ja auch in der Therapie gelernt (neues bzw. anderes Denken, neue Einstellungen, andere Verhaltensmuster, alternative Handlungskonzepte usw.). Die diesbezüglichen Bemühungen sind bereits weit voran geschritten: Therapie kann unter neurophysiologischen Gesichtspunkten betrieben werden, auch wenn man selbst keine neurowissenschaftlichen Arbeitsmethoden anwendet (vgl. Grawe 2004).

tung sind dabei die Rahmenbedingungen im Lernprozess (Personen, Raum, Atmosphäre).

- Um das Lernen (d. h. den Lernprozess) zu optimieren, kann eine *Passung* zwischen dem Lerner und dem Lerngegenstand versucht werden. Es sind dies die sich wechselseitig bedingenden Prozesse der *Vermittlung* und der *Aneignung*. Lerncoaching könnte hier ansetzen.
- Das *Gehirn ist die zentrale Stelle des Lernens*: 1.300 Gramm, 2% des Körpergewichts, 20% Sauerstoffverbrauch, 50% Glukoseverbrauch, 1.000 Liter Blut pro Tag, ca. 50000 Jahre alt in der vorliegenden Ausprägung.
- Wichtige *Schaltstellen* im Gehirn sind:
  Großhirnrinde: Aufnahme und Speicherung von Wissen im Langzeitgedächtnis. Noch kann die Neurophysiologie nicht genau sagen, wie die einzelnen Zentren miteinander arbeiten. Man weiß nur, dass ein interaktiver Austausch zwischen ihnen stattfindet.
  Spezifische Areale für bestimmte physikalische Ereignisse:
  Laute (Sprache) im Wernicke- und Broca-Areal; motorische Abläufe oder Reflexe im Kleinhirn.
  Das Limbische Sytem als die eigentliche Bewertungsinstanz:
  1. Hippokampus: bewusstes Gedächtnis;
  2. Präfrontaler und orbitofrontaler Cortex: kognitive Leistungen, Kontrollfunktion;
  3. Amygdala (Mandelkern): Speicherung von unangenehmen negativen Gefühlen (Disstress);
  4. Nucleus accumbens (Lustzentrum): Belohnung und Kreativität;
  5. Neuromodulatorische Systeme: Interesse, Aufmerksamkeit, Motiviertheit, Lernfähigkeit
     - Noradrelanin: Erregung; Stress, Aufmerksamkeit;
     - Dopamin: Neugier, Antrieb, Belohnungserwartung;
     - Serotonin: Wohlgefühl, Beruhigung, Dämpfung;
     - Acetylcholin: gezielte Aufmerksamkeit, Lernförderung.
- *Informationen* (Signale, Lerninhalte)[56] werden über die Sinnesorgane (Sehen Hören, Fühlen usw.) aufgenommen. Die Außenreize (Informationen) werden über die einzelnen Gedächtnisse unterschiedlich weitergeleitet (UKZ: physikalisch-elektrisch; ca. 20 Sekunden/ KZG: RNA; ca. 20 Minuten/ LZG: über Jahre; DNA). Eine endgültige Speicherung erfolgt über die *Engramme*[57] (Spuren) im LZG.

---

56 Wir haben bereits eingangs den Begriff ‚Information' im Kontext dieser Überlegungen erklärt. An dieser Stelle sei ergänzt, dass der Begriff in den Neurowissenschaften nicht immer identisch verstanden wird. So wird er zum einen ‚physikalisch' (also als Impuls) und zum anderen als ‚erlebnishaft' (also als Inhalt) verstanden. Vgl. dazu: Chalmers, D.J.: Das Rätsel des bewussten Erlebens 2002, 19

57 Das sich ‚Engramme' als Speicherungsinstanz bilden, besonders im cerebralen Cortex, ist unstrittig. Aber: „Die Engramme selbst aber bleiben ein Rätsel" Markowitsch, H.J.: Neuropsychologie des menschlichen Gedächtnisses 2002, 60

- Die durch die neuen Informationen evozierten Nerven(zellen) werden vom Gehirn einer ‚Vorprüfung' unterzogen und dann zunächst im Hippocampus abgelegt. Nach der ‚Vorprüfung' werden die Signale (Informationen) in vom Gehirn favorisierte Hirnareale, die bestimmte Funktionen übernehmen, weiter geleitet: Linke Hirnhälfte: Analyse – Sprechen – Hören – Farben u.a.m./Rechte Hirnhälfte: Geschichten – Fantasie – Klänge – Räumliche Vorstellung u.a.m., und in spezifische Areale (Sprachzentrum, Bewegungszentrum usw.). In den Hirnarealen konstruiert das Gehirn das, was das Individuum als *Wahrnehmungen* bezeichnet (also Töne, Farben, Bilder, Bewegungen, Abläufe, aber auch Gefühle).[58] Die Plastizität des Gehirns erlaubt es ihm, zwischen den einzelnen Arealen Defizite auszugleichen (z. B. bei Schädigung oder Ausfall einzelner Areale) oder (im Laufe der Phylogenese) neue Areale zu entwickeln. Die Veränderungen der Wahrnehmungen (Wahrnehmungsqualitäten) erfolgen nicht über die Rezeptoren (Sinnesorgane), sondern immer erst über die Verarbeitungsprozesse in den Hirnarealen. Physikalische Ereignisse (z. B. Geräusche) werden nur mit dem im Gehirn vorhandenen Wissen bedeutungsvoll.
- Neue Informationen werden vom Gehirn auf schon bereits vorhandene Engramme abgesucht und in den entsprechenden abgelegt (in der Regel als *Muster* oder *Prinzipien*) oder es werden andere Anschluss-Engramme gesucht. Bei überwiegend kognitiven Informationen spricht man von *Assoziationen*.[59] Mit dem Ablegen der Informationen in unterschiedlichen Engrammen (in unterschiedlichen Hirnarealen) vollzieht das Gehirn sei-

---

58 Wir verzichten hier auf die Erklärung der Wahrnehmung als physikalisches Phänomen, obwohl es sich im Zusammenhang neurophysiologischer Vorgänge anböte. Hier genügt der Hinweis, dass die gesamte Wahrnehmung auf Schwingungen von Teilchen und deren Frequenzvariationen beruht. Die Teilchen als Reize erregen die zuständigen Rezeptoren, die diese in Form chemo-elektrischer Impulse über das Nervenssystem an die zuständigen Hirnregionen weiterleiten und dort als Informationen (Begriffe, Bilder, Geräusche, Vorstellungen usw.) im bereits vorhandenen Muster verarbeiten und intrapsychisch verorten. Da dieser Mechanismus im Prinzip bei jedem Menschen gleich abläuft, die Verarbeitungsmuster jedoch von Mensch zu Mensch unterschiedlich sind, haben wir zum Beispiel bei der Betrachtung eines gleichen Bildes unterschiedliche Vorstellungen und Empfindungen. Die Farbe ‚Rot' ist zwar für jeden Menschen Rot, aber sie ist dennoch für jeden einzelnen ein anderes Rot.

59 Assoziationen (Verbindungen, Zusammenhänge) werden im Gehirn in drei Dimensionen erzeugt: (1) Signale der äußerlichen Welt werden untereinander in Verbindung gebracht und als innere Bilder abgelegt (erste Netzwerkverschaltungen), (2) diese Bilder (Wahrnehmungen) werden als eigene ‚Körperschemata' organismisch (in bestimmten Körperzonen) abgespeichert, (3) die abgespeicherten Bilder (Körperschemata) werden (wiederum) mit den Objekten oder Situationen der äußeren Welt in Verbindung gebracht (assoziiert). Diese prozessuale Abfolge (Vergleich bzw. Abgleich von inneren Bildern mit Bildern der äußeren Welt) erklärt u. a. die Entstehung psychosomatischer Erscheinungsformen (Krankheitsbilder); hierzu: Bauer 2002, 76 ff.

ne eigene *Vernetzung. Muster* und *Prinzipien* (auch *Regeln*) sind wie Trampelpfade (man kann sie auch als *‚Wahrnehmungsmuster'* bezeichnen), sie werden durch gleiche oder ähnliche Informationen verstärkt oder bei Nichtbeachtung vernachlässigt. Lernen bedeutet hirnphysiologisch *‚Spuren suchen oder folgen oder neue schaffen'*. Neue Informationen bilden folglich auch neue Synapsen bzw. neue neuronale Verschaltungen und damit neue Lernspuren. Passen die neuen Informationen in nicht bereits vorhandene Muster oder Regel (‚Spuren'), entstehen *Irritationen*. Ein künstlich konstruiertes Bild aus ‚Kaninchen' und ‚Katze', also eine ‚Kanatze', löst Irritationen aus. Ähnliches tritt bei den bekannten Vexierbildern auf (z. B. Gesicht/Vase). Haben die neuen Informationen eigene Spuren gelegt oder verbinden sie sich mit bereits vorhandenen, lösen sich die Irritationen auf.

- Jeder Lerner entwickelt seine eigenen, sehr spezifischen Vernetzungsmuster und favorisiert bestimmte Hirnareale. Entsprechend ausgerichtet sind seine Rezeptoren. Mit diesen Präferenzen erklären sich die unterschiedlichen Lerntypen und Lernstile.[60]
- Alle Informationen sind immer mit Emotionen (Gefühlen) verbunden. Informationen, welcher Art und Qualität auch immer, werden in den Lernsituationen (Umfeld, Umwelt, Lernumgebung) mit den zu diesem Zeitpunkt im Individuum sensibilisierten psycho-physischen Befindlichkeiten aufgenommen und entsprechend gespeichert (codiert). Auch noch so scheinbar neutrale Informationen werden folglich mit einer ‚Emotionalen Schicht' (mit einem ‚Emotionalen Mantel') umgeben; sie werden als Konnotationen bezeichnet und erklären die so genannte Affektlogik. Emotionen werden hauptsächlich im Limbischen System (zwischen Großhirn und Hirnstamm) und im Nucleus accumbens (Lustzentrum) verankert. Beim Abrufen von kognitiven Informationen werden automatisch auch immer die damit verknüpften Emotionen (Gefühle) aufgerufen. Emotionen (Gefühle) werden darüber hinaus incorporiert (verkörperlicht), das heißt, sie werden an besonders sensiblen Stellen des Körpers als ‚Somatische Marker' gespeichert.
- Informationsspeicherung bedeutet also immer die *Vernetzung* von *Kognitionen* (überwiegend im präfrontalen und medialen Cortex), von *Emotionen* (überwiegend im Nucleus accumbens und im Limbischen Sytem) und von *Körperempfindungen* (als Somatische Marker in besonders sensiblen Körperregionen). Der Körper lernt mit: *„Somit wird, was Nichtfachleute zunächst überraschen mag, auch der eigene Körper im Gehirn durch ein selbst erzeugtes ‚inneres' Bild repräsentiert."* (Bauer 2002, 73) Neue Informationen durchlaufen diese Stationen und das Gehirn versucht über neuronale (Ver-)Schaltungen Anschlüsse zu finden.
- Ein großer Teil der Informationen werden vom Gehirn im Schlaf (weiter-) verarbeitet (z. B. das Prozedurale und Semantische Lernen). So werden

60 Beispiele bei Stangl, W. 2005, 13 ff.

beispielsweise im Tiefschlaf Begriffe und Regeln gefestigt und in Traumphasen (REM) körperliche Abläufe verinnerlicht. „Ohne zu schlafen, könnten wir uns an Gelerntes kaum erinnern."[61]

- *Konzentration* bedeutet hirnphysiologisch die *Fokussierung* bestimmter Gehirnareale (z. B. auf schon vorhandene Engramme). Die Leistung (der Konzentration) ist abhängig vom Grad der Vigilanz (Wachheit; physischer Zustand) und der Erregung (Qualität der Informationen), die (im Nucleus accumbens) ausgelöst wird.
- *Motivation* (genauer: Motiviertheit) bedeutet hirnphysiologisch den Grad der Erregung des Nucleus accumbens und der Amygdala; psychologisch bedeutet Motivation (Motiviertheit) den Grad der personalen Beweggründe, sich z. B. mit neuen Informationen zu beschäftigen. Die psychologische Motivation wird neuerdings im Zusammenhang des gesamten psychischen Funktionierens auf dem Hintergrund individueller Grundbedürfnisse verstanden.[62] Diese Grundbedürfnisse etablieren sich als basale motivationale Ziele in organismischen Ordnungsmustern. Sie bestimmen – bewusst und unbewusst – alle weiteren psychischen Aktivitäten (das Leben schlechthin) und werden als *‚motivationale Schemata'* bezeichnet. Die psychologische Motivation ist also unter zwei Aspekten zu sehen: einmal als die situative Komponente im ‚Hier und Jetzt' (z. B. in einer konkreten Lernsituation) und als überdauernde Komponente verknüpft mit Grundbedürfnissen. Die situative Motivation (man spricht dann präziser von der ‚Motiviertheit') steht also immer in Korrespondenz zur überdauernden Motivation, also zu den Grundbedürfnissen.
- Aus hirnphysiologischer Sicht gibt es so genannte *‚Neuronale Zeitfenster'* (auch als *‚Sensible Phasen'* bekannt). In diesen ‚Zeitfenstern' ist das Gehirn für bestimmte Informationen besonders sensibel (z. B. das Erlernen der Sprache oder die Produktion von heftigen Gefühlen durch den Hypothalamus in der Pubertät). Vorhandene neuronale Schaltungen werden durch spezifische Impulse (Signale) verstärkt. So ist beispielsweise die Phase der Pubertät nicht sonderlich geeignet für organisiertes Lernen.[63]

---

61 Hennevin-Dubois, E.: Lernen im Schlaf 2003, 68. In: ‚Gedächtnis' 2003

62 Es gibt mehrere Konzepte von Grundbedürfnissen (z. B. von Murray 1938, Maslow 1967, Heckhausen 1980, Ford 1992), die im Kern immer die gleichen Annahmen postulieren. Seymor Epstein (1990) unterscheidet beispielsweise vier Grundbedürfnisse: das Bedürfnis nach Bindung, das Bedürfnis nach Lust, das Bedürfnis nach Kontrolle und Orientierung, das Bedürfnis nach Selbstwerterhöhung und Selbstwertschutz. Die Grundbedürfnisse formen sich als motivationale Schemata (erkennbar als Tendenzen) heraus und bestimmen das gesamte psychische Funktionieren. Sind mehrere Tendenzen miteinander nicht vereinbar, spricht man Diskordanz; sind mehrere Tendenzen nicht übereinstimmbar, spricht man von Inkongruenz. Die von Festinger beschriebenen ‚kognitiven Dissonanzen' lassen sich auf diese Weise erklären (ausführlich dazu: Grawe 2004).

63 Hartmut von Hentig beschreibt die Pubertät sehr anschaulich als *‚unordentliche Verselbständigung'* (31) und schlägt deshalb vor, die Phase der Pubertät (Mittelstufe) zu entschulen (Hentig, H.v.: Bewährung. München, Wien: Hanser 2006.) Seine Be-

Unterschiedliche *Lerntypen* sind vorprogrammiert und kaum zu verändern. Optimal wäre die Kenntnis des Vermittlers, welchen Lerntyp er vor sich hat, um entsprechende Lernmethoden bereit zu stellen. Allerdings: Genetische oder frühkindlich erworbene Dispositionen sind sehr veränderungsresistent. Lernunwilligkeit kann sich mit diesen dispositionellen Lernhemmnissen erklären.

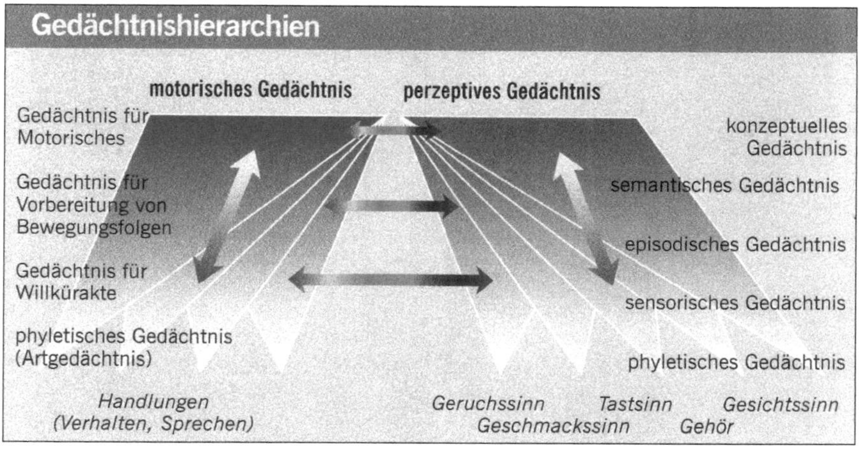

Abb. 3.4: Beispiel für die Hierarchisierung im Gehirn (Entnommen aus: Spektrum Specials 2003, 2, 14)

Exkurs: Beispiel: Wechselwirkung von physiologischen Vorgängen und Verhaltensweisen bzw. Einstellungen und Gefühlen.

Der Nucleus accumbens (auch Lust- oder Belohnungszentrum genannt) ist beim Lernen für den Vermittlungs- und Aneignungsprozess von entscheidender Bedeutung. Er integriert nicht nur die sensorischen Eingangskanäle, vielmehr bewertet er den momentanen Bedürfniszustand darauf hin, ob (bes. emotionale) Gedächtnisinhalte (hauptsächlich: Amygdala und Hippocampus) aktiviert werden sollen; er trifft praktisch die Entscheidung für die Aufnahme oder Ablehnung neuer Informationen (verstärkt die Synapsen über den Neurotransmitter Dopamin oder verstärkt sie nicht); er reguliert quasi das Belohnungssystem und ist für die Langzeitpotenzierung verantwortlich.
Übertragen auf die Praxis bedeutet dies: Ist der Vermittler selbst von den Inhalten begeistert, also selbst sehr interessiert und engagiert, dann stimuliert er seinen Nucleus accumbens. Sein Engagement und seine Motiviertheit (erkennbar an seinen

schreibung und Charakerisierung der Pubertät liest sich aus pädagogischer und soziologisch-gesellschaftspolitischer Sicht sehr gewinnbringend, vernachlässigt werden allerdings die neueren psycho-physischen Erkenntnisse. Pubertät ist, trotz aller einengender gesellschaftlicher Beeinträchtigungsfaktoren (die von Hentig für unsere Gesellschaft treffend beschreibt) kein oder nicht nur ein ‚Kulturphänomen' (45). Richtig ist, dass die verschiedenen Kulturen mit der Pubertät sehr unterschiedlich, teilweise für die Betroffenen sehr grausam umgehen (vgl. Wilber 2004, 141 f.).

Verhaltensweisen im Vermittlungsprozess) überträgt er (bzw. sich) auf den Lerner. Dieser wiederum stimuliert (unbewusst) seinen Nucleus accumbens.
Roth (vgl. 2004) stellt daher zu recht die Motiviertheit, die Glaubwürdigkeit und die Authentizität des Vermittlers als den zentralen Faktor im Vermittlungsprozess heraus.

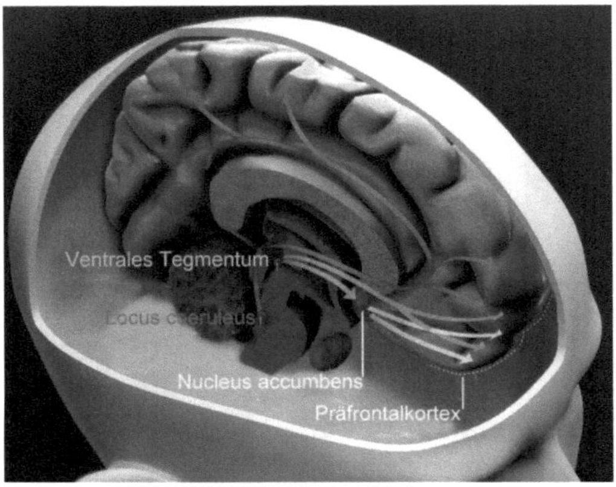

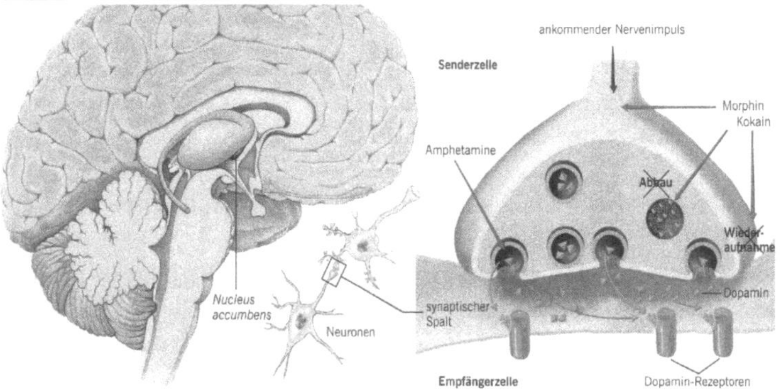

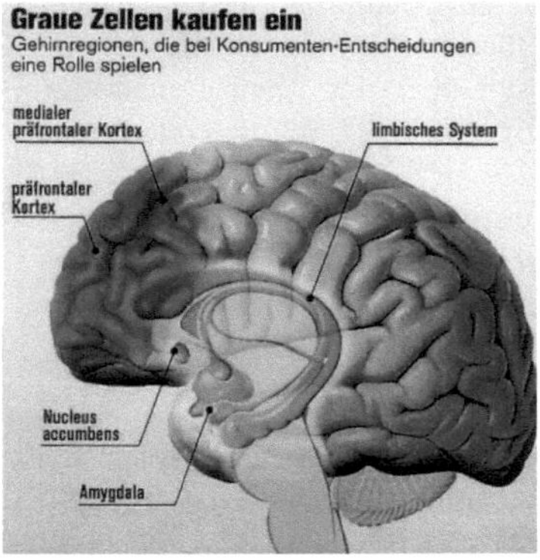

Abb. 3.5:
Nucleus accumbens
(Entnommen aus: Spektrum Specials 2003, 2, 43 und der Präsentation von Christoph Bornhauser, September 2005, Romanshorn)

4. Anmerkungen zu ausgewählten Aspekten

‚Lernen' ist ein Prozess, so unsere Eingangsfeststellung, von dem wir immer noch nicht genau wissen, wie er präzise abläuft.

Auch die Beschreibung der einzelnen Stationen erklärt das ‚Lernen' in seiner vollen Bedeutung und Funktionsweise natürlich nicht. Um die vorliegenden Erkenntnisse dennoch besser zu nutzen, sollten sie im Vorfeld von Unterricht und Schule zunächst originär, d. h. unterrichtsunabhängig und schulunabhängig, betrachtet werden. Bei aller Unzulänglichkeit dieses Wissens über das Lernen sind es gleichwohl Daten und Annahmen, die bei der Betrachtung des ‚Lernens' im methodisch-didaktischen Vermittlungs- und Aneignungsprozess zu wenig Beachtung finden. Und weil es so ist, sollte man sich dieser Erkenntnisse verstärkt bedienen um zu fragen, inwieweit sie bei der Analyse der Faktorenkomplexion ‚Unterricht' hilfreich sein können. Immerhin liefern sie eine bessere Basis zum Verständnis des Lernens als der Lernbegriffs-Dschungel. „Sie können helfen, theoretische Annahmen zum Lernen und Lehren auf der Basis von Befunden über das Gehirn kritisch zu hinterfragen und das eigene Verständnis über das Lernen und Lehren zu differenzieren."[1]

Es ist Ulrich Herrmann zuzustimmen, wenn er die von der Pädagogischen Psychologie entworfenen Lernmodelle als obsolet erklärt, weil sie die Ergebnisse und Daten der Gehirnforschung überhaupt nicht berücksichtigen. Das gilt auch und besonders für die vielen methodisch-didaktischen Unterrichtsrezeptologien.

„Der Grundirrtum der Pädagogischen Psychologie des Lehrens und Lernens besteht in der Annahme von Lernen als Informationsverarbeitung aufgrund von Instruktion. Das Gehirn ist aber kein passiver Speicher (...), sondern das Gehirn generiert von sich aus, ohne unsere willentliche Beeinflussung und für uns unbewusst, Bedeutungen und Bedeutungszusammenhänge, und wenn das nicht gelingt, laufen die synaptischen Übertragungen entweder ins Leere, ins Chaos oder werden schließlich elektro-chemisch gelöscht. (...) Daraus folgt, dass im Prinzip jedes einzelne Gehirn für seine schon vorhandenen Schaltungen und neuronalen Repräsentationen sein spezifisches Anregungspotenzial braucht."[2]

1 Aufschnaiter, a.a.O., 54
2 Herrmann, U.: Die nationale Testservice-Agentur IQB: Der Abgesang auf pädagogische Schulentwicklung. Internes Arbeitspapier 2005, 4

Das heißt, die bisher vorliegenden Daten und Erkenntnisse könnten uns helfen, die basalen Prozesse des Lernens wieder etwas stärker in den Blick zu nehmen. Und sie könnten dazu beitragen, den begrifflichen Lern-Dschungel auf substanzielle Aussagen genauer zu durchforsten.

Lernarten

Werfen wir einen kurzen Blick auf die Lernarten.

Verfolgt man die Entdeckungen und Erfindungen immer neuer Lernarten in den letzten Jahrzehnten, so spricht das eher für eine Verlegenheit im Umgang mit dem Lernen und den Lernern. Es ergibt keinen logischen Sinn, dass die Schüler erst *‚wissenschaftsorientiert'*, dann *‚problemorientiert'*, dann *‚handlungsorientiert'*, dann *‚genetisch'*, dann *‚entdeckend'*, dann *‚selbstwirksam'*, dann *‚elaboriert'* und neuerdings *‚situiert'* lernen sollen – und zwar jedes Mal angeblich besser. Oder doch nur anders?

Es muss erlaubt sein zu fragen, wie sich dieser schnelle Wandel erklärt. Sind das Erkenntnisse eines neuen oder anderen Lernens?

Wieso sollten die Lerner von heute auf morgen plötzlich mit einer anderen Lernart leichter, fröhlicher oder effektiver lernen? Die Schüler von heute lernen nicht besser, nicht schlechter, nicht aufmerksamer, nicht motivierter, nicht effektiver und auch nicht leichter als vor fünfzig oder achtzig Jahren. Nein! Sie lernen andere Inhalte, andere Zusammenhänge, sie lernen in anderen Anforderungs-Umwelten und anderen Umfeldern und sie lernen methoden-varianter und methoden-exklusiver.

Dazu einige Gedankensplitter:
Das mühsam erstellte Tafelbild zur Veranschaulichung von Inhalten und Zusammenhängen ist Powerpointfarben gewichen; Strukturskizzen werden zu ‚Mind-Maps'; der Lehrervortrag wird durch ‚Inputs' bzw. ‚Speed inputs' ersetzt; die normale Gruppenarbeit wandelt sich zum ‚Come together'; der Gruppenaustausch gelingt im ‚Conferencing'; die Ergebnissicherung bedeutet ‚Summary'; das ‚Spirit of Learning' gibt Kraft beim Lernen von ‚Learning skills', dabei entwickelt man ein ‚Sense of Ownership'; eine Abmachung wird zum ‚Contracting'; im ‚inneren Turnaround' erreiche ich Offenheit und Veränderung; mit anderen lernen und austauschen lässt sich besser im ‚community learning' realisieren; ‚Support' sollte wirkungsvoll sein; mit dem ‚Advance organizer' schaffe ich einen Überblick; eine konstruktive ‚Ambiance' regt an; Lernaufgaben werden zu ‚LernJobs'; mit den richtigen ‚Tools' erreiche ich eine optimale ‚Performance (zumeist als ‚Performanz' geschrieben)'; das ‚overlearning' verschafft einen Lernvorrat; das Erkunden wird zum ‚Wandering'; das Erfassen und Mitteilen werden zum ‚Capturing' und ‚Sharing'; Stärken und Erfolge mutieren zu ‚Satisfactions', Schwächen und Misserfolge zu ‚Faults', Hoffnungen und Chancen zu ‚Opportunities' und Befürchtungen und Gefahren zu ‚Threats'; das Lerner-

gebnis heißt ,Output' (gemeint ist wohl: ,Outcome'); das Prinzip des Erfolgs führt zu ,Learner-Self-Efficacy'; die abschließende Leistungspräsentation findet als ,Top-of-the-Week-Präsentation' statt. Dies alles war ein ,Step in' und mit diesem ,Next step' gelingt uns das ,Step out'.

Zugegeben, das ist etwas spitzbübisch zusammengestellt und beschränkt sich nur auf anglophile Übernahmen. Wir könnten das beliebig fortsetzen, vor allem auch deutschsprachige Wortkreationen hinzufügen. So amüsiert sich beispielsweise der Mediziner und Psychologe Manfred Spitzer in einem Vortrag vor Lehrkräften in Hamburg im November 2004 über die erstaunlichen, aber aus seiner Sicht letztlich nichts sagenden pädagogischen Wortkreationen (z. B. ,Metakognitive Kompetenzen')[3].

Sarkastisch gedacht: Die Mutter im Elternbeirat versteht nun endlich die Bedeutung des Kompetenzrasters, wo das alles aufgeführt ist, und sie versteht nun auch, warum ihre Tochter schon in der Grundschule Englisch lernen muss. Ernsthaft gedacht: Verdeutlicht werden soll eine krampfhaft anmutende Modernisierungstendenz, die auf ihre Substanz befragt werden muss. Damit kein Missverständnis entsteht: Die Internationalisierung der Wissenschaften bringt es zwangsläufig mit sich, dass eine möglichst einheitliche und übereinstimmende Sprachregelung für eindeutige Sachverhalte gefunden wird. Aber diese Sprache wächst genuin und substanziell. Dem kann sich auch die Pädagogik nicht verschließen.

Wittgenstein lehrte uns, dass man mit der Sprache alles machen kann. Die Sprache erklärt die Welt und verschönert sie mitunter, ohne sie real zu verändern. Und da sind uns die Amerikaner in der Ich-Psychologie voraus. Der einfache Polizist wird zum ,Officer', der ,'Pupil' zum ,Student' und der Hausmeister zum ,Technical asisstant'. Meine Wäsche bringe ich in inzwischen auch in den Waschsalon (Wird sie deshalb weißer?) und im Dressing Room kaufe ich mein ,Out-Fit' (Sehe ich deshalb besser aus?); die Schreibkraft im Büro ist unsere ,Back-office-assistant' (Macht sie deshalb etwas anderes?).

---

3 In diesem Fall – wahrscheinlich – zu Unrecht. Diese Aussage kann daher als ein gutes Beispiel dafür angesehen werden, dass Hirnforscher und Pädagogen noch gar nicht oder kaum in einen kommunikativen Austausch treten. Es gibt nämlich durchaus Lernkonzepte, die auf ,metakognitive Grundlagen' und ,Kompetenzen' aufbauen und hirnforschungslogische Erkenntnisse für ihre Konzepte nutzen. Der Terminus Metakognition „bedeutet Nachdenken über Denkprozesse, Denken über Denken" (Kaiser, A., Hrsg.: Selbstlernkompetenz. München: Luchterhand 2003, 18 und Kaiser, R.; Kaiser, A.: Denken trainieren. Lernen optimieren. Augsburg: ZIEL 2006). Ebenso bei Siebert in Anlehnung an Kaiser: „Metakognition ist Denken über Denken, ein bewusst steuernder und kontrollierender Zugriff im Blick auf laufende Denk- und Arbeitsprozesse" (Siebert, H.: Selbstgesteuertes Lernen und Lernberatung. Augsburg: ZIEL 2006, 116). Wir referieren diesen Ansatz hier nicht, weil in ihm das ,Lernen' und das ,Wissen' auf einer anderen theoretischen Ebene miteinander in Verbindung gebracht werden. Spitzer hat inzwischen seine kritischen Anmerkungen präzisiert (vgl. Spitzer 2006, 74 ff.) und in der Kernaussage aus neurophysiologischer Sicht begründet.

Sind das nur nutzlose Sprachspiele oder verbirgt sich dahinter eine ernsthafte Absicht? Was ist das qualitativ Neue daran? Da Worte und Begrifflichkeiten mit Gefühlen (Konnotationen) besetzt sind, haben sie eine durchaus psychologische Wirkung. Und wenn sich der einfache Mitläufer in einem Betrieb als ‚Consultant' bezeichnen darf, dann mag das sein Selbstwertgefühl steigern und das ist gut für ihn. Wenn sich aber hinter Begrifflichkeiten weder positiv-psychologische Konnotationen noch substanzielle Qualitäten verbergen, sollte man vom dem Gebrauch Abstand halten.

Lehrer erhalten auf diesem Hintergrund methodische (Impuls-)Instruktionen über ‚pädagogisch-farbige Bilderbücher' mit comic-ähnlichen Animationsfiguren und -skizzen, die das Lernen schmackhaft machen wollen; es wird ge'*klippert*', ge'*miller*'t' und ‚ge-*endres*-t'.[4]

Zu Unterrichtsrezeptologien bereits 1988 Drerup: *„Aus der Sicht der Erziehungswissenschaft (...) zeichneten didaktische Rezeptologien ein eindimensionales Bild vom pädagogischen Handeln, sie begünstigten daher eine ‚dogmatische Unterrichtspraxis', seien unreflektiert, normativ und empirisch nicht fundiert.“*[5] Hinzugefügt sei, dass auch die während des Lehrerstudiums empfohlene Literatur bei der Mehrzahl der Lehrer keine weitere Rolle in ihrem Berufsleben mehr spielt. Und die nicht mehr zu überblickende Zahl an Publikationen zum Unterricht steht im krassen Verhältnis zur Unterrichtswirklichkeit. Man ist geneigt, boshafte Vermutungen anzustellen: Je mehr Publikationen zum Unterrichtsgeschehen erscheinen, desto widersprüchlicher wird er.

Überhöhte Ansprüche?

Trotz aller modernen methodischen und didaktischen Bemühungen, an den basalen psycho-physiologischen Prozessen des Lernens hat sich bis dato nichts geändert. Schwieriger geworden ist das ‚Lerngeschäft' gegenüber früheren Zeiten allenfalls dadurch, das heutzutage mehr Kinder, vor allem aus bisher benachteiligten Schichten, Lernansprüche anmelden und damit die Heterogenität einer Lerngruppe vergrößern und es für den Vermittler (Lehrer) im Vermittlungsprozess nicht einfacher machen. Individualisierungsansprüche müssen mit gruppalen Fähigkeiten (Teamfähigkeit) in Einklang gebracht werden. Nimmt man die Erwartungen einer kritischen und zum Teil ehrgeizig-überzogenen Elternschaft hinzu, die das ‚Produkt Schüler' an den vermeintlichen Anforderungen der Gesellschaft misst, ist das ‚Lernpaket' mit seinen vielen Beeinträchtigungs- und Beeinflussungsgrö-

4 Gegen diese methodischen Handreichungen (von Klippert, Miller, Endres) ist im Prinzip nichts einzuwenden, wenn sie denn nicht nur rezeptologisch verstanden werden.

5 Vgl. Becker, N. 2006, 39

ßen als Sorgenpaket fast komplett geschnürt.[6] Quasi-pädagogische Publikationen suggerieren den Eltern überdies und permanent, dass ihr Kind durchaus in der Lage sei, den nächsten Nobelpreis zu erhalten. Nicht die Schule als sozial-integrative Bildungseinrichtung steht im Blick, was Mitbeteiligung eigentlich beansprucht, sondern egoistische Einzelinteressen. Wobei die Frage, in welchem Verhältnis die Schulleistung zur Lebensleistung steht, noch völlig unbeantwortet bleibt und unbeantwortet bleiben wird. Bekannte Lebensbiografien zeigen ein sehr heterogenes Bild. Schule als Sozialisationsinstanz darf nicht unterschätzt werden, sollte sich selbst aber – mit Blick auf vermeintliche Auswirkungen auf die Lebensleistung – auch nicht überhöhen. Ein großer Teil des Lernens in der Schule gilt ‚nur der Wichtigkeit der Schule' (v. Hentig, a.a.O., 104). Man staunt mitunter, was die Pädagogik, genauer: die Schule, alles zu leisten imstande sein soll. Die Ansprüche und Anforderungen sind immens. *„Fehlt es irgendwo an Kenntnissen, Fähigkeiten, Haltungen, gibt man es der Schule auf, den Mangel zu beheben."* (ebd., 57) Freisprechen können sich die Pädagogen von dieser Erwartungshaltung nicht ganz, wenn ständig neue Innovationen durch unzählige Modellprojekte und -versuche Erfolge versprechen. Diese Erfolge lassen sich aber nur sehr selten abbilden. Franz E. Weinert vertritt die Ansicht, dass die Forschungen der letzten Jahrzehnte im pädagogisch-psychologischen Kontext sich durch ‚völlige Wirkungslosigkeit' auszeichnen.[7] Dazu auch Becker (2006, 45):

„Viele Reformprojekte, die teilweise erhebliche finanzielle Ressourcen in Anspruch nahmen, hätten eine unzureichende wissenschaftliche Basis gehabt und seien deswegen letztlich ins Leere gelaufen. Was im Schulsystem gerade als wichtig erachtet und umgesetzt werde, hinge in weit aus größerem Maße von sich wandelnden Zielen, öffentlicher Meinung und Wahrnehmungen sowie wechselnden politischen Stimmungen als von wissenschaftlichen Empfehlungen ab. Letztlich hätten alle genannten Bereiche einen geringen Einfluss darauf, ob sich tatsächlich etwas an Lehrpraxen von Lehrern verändere, denn Lehrpraxen seien strukturell problematisch …"

Insofern muss die Aussage eines Praktikers *„In der Pädagogik gibt es keine neuen Erkenntnisse"* (Bueb 2006, 171) all jene besonders treffen und zum Nachdenken anregen, die immer noch glauben, über Modellprojekte das Lernen verändern zu können.

---

6 Siehe die Panorama-Sendung vom 9.11.2006. Auch das als Streitschrift angelegte Buch von Bernhard Bueb (‚Lob der Disziplin'. Berlin: List 2006) thematisiert diesen Aspekt. Und weil diese Streitschrift auch andere pädagogische Ideologeme angreift bzw. in Frage stellt, wurde sofort von einem namhaften Verlag eine Gegenschrift publiziert. Die inzwischen auch in anderen Foren geführten kontroversen Diskussionen zu bestimmten pädagogischen Positionen zeigen, wie unterschiedlich pädagogische Theorie und Praxis wahrgenommen werden.

7 Zit. nach Herrmann, a.a.O., 2.

Optimismus ist eine notwendige und wünschenswerte Einstellung im pädagogischen Geschäft, der Realismus sollte dabei allerdings nicht verloren gehen. Und wer den Blick für die normale Schule nicht verloren hat, wird feststellen, dass Unruhe und ineffektive Betriebsamkeit den normalen Schulalltag beherrschen: „Schulalltag ist Zeitdruck und Hektik".[8] ‚Normalität' und ‚Normalisierung' werden nicht mehr zugelassen, so kann die derzeitige Situation ohne Übertreibung charakterisiert werden.[9] ‚Normaler Unterricht' ist unter den gegebenen Rahmenbedingungen nicht möglich.[10] Überspitzt formuliert: Unterricht ist (mitunter) das Nebenprodukt von Schule.

Sicher hat sich im Umfeld ‚Lernen' als Interaktionsraum einiges zum Positiven geändert. Das zusammenhanglose Memorieren und das reine Pauken[11] ist einem nachvollziehbaren Lernen gewichen, das Verhältnis von Vermittler (Lehrer) und Lerner (Schüler) hat sich im Interaktionsgeschehen zugunsten gegenseitiger Akzeptanz gewandelt und sicherlich können die Schüler (Lerner) heute mehr mitentscheiden, ob sie die Inhalte für sich als sinnvoll oder sinnlos ansehen. Kritische Reflexion von Gelerntem und Feedbackformen im Miteinander-Umgehen sind im Ansatz etabliert. Die Umgangspsychologie hat sich total verändert. Bildlich gesprochen: Anstelle des Rohrstocks wird mit ‚Liebesbekundung bzw. -entzug' pädagogisiert.

Eine kritische Betrachtung bzw. Einschätzung ist dennoch geboten. Die einschneidenden Veränderungen in und um Schule sind weniger ein Verdienst der Pädagogik (Schulpädagogik) als vielmehr Nebenprodukten gesamtgesellschaftlicher Umwälzungen zuzuschreiben, die die Pädagogik (und somit die Institution Schule) zwangen und noch zwingen, adäquate und damit zeitgemäße Antworten zu finden, beispielsweise neue Lernsettings zu arrangieren[12] oder die IT zu integrieren (Blended Learning)[13]. Damit soll das Verdienst großer Pädagogen nicht geschmälert werden. Sie waren große Vordenker. Ihre Ideen und Visionen wurden aber erst immer dann

---

8 Pädagogik (Zeitschrift). Themenheft ‚Dem Lernen Zeit geben' 2005, H. 2, S. 3

9 In Anlehnung an ein Interview mit Klaus Dörner: ‚Hilfsbedürftige gezüchtet'. In: Der Spiegel 2005, Nr. 13, 154

10 Herrmann, a.a.O., 3

11 Das ‚Pauken' bedeutet aus hirnphysiologischer Sicht das Anlegen von Gedächtnisspuren, die zunächst ohne Verschaltungen bestehen bleiben; aus der Sicht des Lerners also keine Bedeutung haben. Die so gespeicherten Informationen können aber durchaus zu einem späteren Zeitpunkt sinnvoll vernetzt werden. Die Methode des Paukens trifft in der Regel nicht das Interesse des Lerners und sollte möglichst vermieden werden, dennoch ist sie bei bestimmten Inhalten nie gänzlich sinnlos.

12 Gut nachzuvollziehen sind solche Veränderungen in einigen Schwellenländern, so beispielsweise in Mittel- und Südamerika: Die ‚Entschulungsthese' nach I. Illich (Entschulung der Gesellschaft. München: Kösel 1971) oder die ‚Veränderung der Ungerechtigkeiten' nach P. Freire (Pädagogik der Unterdrückten. Bildung als Praxis der Freiheit. Reinbek: Rowohlt 1970).

13 Siehe dazu die kritischen Anmerkungen im Protokoll der ‚Kommission zur Wahrnehmung der Belange der Kinder' des Bundestags vom 27. September 2006.

zur Kenntnis genommen und teilweise realisiert, wenn es die politischen und gesellschaftlichen Bedingungen erlaubten und bedingten. Prominentes Beispiel: Einen Plan für eine Gesamtschule gab es bereits von Marie Jean Condorcet (1743–1794) für die Nachzeit der Französischen Revolution. Nichts ist geschehen, weder in Frankreich und anderswo. In Deutschland wurde dieser Gedanke erst nach dem Sputnikschock Mitte der 60er aufgegriffen und punktuell umgesetzt. Ähnliche Beispiele der jüngeren Vergangenheit ließen sich nahtlos anfügen. Ein erheblicher Anteile der Ergebnisse von Modellversuchen und -projekten, wenn sie denn überhaupt auf die Praxis übertragbare Ergebnisse liefern, aber enorme Finanzen bewegen, versanden in der bildungspolitischen Administration. Haben sie – und das ist hier die zentrale Frage – einen Lernfortschritt gebracht? Haben sie das Lernen als Prozess optimiert? Die Antwort lautet ‚Nein'!

Die Pädagogik als Wissenschaftsdisziplin sollte ihre Bedeutung als gesellschaftliches Subsystem nicht überschätzen. Sie sollte sich andererseits aber auch nicht auf Spielwiesen gesellschaftlicher Modetrends locken lassen. So sind einige Reformen und Reformbemühungen, Modellversuche und -projekte im Ansatz zu begrüßen, aber ihre Umsetzung gelingt nur, wenn sie durch adäquate Rahmenbedingungen unterstützt werden. „Eine (...) erhebliche Schwäche der Reformen besteht darin, dass sie sich für die Heilung des Missstands des pädagogischen Systems ausgeben – oft ausgelöst durch eine soeben gewonnene wissenschaftliche Erkenntnis oder ein erschreckendes Ereignis, dem man nun allgemeine Geltung zuspricht. Zahlreiche durchaus wichtige Veränderungsvorschläge haben darum nur einen Bruchteil der ihnen zugedachten Wirkungen gehabt." (v. Hentig, a.a.O., 68) Modische Worthülsen oder abstrahierte Statements suggerieren einen Wandel, der im Kern nicht zu erkennen ist. Das gilt in Sonderheit für kurzatmige methodische Lernarrangements.

Konzentrationsfähigkeit oder Konzentrationsbereitschaft?

Die hektische Betriebsamkeit in den Schulen lässt Lehrer zu voreiligen Erklärungen verführen. *‚Schüler sind heute nicht mehr fähig, sich zu konzentrieren'*, eine weit verbreitete Aussage unter Lehrern. Sie erklärt, entschuldigt und rechtfertigt vieles. Ist das wirklich so? Können sich Schüler heute weniger konzentrieren als vor fünfzig Jahren? Haben sie die Fähigkeit zur Konzentration wirklich verloren?

Konzentration bedeutet, „eine bewusst herbeigeführte Ausrichtung der Aufmerksamkeit auf eine bestimmte Tätigkeit oder einen Gegenstand"[14]. Kon-

14 Pschyrembel. Klinisches Wörterbuch. Berlin, New York: de Gruyter 2002. Siehe dazu auch das Themenheft ‚Aufmerksamkeit' der Zeitschrift ‚Pädagogik' 2005, H. 1.

zentration bedeutet, die psycho-physischen Energien und Wahrnehmungskanäle (Eingangsrezeptoren) für eine bestimmte Zeitspanne auf nur eine Sache zu bündeln. Würden sich die Schüler tatsächlich nicht konzentrieren können, hieße das, ihre Gehirne haben die biologisch-physiologische Fähigkeit verloren, sich auf nur eine Sache (einen Gegenstand) zu fokussieren. Diese Fähigkeit haben die Gehirne im Laufe der Evolutionsgeschichte mit Sicherheit nicht verloren, wie Beobachtungen der gleichen Schüler in anderen Zusammenhängen eindeutig zeigen. Aus physiologischer Sicht ist eher das Gegenteil der Fall. Das Gehirn ist zu weitaus größeren Leistungen fähig. Vielmehr scheint es so zu sein, das die Schüler weniger Konzentrations*bereitschaft* bzw. Konzentrations*willigkeit* zeigen, sich für eine bestimmte Zeit nur einer Sache zuzuwenden. Das aber hat mit der *Fähigkeit* der Gehirne nichts zu tun, als vielmehr mit den Umfeldfaktoren, die es den Schülern (ihren Gehirnen) erlauben, abzuschweifen. Konzentrations*fähigkeit* ist die angelegte oder erworbene Disposition, Konzentrations*bereitschaft* der momentane psycho-physische Zustand. Das sind zwei unterschiedliche Sachverhalte. Die Aussage, die *‚Schüler sind heute nicht mehr fähig, sich zu konzentrieren',* ist in dieser Pauschalität und den daraus abgeleiteten Schlussfolgerungen für methodisch-unterrichtliche Maßnahmen schlicht falsch. Wäre es so, hätten die Gehirne vieler Schüler in einer biologisch sehr kurzen Zeit eine Mutation durchlaufen, nämlich eine essenzielle Fähigkeit des Überlebens verloren. Das ist mit Sicherheit auszuschließen. Anzusprechen ist im methodisch-didaktischen Zusammenhang die Konzentrations*bereitschaft*, nicht die Konzentrations*fähigkeit*. Offenbar sind es die Lernarrangements und das Klassenraum-Management (‚classroom management'[15]), die es den Schülern (ihren Gehirnen) ermöglichen und erlauben, sich nicht konzentrieren zu müssen. Und diese Überlegung führt zu der provokativen Anmerkung, dass viele methodische Lernarrangements und Interaktionsformen eher zur Ablenkung als zur Konzentration beitragen. Immer wieder neue Stimuli in relativ kurzer Zeit fördern Irritation statt Konzentration. Viele Lehrer praktizieren daher mit Erfolg kontemplative Konzentrationsübungen, die als kurze Phasen in den Vermittlungsprozesses eingebaut werden.[16]

Aus neurophysiologischer Sicht lässt sie die ‚Aufmerksamkeit' im weiträumigen, neuronalen Netz nicht eindeutig lokalisieren, aber offenbar besitzen dennoch bestimmte Nervenzellen spezifische Funktionen für bestimmte Aufmerksamkeitsfelder.

15 Bereits Kounin, J.S.: Techniken der Klassenführung. Stuttgart: Klett 1976

16 Miller, R.: Beziehungsdidaktik. Weinheim, Basel 1997; Miller, R.: Lehrer lernen: ein pädagogisches Arbeitsbuch für Lehranwärter, Lehrer und Lehrergruppen. Weinheim, Basel: Beltz 1993; Pallasch, W.; Pallasch, C.: Schweigen, dann schweigen – sonst nichts. Weinheim, München: Juventa 1998; Schwäbisch, L.; Siems, M.: Selbstentfaltung durch Meditation. Reinbek: Rowohlt 1983

Entscheidungsfreiheit

Antonio Damasio leitete eine Wende ein. Aus René Descartes' Satz „Ich denke, also bin ich!" formulierte er: „Ich fühle, also bin ich!" Er leitete damit eine grundsätzliche Diskussion ein, die sich vor allem mit Fragen der emotionalen Intelligenz befassten (Daniel Coleman u. a.). Offenbar sind wir bei Entscheidungen mehr Sklave unserer Emotionen und Instinkte als wir es wahrhaben wollen.[17]

Der Mensch ist sehr stolz auf seine Entscheidungsfreiheit. Dieses Gefühl ist auch gut so und soll auch so bleiben. Ist es aber tatsächlich so?

Tatsache ist, dass das Gehirn die psycho-physische Grundlage allen Lernens, Denkens und Fühlens ist. Wenn das Gehirn nicht funktioniert, funktioniert alles andere auch nicht.[18] Diese Feststellung ist ernüchternd und für manche desillusionierend. Aber mit der Fähigkeit des Gehirns, sich selbst zu vernetzen und zu stabilisieren, mit seiner enormen Plastizität und seinem heterarchischen und hierarchischen Aufbau ermöglicht es dem Menschen, übergeordnete Instanzen zu bilden, die als ‚Ich-Identität' und ‚Selbst-Bewusstsein' ihre stärksten Ausdrucksformen finden. Im Menschen bildet sich das Gefühl heraus, bio-physiologisch ungebunden und unabhängig agieren (entscheiden) zu können. Das ist auch gut so und eine wunderbare Kreation der Natur![19] Das sind die guten Gefühle wie Freiheit (auch: Entscheidungsfreiheit), Unabhängigkeit und Freude und das sind die schlechten Gefühle wie Trauer, Mutlosigkeit oder Ängste. Gleichwohl sollten uns diese Gefühle nicht darüber hinwegtäuschen, dass alle Prozesse einer physikalisch-biologischen Grundlage bedürfen. Alle Veränderungen (auch Entscheidungen), die sich im Menschen vollziehen und die wir bei uns selbst und anderen anstreben, sei es in der Psychotherapie oder beim Lernen, manifestieren (engrammieren) sich letztlich auf dieser Ebene – und die letzte Instanz für Veränderungen ist immer das Limbische System. Die Frage ist, inwieweit wir den wechselseitigen Bedingungsprozess von Psychosomatik und Somatopsychik erkennen und beeinflussen können. Dass das in Teilbereichen durch gezielte Interventionen möglich ist, belegen die Veränderungen bei systemischen Erkrankungen. Auch körperinterne Lernprozesse (wie etwa das intrapsychische ‚Lernen am Modell' mit Hilfe der Spiegel-Nerven-

17 Vgl. Der Spiegel 2006, Nr. 15

18 Abgesehen von den autonomen Körperfunktionen (vegetativen) im Koma oder komaähnlichen Zuständen.

19 Die meisten Menschen wären (zu recht) sehr enttäuscht, wenn sich ihre Liebe bzw. ihre Liebesgefühle vornehmlich mit olfaktorischen und gustatorischen Faktoren erklären müssten. Dennoch ist es so! Das tut dem Gefühl der Liebe aber kein Abbruch. Aus literarischer Sicht lesenswert: Patrick Süskind: Das Parfüm. Zürich: Diogenes 1994

zellen) sind davon betroffen.[20] Die weitere Frage ist, ob und wieweit wir diese Erkenntnisse auf den Lernprozess übertragen und nutzen können.

Sind unsere Entscheidungen nun frei? In der Wissenschaft ist darüber ein heftiger Streit entbrannt.

Jüngste Forschungen (vor allem die von Benjamin Libet an der University of California)[21] belegen, dass das Gehirn seine Entscheidung offenbar vor der bewussten Handlungsentscheidung trifft: „Wie auch immer ein Wissenschaftler diese Daten drehen und wenden mag – das Gehirn wird offenbar aktiv, bevor der Mensch die Intention einer Bewegung [Entscheidung oder Handlung, d. V.] bewusst erlebt." (Obhi & Haggard 2006, 8) Aus hirnphysiologischer Sicht liegen zwischen einzelnen Impulsen (Bereitschaft zur Entscheidung bzw. zur Entscheidung, dem Aktivierungsimpuls und dem Vollzug) nur Millisekunden. Mit anderen Worten: Das Bereitschaftspotenzial zur Entscheidung wird eindeutig vor der endgültigen Entscheidung im Gehirn aktiviert und der entsprechende Handlungsimpuls ausgelöst. Die Forscher sehen „darin einen klaren Beweis, dass das menschliche Gehirn das Gefühl von Handlungsvollmacht erst nach Abschluss der Handlung konstruiert. Vermutlich gibt eine geeignete Abfolge von Intentionen, Aktionen und Konsequenzen dem Gehirn im Nachhinein ein Gefühl von Kontrolle" (2006, 11). Oder mit G. Roth[22] anders zusammengefasst: „Dies bedeutet, dass das bewusste Ich bei aller seiner funktionalen Wichtigkeit keinen entscheidenden, sondern nur einen beratenden Einfluss auf diejenigen Handlungen ausübt, die es als selbstveranlasst empfindet. In diesem Sinne ist die subjektiv empfundene ‚Willensfreiheit' nicht die höchste Kontrollinstanz unserer Handlungen" (2006, 28). Immerhin, wir können uns selbst beraten. Und wenn wir diesen Beratungsprozess steuern, sind wir wieder frei in unseren Entscheidungen.

Lerngesetze

Lehrerstudenten lernen (pauken) Lerngesetze, meistens zwar nur formal und auswendig, aber immerhin. Wozu?

Lerngesetze bestimmen nicht das Lernen, allenfalls erklären sie es. Wir beobachten in bestimmten (Lern-)Konstellationen scheinbar annähernd gleiche Prozesse, die wir als gesetzmäßige Abläufe (Gesetzmäßigkeiten) zu erkennen glauben und sie als solche formulieren. Sie helfen uns, bestimmte Verhaltensmuster zu erkennen und unter analytischen Gesichtspunkten verständlich zu machen. Mehr nicht!

20 Bauer, J.; Das Gedächtnis des Körpers. Frankfurt a.M.: Eichborn 2002, 82 ff.; Plassmann, R. et al., a.a.O.

21 Vgl. Obhi, S. u. Haggard, P.: Der freie Wille auf dem Prüfstand. In: Spektrum der Wissenschaft 2006, H. 2, 6-13

22 Roth, G.: Gleichtakt im Gehirn. In: Gehirn und Geist, Dossier-ND 1, 2006, 24-32

Beispielhaft:

(1) *Konditionierungslernen*
Lehrer im Lehrerzimmer gehen nach der Pause nicht pünktlich in den Unterricht, weil ihre Schüler auch nicht pünktlich im Klassenzimmer erscheinen. Die Schüler wiederum sehen nicht ein, pünktlich im Klassenraum zu sein, weil der Lehrer ohnehin nie pünktlich erscheint. Beide Agenten konditionieren sich auf diese Weise gegenseitig; ein gesetzmäßiger Ablauf (Konditionierungsgesetze).

(2) *Habituationslernen*
Kinder (auch Erwachsene) habituieren immer wiederkehrende, gleich bleibende Reize und nehmen sie nicht mehr als wirksam (zumeist als beeinträchtigend) wahr (Habituationslernen). Immer wieder kehrende Geräusche (z. B. Straßenlärm) werden in ihrer Wirkung abgeschwächt. Immer wieder kehrende, stereotypische Belobigungen durch Lehrer verblassen und werden als solche nicht mehr (im Sinne einer Wirksamkeit) wahrgenommen *(‚Prima!'; ‚Hast du gut gemacht!'; ‚Das ist ja toll!')*. Ein immer annähernd gleicher Ablauf. Lob als pädagogisches Mittel sollte personal verbalisiert werden, wenn es denn eine Wirkung erzielen soll.

(3) *Modell-Lernen*
Wird ein angestrebtes Ziel, das ein Jugendlicher gerne selbst erreichen möchte (z. B. eine sportliche Leistung), bei seinem Modell (Vorbild) belohnt, versucht er dieses Modell in seinem Verhalten zu imitieren und baut die erfolgreichen Handlungsmuster in seine kognitive Struktur ein. Ein immer wiederkehrendes Muster, das sich auf viele Verhaltensweisen oder Regeln übertragen lässt (Modell-Lernen).

Das Gehirn zeigt uns, wie es unter bestimmten annähernd gleichen Bedingungen arbeitet und weist uns auf eine Spur der Vernetzung. Und dieser Vorgang vollzieht sich unter ähnlichen Bedingungen offenbar bei den meisten Menschen in annähernd gleicher Weise. Wir sprechen von Lerngesetzen, deren Vielzahl die unterschiedlichen wissenschaftlichen Positionen verdeutlichen. Sie alle versuchen, Lernvorgänge zu beschreiben und zu erklären. Das Erkennen solcher Lernvorgänge (z. B. ‚Stationen des Lernens') könnte das Lernen verständlicher und verstehbarer machen. Wenn Lerngesetze für den Vermittlungsprozess eine Bedeutung haben sollen (und deshalb werden sie ja gelernt), dann müssen die Lernkonstellationen genau analysiert werden um prüfen zu können, inwieweit die gesetzmäßigen Abläufe tatsächlich zutreffen und ob der Lerngegenstand, das Lernziel und das Lernumfeld mit diesen vermeintlichen Abläufen optimiert werden kann. Das verlangt ein ziemlich aufwendiges diagnostisches Bemühen. Im methodisch-didaktischen Vermittlungsprozess geschieht das kaum. Es wird zu schnell reagiert als analytisch-diagnostisch agiert. Zum einen sind die Vermittler mit den dafür nötigen diagnostischen Kompetenzen nicht vertraut und ausgebildet, zum anderen bleibt im normalen Lernvermittlungsprozess kaum Zeit, diesen Fragestellungen nachzugehen. Für das Lerncoaching ist das eine enorme Herausforderung.

Schule – Unterricht – individuelles Lernen

Unter Pädagogen, besonders unter Lehrern, wird *‚Lernen'* sofort mit *‚Unterricht'* und Unterricht sogleich mit *‚Schule'* assoziiert. Aus der Sicht des unterrichtenden Lehrers ist das legitim, bedingen doch alle drei Themenfelder die praktische Unterrichts- bzw. Schularbeit. Schule als gesellschaftspolitischer Raum mit seinen Vorgaben und Erwartungen und der Unterricht als quasi intimer, interaktiver Ort mit seiner offenen oder heimlichen Philosophie bestimmen das Lernen als internen, personalen Prozess. Die Kunst ist, unter diesen Vorgaben alle drei Themenfelder in Einklang zu bringen. Stellt man jedoch das ‚Lernen' als den individuellen Aneignungsprozess in den Mittelpunkt der Betrachtung, und darum geht es beim Lerncoaching in erster Linie, sind die drei Themenkomplexe ‚Schule' – ‚Unterricht' – ‚Individuelles Lernen' zunächst voneinander zu trennen (vgl. Abb. 4.1, S. 69). Lernen findet in sehr unterschiedlichen Situationen und unter sehr unterschiedlichen Bedingungen statt. Unterricht ist nur eine davon. In Schulen unserer Prägung ist Unterricht ein kontrolliertes, überwiegend fremdbestimmtes Interaktionsgeschehen, in dem es primär ‚um immer mehr Lernen' geht und weniger ‚um besseres, effektives Lernen'. Die viel beschworene Formel ‚Das Lernen lernen' bleibt weitgehend unerfüllt.[23]

Im Unterricht, der zu recht als Faktorenkomplexion umschrieben wird, vollziehen sich vielfältige Interaktionen, die das individuelle Lernen entweder fördern oder behindern. Unterricht als Gesamtgeschehen unterliegt nach bisherigem Duktus einem Planungsschema. Unterricht soll und muss geplant werden. Jeder Lehrer wird sich an seine Referendariatszeit erinnern, in der er sehr viel Zeit aufbrachte, um den Planungsvorgaben gerecht zu werden. Solche Planungsschemata liegen als *‚Didaktische Modelle'* vor. Fragt man Lehrer nach mehrjähriger Praxis, nach welchen Didaktischen Modellen sie ihren Unterricht planen, antworten sie mit einem höflich verlegenen Lächeln. „Die wenigen vorliegenden Untersuchungen deuten tendenziell darauf hin, dass genuin erziehungswissenschaftliche Literatur für den Großteil der Studierenden der Erziehungswissenschaft nur während des Studiums (im Zusammenhang mit Prüfungen) von Bedeutung ist und für Lehrer gegenüber fachwissenschaftlicher Literatur einen untergeordneten Stellenwert besitzen." (Becker 2006, 41)

In der alltäglichen praktischen Arbeit spielen die Didaktischen Modelle keine Rolle oder eine nur sehr untergeordnete. Keine Frage – Unterricht muss geplant werden. Die Frage ist, inwieweit das eigentliche individuelle

23 Dauber, H.: Radikale Schulkritik als Schultheorie. In: Tillmann, K.J. (Hrsg.): Schultheorien. Hamburg 1987

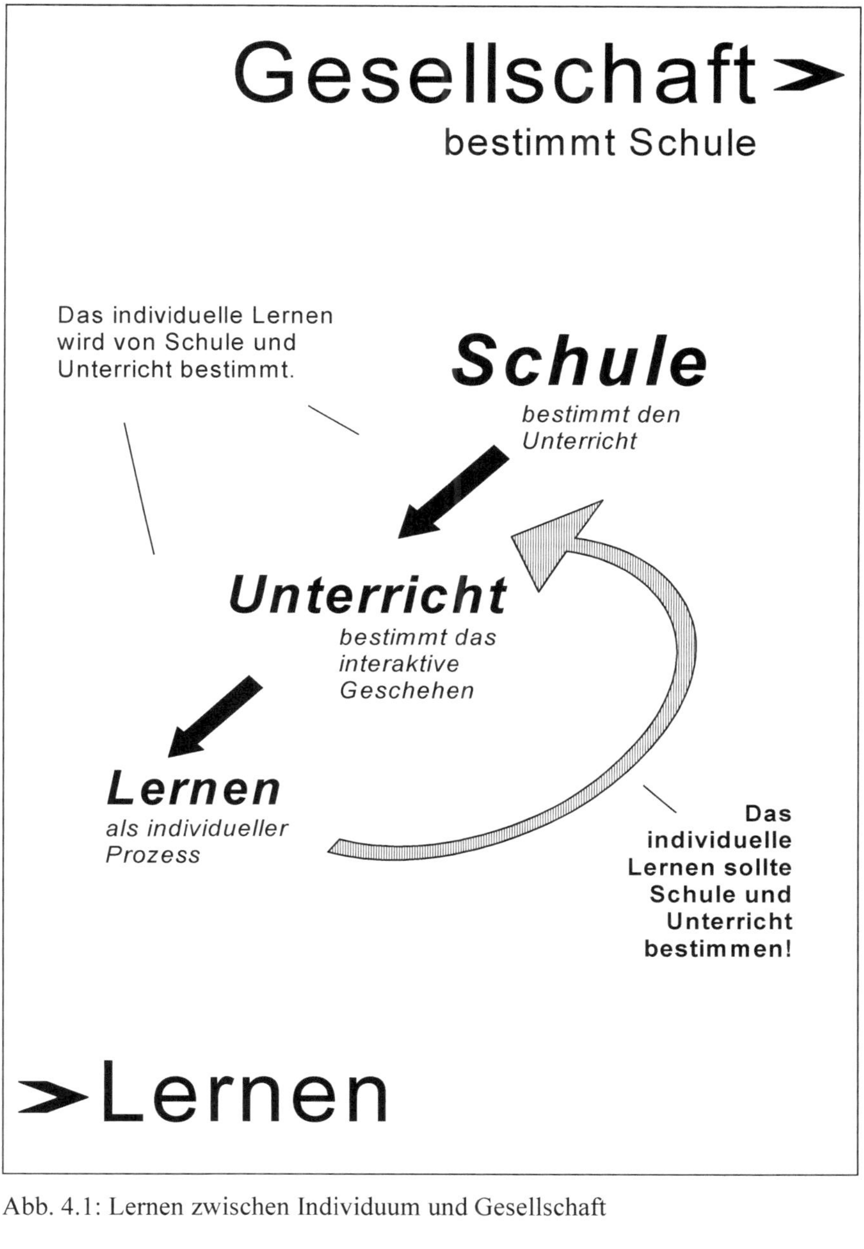

Abb. 4.1: Lernen zwischen Individuum und Gesellschaft

Lernen im Fokus dieser Planung steht. Geplant wird das interaktive Gesamtgeschehen, dabei kommt das Lernen als individueller Aneignungsprozess zu kurz. Das ist auch anders nicht zu erwarten, weil die Rahmenbedingungen der Konstruktion Unterricht dies nicht erlauben. Individuelles, das heißt personal-bezogenes Lernen ist nur unter sehr günstigen Voraussetzungen möglich. ‚Das Lernen zu lernen' ist unter den bisher herrschenden Unterrichtsbedingungen, so kann man bilanzieren, nur in Ausnahmesituationen möglich.

Die Frage ist, ob im Rahmen eines Lerncoachings Bedingungen im schulischen Umfeld geschaffen werden können, die ein individuelles Lernen im Sinne einer Optimierung ermöglichen.

Didaktische Modelle

Die Didaktischen Modelle gehen davon aus, über den Unterricht das Lernen zu optimieren. Werfen wir einen kurzen Blick auf die Didaktischen Modelle. Beleuchten wir kurz die Bedeutung der Didaktischen Modelle und prüfen wir sie unter dem Gesichtspunkt des Lerncoachings.

- Was haben sie bewirkt?
- Sind sie wirklich so hilfreich, wie sie vorgeben?
- Welche Bedeutung kommt ihnen im Zusammenhang von Lernen zu?

Seit dem Neuanfang nach 1945 haben sich in Westdeutschland in zeitlich unterscherschiedlichen Abständen mehrere Didaktische Modelle etabliert, nach denen die jeweilige Lehrergeneration ausgebildet wurde: das *‚Bildungstheoretische Didaktikmodell'* (Klafki, später als *‚Kritisch-konstruktive Didaktik'* umbenannt) – das *‚Lern- bzw. Lehrtheoretische Modell'* (Heimann, Otto, Schulz) – das *‚Lernzielorientierte Modell'* (Möller) – das *‚Kybernetische Modell'* (v. Cube) – das *‚Kritisch-kommunikative Modell'* (Winkel) – das *‚Systemtheoretische Modell'* (König, Riedel) – das *‚Handlungsorientierte Modell'* (G.E. Becker) – das *‚Genetische Modell'* (Berg, Schulze) – das *‚Subjektive Didaktikmodell'* (Kösel) – das *‚Beziehungs-Didaktikmodell'* (Miller) – und weitere weniger bekannte Modelle.

Die jeweiligen Bezeichnungen verweisen auf den gesellschaftspolitischen Hintergrund. Didaktikmodelle sind ein Reflex auf die aktuellen Themen ihrer Zeit; „... die Vorstellungen über Erziehung und Unterricht (sind) stets eng mit dem historischen Kontext verwoben"[24]: Als die Schüler in den Schulen aufmüpfig wurden (früher sagte man ‚undiszipliniert') und es den Lehrern schwer fiel, Unterricht möglichst störungsfrei durchzuführen, konzipierte man die ‚Kommunikative Didaktik', mit deren Instrumenten man Abhilfe schaffen wollte; als man meinte, sehr wissenschaftsorientiert unterrichten zu müssen, kreierte man die ‚Lernzielorientierte Didaktik'; und als man die Schüler als individuelle Subjekte entdeckte, entstand die ‚Subjektive Didaktik'. Auf diese Weise ließen sich alle Modelle durchdeklinieren. Die Didaktischen Modelle sind folglich als der jeweilige Spiegel ihrer Zeit zu sehen, zu verstehen und einzuordnen. Haben sie aber auch das ‚Lernen'

---

24 Petersen, J.; Grone-Lübke, W.v.: Didaktik interaktiv. Teil 1: Anthropologische Grundlegung und Geschichte. Donauwörth: Auer 2005, 6

im Sinne einer Optimierung voran gebracht? Die Antwort ist eindeutig: Nein! Erst Ende der 90er Jahre wurden sie als so genannte ‚Feiertags-Didaktiken' entzaubert. ‚Feiertags-Didaktiken' deshalb, weil sie nur bei Prüfungsanlässen von Lehramtskandidaten reaktiviert wurden. Der Aufwand stand und steht auch noch heute in keinem Verhältnis zum Nutzen.

Im Prinzip sind didaktische Überlegungen als Planungselemente unabdingbar, versucht man doch mit ihnen, die Elemente Individuum, Lernstoff und das soziale Arrangement in ein stimmiges Lerndesign zu bringen. „Der Pädagoge ist Vermittlungsprofi und die Didaktik ist seine Professionswissenschaft."[25] Die Frage dabei ist, welches Element den Vorrang beansprucht.

Fragen und Antworten

Das anthropologische Verhältnis von Neugierverhalten und Lernen, von Fragen und Antworten hat sich im Laufe der Zivilisationsentwicklung total verkehrt (vgl. Abb. 4.1 Lernen zwischen Individuum und Gesellschaft). Kinder lernen pur, wenn sie von außen nicht beeinflusst werden. Sie sehen, sie hören, sie schmecken, sie ‚be-greifen', sie riechen und sie fühlen und speichern diese Informationen je nach Bedarf ab. Von Natur aus stellen Kinder die richtigen Fragen zur richtigen Zeit, nämlich immer dann, wenn sie für sich einen Sachverhalt klären wollen („Warum kreist die Sonne um die Erde?"; „Wieso geht das Schiff nicht unter?"). Im Unterricht aber stellen nicht die Schüler die Fragen, sondern die Lehrer, deren Antworten sie längst kennen. Diese so genannten ‚Didaktischen Fragen' können als didaktisches Instrument mitunter lern-anregend sein, wenn sie den Aneignungsprozess unterstützen – was allerdings selten der Fall ist. Kinder und Schüler reagieren deshalb nicht immer lehrer-erwartungsgemäß. Je älter sie werden, je mehr subjektive (Wahrnehmungs-)Filter schieben sich zwischen Kind und (Lern-)Gegenstand. Diese Filter können förderlich und hinderlich sein. Im Lerncoaching geht es u. a. auch darum, diese Filter zu erkennen, um sie für das weitere Lernen ‚fruchtbar' zu machen.

Nun wäre es anderseits illusorisch, in unserer technisierten Welt das anthropologische Grundverhalten wieder völlig herstellen zu wollen. Das würde keine technologisierte Gesellschaft überleben. Dafür haben wir uns inzwischen zu weit von der natürlichen Welt (Naturwelt) entfernt. Die neuerliche Diskussion um die Bildungsstandards beleuchtet diese Problematik sehr eindringlich. Eine Fremdsprache sollte frühstmöglich erlernt werden, obwohl junge Schüler für sich noch keinen Bedarf erkennen. Gleichwohl ist die Frage zu stellen, inwieweit wir in der Schule und im Unterricht das anthropologische Grundverhalten negieren und ob es nicht doch Möglichkei-

25 Ebd., 6

ten gibt, diesem durch entsprechende Lernarrangements entgegen zu kommen. Auch die Experten von Bildungsstandards betonen daher zu recht die ‚Kultivierung der Lernfähigkeit', in dem sie ein klientenzentriertes bzw. -orientiertes Lernen nachdrücklich empfehlen.[26]

Lerncoaching in gruppalen Arrangements wird dieser Frage nachgehen müssen, um Optimierungsmöglichkeiten zu erkunden.

Leistung und Leistungsmessung

Leistung ist ein zentraler Begriff im Bildungskontext; insbesondere in der Schule. Eigentlich dreht sich alles um Leistung. Die Frage ist, wie man Leistung definiert und versteht? Wir unternehmen erst gar nicht den Versuch, die unterschiedlichen fachspezifischen Definitionen von Leistung darzulegen; zu unterschiedlich variieren sie in sich. Aber bereits 1974 haben W. Potthoff und A. Wolf[27] der Leistung aus schulischer Sicht vier Bedeutungsvarianten zugeschrieben, die auch noch heute Gültigkeit besitzen:

(1) *Leistung als schulische Forderung an den Schüler.*
Gemeint ist die grundsätzliche Erwartung an den Schüler, durch seine Bereitschaft zur Mitarbeit etwas für die Lerngruppe beizutragen (Leistung als Engagement).

(2) *Leistung als Tätigkeit des Schülers.*
Durch seine grundsätzliche Bereitschaft und Fähigkeit erwartet man vom Schüler Aktivitäten, die sich in verschiedenen Formen zeigen können (Leistung als Erweiterung der Lernfähigkeit).

(3) *Leistung als Ergebnis der Tätigkeit des einzelnen innerhalb der verschiedenen Leistungsbereiche.*
Verstanden wird darunter die konkrete Leistung im kognitiven, sozial-emotionalen und aktionalen Bereich, sei es das Errechnen von Mathematikaufgaben, sei es die Fähigkeit zum sozialen Handeln oder sei es im Sport eine Fertigkeit (Leistung als Erreichung individueller Lernziele).

(4) *Leistung als besonderer Beitrag der Schule für Staat, Gesellschaft, Wirtschaft und Wissenschaft.*
Gemeint ist über den engen Rahmen des Erwerbs von Wissen und Können die Bereitschaft, das Gelernte in die soziale Gemeinschaft einzubringen (Leistung als Partizipation an kollektiven Arbeiten).

Alle vier Bereiche haben ihre Berechtigung und sind konstitutive Elemente eines übergreifenden Leistungsbegriffs, der auch nicht in Frage gestellt werden soll. Abgesehen davon, dass in der Praxis eine Trennung zwischen

---

26 Hameyer, U. u. a. In: Standards – journal für schulentwicklung (Themenheft) 2004, H. 4; Tenorth, H.E.: Bildungsstandards – Wunderwaffe oder Holzweg der Bildungsreform. Vortrag in der Hermann-Ehlers-Akademie (Kiel) Mai 2005

27 Potthoff, W.; Wolf, A.: Einführung in die Strukturbegriffe der Erziehungswissenschaft. Freiburg i.Br.: Herder 1974, 45 ff.

den einzelnen Bedeutungen nicht immer leicht fällt, steht die Leistung als Ergebnis der Tätigkeit innerhalb der Leistungsbereiche (3) im Mittelpunkt der Bewertung und Beurteilung. Dies geschieht über die verschiedenen evaluativen Instrumente vom Diktat über Tests bis hin zu Prüfungen jeglicher Art. Es ist durchaus verständlich und unter bestimmten didaktischen Kriterien (z. B. Kurzfristigkeit) berechtigt, eine Leistung nach einer Lernphase abzuprüfen, aus neurophysiologischer bzw. hirnphysiologischer Sicht ist das jedoch sehr fragwürdig. Eigentlich zählt nur das, was sich im Langzeitgedächtnis abgespeichert hat (Langfristigkeit), seien es mathematische Formeln, literarische Texte, biologische oder physikalische Gesetzmäßigkeiten oder soziale Handlungsstrategien. Es ist daher den Neurophysiologen zuzustimmen (vgl. Spitzer 2004), wenn sie argumentieren, man solle die wichtigen und entscheidenden Leistungsdaten erst nach einem Jahr oder später evaluieren. Im Grunde sagen sie damit etwas, was wir alle aus unserem Alltag wissen, dennoch wird (fast) ständig geprüft und evaluiert, was kaum von Relevanz[28] ist und dies in zu kurzer Abfolge. Die Frage der Leistungsmessung ist also nicht so sehr, wie man die Leistung misst (testet, evaluiert), sondern aus lernpsychologischer bzw. lernphysiologischer Sicht, zu welchem Zeitpunkt man das tut. Es macht wenig Sinn, Leistungen, die langfristig angelegt sind, kurzfristig abzuprüfen. Erst was der Lerner noch nach längerer Zeit kann oder weiß (Langzeitgedächtnis) ist für ihn von Bedeutung. Dabei haben wir die Problematik der intra-individuellen versus inter-individuellen Leistungsmessung noch gar nicht angesprochen. Leistung bezieht sich immer auf einen Maßstab (auf ein Güte- bzw. Messkriterium) und der noch vorherrschende Maßstab ist der gesellschaftliche (also: inter-individuelle) und nicht der persönliche (also: intra-individuelle). Wenn wir aber den Lerner im Zentrum unserer Bemühungen sehen, dann kann nur der persönliche Lernerfolg der Maßstab sein. Der muss den gesellschaftlichen Anforderungen nicht widersprechen, es kommt nur darauf an, wie man das Problem managt. Eine Möglichkeit böten die Berichtszeugnisse, die sich aber offenbar in der bisher praktizierten Form nur bedingt bewährt haben.

Emotionsarbeit

Unterricht ist ein künstlich-arrangiertes Gebilde, ein nach bestimmten Kriterien zusammengesetztes soziales Zwangsaggregat von Lernwilligen und Lernunwilligen. Junge Menschen, Schüler, werden in eine künstliche und damit zufällig zusammengesetzte Schulklasse ‚hineinverwaltet' (vgl. von Hentig, a.a.O., 17). In diesem künstlichen Gebilde soll aber von Schülern und Lehrern Authentizität gelebt werden. In schlichten Worten: Sie sollen

28 So wird zu Recht gefragt, ob die Diktate noch sinnvoll und nötig sind. Diese Frage wurde auf der Fachtagung des IQSH in Kiel im April 2006 von Deutschlehrern heftig kontrovers diskutiert.

sich so zeigen und geben wie sie denken und wie sie sich fühlen. Schüler haben es da einfacher. Sie reagieren aggressiv oder unkontrolliert, gut oder schlecht gelaunt, sie sind fröhlich oder betrübt.

Lehrer haben darauf emotional angemessen einzugehen. Von Lehrern verlangt man einerseits Freundlichkeit und positive Zuwendung, obwohl ihnen gar nicht nach Freundlichkeit und positiver Zuwendung zumute ist und man verlangt von ihnen anderseits ein emotional-authentisches Verhalten, in dem sie ihre Gefühle als ‚Ich-Botschaften' gegenüber ihren Schülern artikulieren. Authentische Gefühle sind gefragt, aber – so die theoretischen Ansprüche und Vorgaben – möglichst nur positive.

Geht das überhaupt – und vor allem auf Dauer?

Die neuesten Ergebnisse der Burnout-Forschung lassen berechtigte Zweifel aufkommen (vgl. Rösing 2003).[29] Sie zeigen, das in Berufen, in denen authentische Gefühle eingebracht werden sollen (Ärzte, Lehrer, Flugbegleiter, Angestellte), die meisten der geäußerten Gefühle nur aus der Oberfläche der Gefühlsschichten entstammen, also eine rein ‚äußerliche Darstellung' wiedergeben (ebd., 150 ff.). Der Lehrer lächelt, obwohl ihm innerlich nicht danach zumute ist; er zwingt sich in diese zwiespältige Gefühlsindifferenz. Diese ‚Oberflächen-Emotionsarbeit' führt zu einer inneren Dissonanz und einer Anspannung, die auf lange Sicht zu seelischen Beeinträchtigungen führen kann. Sie führt im Extremfall zur Entfremdung von sich selbst. Nun gehört trotz dieser Ambivalenz ein angemessener Umgang mit Emotionen zur beruflichen Sozialisation. Das Artikulieren von ‚Ich-Botschaften' ist eine mögliche Form des Umgangs mit Emotionen im beruflichen Kontext. Die Ergebnisse der jüngsten Burnout-Forschung zeigen aber, dass das offenbar nicht ausreicht. Die ‚Ich-Botschaft' als wünschenswerte authentische Reaktion wird häufig ‚nur gespielt', also auf der Oberfläche der Gefühlsschichten abgearbeitet, aber nicht in der Tiefenschicht empfunden. Das ist das Dilemma oder die Lösung. Aus präventiver Perspektive müsste der Unterschied zwischen ‚Emotion, und ‚Gefühl' thematisiert werden. Beide Begriffe werden meistens synonym verwendet, obwohl sie unterschiedliche psycho-physische Zustände benennen. ‚Emotionen' sind kurzfristige psycho-physische Zustände, die sich in spontanen verbalen und nonverbalen Reaktionen zeigen; Gefühle sind tiefer verankert, zumeist verborgen und vom Individuum geschützt. Gefühle werden im beruflichen Kontext zumeist unterdrückt. Emotionale Reaktionen können Hinweise auf Gefühle sein, müssen es aber nicht. Inwieweit das Verhalten anderer die eigenen Emotionen oder Gefühle anspricht, kann folglich nur das Individuum selbst beantworten. Selbstexplorative Arbeit wäre eine Voraussetzung, eigene Gefühlsanteile oder emotionale Reaktionen zu erkennen, um authentisch blei-

---

29 Rösing, I.: Ist die Burnoutforschung ausgebrannt? Analyse und Kritik der internationalen Burnout-Forschung. Heidelberg: Asanger 2003. Dazu auch: Rörig, S.; Reiners-Kröncke, W.: Burnout in der sozialen Arbeit. Augsburg: ZIEL 2003

ben zu können. Authentizität und der Umgang mit ihr erhält dann eine andere Bedeutung und Gewichtung im professionellen Kontext.

Erschwerend (obwohl erleichternd gemeint) kommt hinzu, dass Gefühle je nach beruflichem Kontext möglichst nach bestimmten sprachlichen Mustern artikuliert werden sollen (z. B. als quasi-standardisierte Sprachregeln: „Ich bin enttäuscht, weil …"; „Das machst mich traurig, weil …!").

Emotionen und Gefühle spielen beim Lernen eine entscheidende Rolle. Die Emotionsarbeit gehört daher als wichtiges Thema in das Lerncoaching.

Lernen in Institutionen

Lernen, und darum geht es hier, ist im Kontext von Organisationen als sozial-ökonomische Größe zu sehen, einzuordnen und zu beurteilen. Lernen ist nicht gleich Lernen, wie wir bereits mit den unterschiedlichen Definitionskategorien angedeutet haben. Lernen in dem hier besprochenen Zusammenhang fokussiert die singuläre, prozessuale, psycho-physische und lernpsychologische Ebene. Lernen im Kontext sozialer Organisationen (womit auch Schulen gemeint sind) fokussiert die kollektive, soziologische, bildungspolitische, ökonomische und gesellschaftliche Ebene. Beide Ebenen (Lernen als ‚personaler Prozess' und Lernen als ‚ökonomische Größe') sind getrennt zu sehen, wenngleich sie sich überlagern. So ist das ‚Lernen in Organisationen', so wie es Senge et al.[30] konzipiert haben, eine soziologische bzw. organisationssoziologische Sichtweise des Lernens. Organisationen (Firmen, Unternehmen, Behörden) haben immer ‚gelernt'. Das ist nicht neu. Jeder kleine oder mittelständische Betrieb ist darauf angewiesen, immer wieder hinzuzulernen bzw. ‚neu zu lernen'. Das sichert ihr Überleben. Neu – und daher vielleicht anders – ist der Umgang mit Wissen. ‚Lernen' steht hier im Zusammenhang von Wissen und Wissensmanagement.[31] Das Produkt ‚Wissen' im Globalisierungsprozess ist zur wichtigsten Kapitalressource geworden. Es wird gezielt gesucht, es wird pragmatisch ausgewertet, es wird systematisch geordnet, es wird methodisiert und es wird den zuständigen Adressaten (innerhalb einer Organisation) möglichst schnell zur Verwertung zugänglich gemacht. ‚Wissen' als isolierte, unorganisierte Teile in Raum und Zeit werden zu organisierten und komplexen Paketen geschnürt. Lernen heißt ‚Wissen' und steht hier in einem Wettbewerbskontext und wird somit zu einer ökonomischen Größe. Nachvollziehbar im Organi-

---

30 Senge, P.M.; Kleiner, A.; Roberts, Ch.; Ross, R.B.; Smith, B.S.: The Fifth Discipline Fieldbook. Strategies and Tools for Building a Learning Organisation. New York, London, Toronto, Sydney, Auckland: Richard B. Ross, and Bryan J. Smith 1994

31 Hameyer, U.: Kursbuch Wissensmanagement. AS-Schriftenreihe. Universität Kiel 2004; Schneider, U.: Wissensmanagement. Die Aktivierung des intellektuellen Kapitals. Frankfurt a.M.: Edition Blickpunkt Wirtschaft 1996

sationsmanagement ist daher die Unterscheidung zwischen individuellem und kollektivem Wissen. „Da Unternehmen koordinierte Handlungszusammenhänge darstellen, ist für sie kollektives Wissen ausschlaggebend. Einzelne ‚Genies' genügen nicht; sofern sie ihr Wissen nicht im Umfeld mitteilen und dort adäquate Handlungen aktivieren können."[32] Wissen, mithin Lernen, versteht sich weniger als Ergebnis vielmehr als Prozess und meint damit auch immer ein ‚Verändern'. Und weil die prozeduale Komponente eine so entscheidende Rolle im Wissensmanagement spielt, geht es um den Abbau von Kommunikationsbarrieren, geht es um Vermeidung von Interaktionsblockaden, geht es um Entzerrung und Verdichtung, geht es um Dokumentationen und letztlich um die Pflege dieses Prozesses. Wissensmanagement heißt letztlich die Vernetzung vorhandener Informationen und damit Implementierung in die Organisation. Läuft dieser Prozess optimal, dann ‚lernt die Organisation'. Dies gilt auch für die Institution Schule.

Die Frage stellt sich, ob dieses Verständnis von Lernen in den Zusammenhang von Lerncoaching zu bringen ist. An welcher Stelle beim Lerncoaching wird diese Frage relevant?

32 Schneider, U., a.a.O., 21

5. Menschenbild: Theoretische Splitter

Vorbemerkung

Das Institut für *Advanced Studies (AS)* führt seit Jahren unterschiedliche Trainings für verschiedene Adressatengruppen durch. Allen Trainingskonzeptionen liegt das Menschenbild der Humanistischen Psychologie bzw. Pädagogik zugrunde. Auch die Konzeption des Lerncoachings favorisiert dieses Menschenbild. Da es inzwischen von uns in mehreren Schriften dargelegt wurde[1], verweisen wir auf diese bzw. begnügen uns hier mit einigen ‚Theoretischen Splittern' (hier in enger Anlehnung an Pallasch & Petersen 2005).

Das Menschenbild als Persönlichkeitsmodell

Im allgemeinen Sprachgebrauch benutzen wir häufig die Vokabel *‚Persönlichkeit'* und haben dabei eine bestimmte Vorstellung von einem Menschen oder von Menschentypen. Wir machen uns ein Bild vom Menschen! Nach unserem internen und sehr subjektiven Kategorienmuster ordnen wir die Menschen bestimmten Gruppen oder Typologien zu und belegen sie mit bestimmten Eigenschaften oder Verhaltensweisen. Diese Ein- oder Zuordnung hilft uns, mit Menschen in bestimmten Situationen – vermeintlich – besser umgehen zu können. Diese sehr persönlichen Zu- und Einordnungen, die durchaus mit den Vorstellungen anderer Mitmenschen übereinstimmen können, sind aber nicht immer identisch mit den wissenschaftlichen Modellen vom Menschen. Auch der umgangssprachliche Gebrauch des Begriffes ‚Persönlichkeit' stimmt meistens mit den wissenschaftlich-psychologischen Erklärungsmodellen nicht überein.

1 Vgl. Hameyer, U.; Pallasch, W.; Wiechmann, J.: Pädagogische Organisationsberatung 1998, AS-Module: Interne Arbeitsmaterialien, Universität Kiel; Pallasch, W.: Supervision: Neue Formen beruflicher Praxisbegleitung in pädagogischen Arbeitsfeldern. Weinheim, München: Juventa 1997, 3. Aufl.; Pallasch, W.; Mutzeck, W.; Reimers, H.: Beratung – Training – Supervision. Eine Bestandsaufnahme über Konzepte zum Erwerb von Handlungskompetenz in pädagogischen Arbeitsfeldern. Weinheim, München: Juventa 1996; Pallasch, W.; Kölln, D.; Reimers, H.; Rottmann, C.: Das Kieler Supervisionsmodell KSM). Manual zur pädagogischen Supervision. Weinheim, München: Juventa 2001, Neuauflage; Pallasch, W.; Kölln, D.: Pädagogisches Gesprächstraining. Lern- und Trainingsprogramm zur Vermittlung therapeutischer Gesprächs- und Beratungskompetenz. Weinheim, München: Juventa 2002, 5. Aufl.; Pallasch, W.; Petersen, R.: Coaching. Ausbildungs- und Trainingsprogramm zum Coach in pädagogischen und sozialen Arbeitsfeldern. Weinheim, München: Juventa 2005

Meinberg (1988, 1) schreibt über die Unentbehrlichkeit der Menschenbilder: „Darin unvergleichlich mit anderen Kreaturen ist der Mensch in der Lage, Bilder zu konstruieren. Er macht sich aber nicht nur ein Bild von sich, sondern genauso von seinen Mitmenschen, von Gott und Göttern wie von der Welt überhaupt. Der Mensch ist ein Wesen, das beständig in und mit Bildern lebt. In solchen Bildentwürfen deutet er sich und legt sein Dasein aus, will er sich und die Menschen überhaupt verstehen. Eine Selbstinterpretation des Menschen ohne solche Bildentwürfe ist kaum vorstellbar. Um sich eine Gestalt geben zu können, braucht der Mensch gewisse Vorstellungen von sich, die er dann in mehr oder minder konturierte Bilder verdichtet.“

Hinter jeder Art professionellen Handelns im Umgang mit Menschen steht implizit ein Menschenbild. Der Handelnde lässt sich bei seiner praktischen Arbeit, ob im Bereich der Pädagogik, der Psychologie, der Medizin, der Politik, der Rechtsprechung, der Theologie oder in anderen Zusammenhängen, immer – bewusst, vorbewusst oder unbewusst – von seinem impliziten Menschenbild leiten. Aus den jüngsten neurobiologischen Forschungen wissen wir, dass nahezu alle Informationen (genauer: Bilder) über Menschen, die wir im Laufe der Zeit gespeichert und verankert haben, besonders stark mit Emotionen angereichert sind und im Limbischen System verortet werden (vgl. Bauer 2002, Spitzer 2002, Plassmann et. al. 2002). Die von vielen Menschen für sich in Anspruch genommene Rationalität im Umgang mit Menschen ist ‚eingebettet in eine affektiv-emotionale Grundstruktur – und das Limbische System entscheidet, in welchem Maße Verstand und Vernunft zum Einsatz kommen’. Und weil gerade das Limbische System im Gegensatz zum Telencephalon (Endhirn) weniger die objektiv-sachlichen (Einzel-)Ereignisse und Fakten als vielmehr den emotionalen Anteil codiert, kommt es mitunter zu merkwürdigen Zu- und Abneigungen, die rational nicht zu erklären sind (vgl. Roth 2003, 158 ff.). Das macht es so schwer, andere Sichtweisen über Menschen anzunehmen, und das macht es auch schwer, im Beratungskontext Veränderungen bei Menschen bewirken zu können (dazu auch: Storch & Krause 2003).

In unserem Sprachgebrauch findet der Begriff ‚Menschenbild’ zweierlei Verwendung:

(a) Zum einen bezeichnet er umgangssprachlich eine als Arbeits- bzw. Handlungsdefinition angelegte und verstandene Grundhaltung. Dabei handelt es sich um aus (Alltags-)Erfahrungen, Vorurteilen, Einstellungen und auch theoretischem (Fach-)Wissen herausgebildete individuelle Vorstellungen davon, wie Menschen sind und wie sie ‘funktionieren‘.
(b) Zum anderen findet dieser Begriff im wissenschaftlich-theoretischen Kontext seine spezifische Verwendung. Einerseits werden Menschenbilder als konstitutive Elemente von Persönlichkeitstheorien benannt (vgl. Oerter 1999, 24) und andererseits wird der Begriff des Menschenbildes synonym mit den wissenschaftlichen Begriffen der Persönlichkeit oder eines Persönlichkeitsmodells gebraucht.

Jedes Menschenbild kann also nur einen Versuch darstellen, den Menschen in seinem Wesen zu beschreiben, also ein 'Bild vom Menschen' zu entwerfen. Es handelt sich dabei immer um theoretische bzw. hypothetische Konstrukte. Die Grundannahmen eines Menschenbildes ergeben sich aus dessen jeweiligen Bezugskontext und dessen Bezugswissenschaft.

Der Begriff ‚Menschenbild' ist – im engen Sinne – kein wissenschaftlicher Terminus, auch wenn er in einem quasi-wissenschaftlichen Sinne verstanden werden will. Das jeweilige Verständnis des Menschenbildes ergibt sich aus den Verallgemeinerungen (Abstraktionen) wissenschaftlicher Persönlichkeitskonstrukte, die nach analytischen Kriterien versuchen, so genannte Persönlichkeitsmodelle zu erstellen. Die Persönlichkeitsmodelle versuchen die Persönlichkeit nach ihren die Entwicklung tragenden bzw. beeinflussenden Faktoren zu klassifizieren.

Der Begriff *Persönlichkeit* bedeutet – aus wissenschaftlicher Sicht – ein hypothetisches Konstrukt; der Begriff *Menschenbild* bedeutet – aus umgangssprachlicher Sicht – die Ausdeutung (die Übersetzung) des jeweiligen Konstrukts in verständlicher Sprache.

Es gibt eine Vielzahl unterschiedlichster Bilder vom Menschen, die in ihrer Mehrzahl allerdings weniger wissenschaftlich abstrakt formuliert sind. Hampden-Turner (1983) beschreibt beispielsweise in seinem Buch 'Modelle des Menschen' Menschen-Bilder.

Persönlichkeitsmodelle

Wir wollen hier, in idealtypischer Weise und in gebotener Kürze, die zur Zeit in der Psychologie gängigsten Persönlichkeitsmodelle darstellen. Sie entsprechen im Kern den Modellen Zimbardos (1992, 5 ff.), nämlich dem biospsychologischen, dem psychodynamischen, dem behavioristischen, dem kognitiven und dem humanistisches Modell.

1. *Das mechanistische Modell*
   Im mechanistischen Modell wird die Umwelt als unveränderliche Konstante angesehen. Sie ist die Ursache und die Verursacherin für das Verhalten (und die Entwicklung) einer Person. Der Organismus verändert bzw. entwickelt sich aufgrund der von der Umwelt ausgehenden Reize; der Organismus verändert (entwickelt) sich also durch seine Reaktionen auf die Umweltbedingungen.
   Das mechanistische Modell entspricht weitgehend der klassischen behavioristischen bzw. lerntheoretischen Position.

2. *Das organismische Modell*
   Auch im organismischen Modell wird die Umwelt als eine unveränderliche Konstante angesehen. Dagegen sieht man im menschlichen Organismus Stufen, Phasen oder Schritte in und zu einer Reife bzw. Entwick-

lung (Phasen-, Stufenlehre der Entwicklungspsychologie). Die Umwelt mit ihren Reizen kann diese Entwicklung fördern (anregen, beschleunigen) oder hemmen (unterdrücken, verzögern).
Das organismische Modell entspricht weitgehend der klassischen psychoanalytischen bzw. entwicklungspsychologischen Position.

3. *Das interaktive Modell*
   Das interaktive Modell sieht das Individuum als bewusst agierendes, aktives und produktives Subjekt, das in der Lage ist, im Aneignungs- und Auseinandersetzungsprozess mit der Umwelt das eigene Tun zu reflektieren und dieses antizipierend in Handlungen einzubauen. Die (positive) Entwicklung der Persönlichkeit ist abhängig von der Fähigkeit, sich den Erwerb bestimmter gesellschaftlich abhängiger, sozialer und kultureller Kompetenzen anzueignen, um über diese eine (personale, soziale, psychische, politische) Identität zu erreichen. Das Individuum und die soziale (gesellschaftliche) bzw. dingliche (natürliche) Umwelt befinden sich hierbei in einem wechselseitigen Abhängigkeitsprozess.
   Das interaktive Modell entspricht den gegenwärtig vorherrschenden handlungstheoretischen Positionen und steht der Auffassung der Humanistischen Psychologie am nächsten.

4. *Das systemische Modell*
   Das systemische Modell versteht sich als eine spezifische Variante des interaktiven Modells. Das systemische Modell geht davon aus, dass sich jedes Individuum in funktionierenden Systemen (Familie, Arbeitswelt, Umwelt usw.) befindet, mit denen es ständig – und zwar unauflöslich – interagiert. Zwischen dem Individuum, d. h. der Person, und dem System, d. h. der Umwelt, findet also eine ständige wechselseitige Anpassung bzw. Durchdringung statt. Dabei versucht das Individuum immer einen Gleichgewichtszustand anzustreben, wobei die optimale Befriedigung persönlicher Bedürfnisse und die Entfaltung optimaler Handlungen die inneren Triebfedern sind (die auch die Funktionen innerhalb eines Systems verändern können).
   Das systemische Modell entspricht weitgehend der ökologischen bzw. systemtheoretischen (faktorenvernetzten) Position.

5. *Das transpersonale Modell*
   Im transpersonalen Modell wird für das Mensch-Sein eine übergeordnete höhere Instanz oder Ordnung verantwortlich gemacht. Das Individuum kann seine Fähigkeiten und Fertigkeiten nur in dem Rahmen entfalten, der von einer höheren Instanz bzw. Ordnung vorgegeben wird; oder anders gesagt: Es unterliegt im irdischen Leben bestimmten überweltlichen Vorgaben (z. B. Karmatheorie).
   Dieses Modell entspricht der ‚Transpersonalen Psychologie' und vielen esoterischen und spirituellen Richtungen und Schulen.

Menschenbilder sind anthropologische Modellannahmen. Man kann sie, bezogen auf die praktische Bezugnahme, gegenwärtig grobschlächtig auf drei Modelle reduzieren:

- *Das mechanistische Menschenmodell.* Vereinfacht formuliert wird der Mensch wie eine komplexe Maschine verstanden; er ist determiniert angelegt und handelt reaktiv.
- *Das organismische Menschenmodell.* Vereinfacht formuliert wird der Mensch als biologisches System verstanden; er ist zu Selbstorganisation und Selbstproduktion fähig.
- *Das reflexive Menschenbild:* Vereinfacht formuliert wird dem Menschen rationales Handeln zugestanden; er ist selbstaktiv, intentional und reflexiv.

Alle Modelle besitzen nur einen heuristischen Wert und sind daher nur als die derzeitig denkbaren Konstrukte zu verstehen. Die jüngsten Ergebnisse der Neurowissenschaften zu diesem Themenkomplex bestätigen die Vorläufigkeit dieser Konstrukte. Die zentrale Forschungsfrage lautet nach wie vor, inwieweit der Mensch von ‚innen' (endogen; Gene) bzw. von ‚außen' (exogen; Umwelt) gesteuert wird (vgl. Roth 2001, 18 ff.). Immerhin liefern uns die angebotenen Konstrukte einen Zugang zu den Vorstellungen und Denkweisen *‚wie Menschen über Menschen denken'* und letztlich auch darüber, wie ich über mich selbst denke.

Das Menschenbild im Kontext des Lerncoachingkonzepts

Dem Lerncoaching, wie wir es verstehen, liegt das Menschenbild, wie bereits erwähnt, der Humanistischen Psychologie bzw. Humanistischen Pädagogik zugrunde (vgl. Völker 1980, 15 ff.; Quitmann 1996; Kriz 1994, 178 ff.; Hutterer 1998, 127 ff.; Pallasch et al. 2001, 29 ff.), es wird allerdings durch Grundannahmen der Systemtheorie und des Radikalen Konstruktivismus ergänzt.

Die Humanistische Psychologie wurde Anfang der sechziger Jahre des letzten Jahrhunderts in den USA begründet. Ihre Rezeption in Deutschland erfolgte Ende der sechziger Jahre. Es wäre eigentlich angemessener, von humanistisch orientierten Ansätzen in der Psychologie bzw. Pädagogik zu sprechen, da eine einheitliche Konzeption (bzw. Theorie) einer Humanistischen Psychologie (noch) nicht vorliegt. Es handelt sich dabei um weitestgehend unabhängig voneinander entstandene und in sich ausdifferenzierte Ansätze. Hutterer spricht mittlerweile verallgemeinernd von einem „Paradigma der Humanistischen Psychologie" (vgl. Hutterer, 1998). Die bedeutendsten Ansätze und deren Vertreter sind:

- die Gesprächspsychotherapie nach Carl R. Rogers,
- die Gestalttherapie nach Frederick [Fritz] Perls,
- das Psychodrama nach Iacov Levi [Jakob Levy] Moreno,

- die Bedürfnispyramide nach Abraham Maslow,
- die Logotherapie nach Viktor E. Frankl,
- die Themenzentrierte Interaktion (TZI) nach Ruth Cohn,
- die Transaktionsanalyse (TA) nach Eric Berne
- die Psychosynthese nach Roberto Assagioli.

Ein wichtiger Impuls für die Entwicklung der Humanistischen Psychologie war die Kritik gegenüber den seinerzeit vorherrschenden psychologischen Richtungen der Psychoanalyse und des Behaviorismus. Die Humanistische Psychologie wird daher auch als ‘Dritte Kraft’ gegenüber der Psychoanalyse und dem Behaviorismus bezeichnet.

Dem klassischen Behaviorismus entspricht weitgehend ein mechanistisches Persönlichkeitsmodell. Der Mensch wird als ein durch Reiz-Reaktionsmechanismen – also von außen – determiniertes Wesen betrachtet.

Der klassischen Psychoanalyse ist ein organismisches Persönlichkeitsmodell implizit. Der Mensch wird als ein durch innere Grundtriebe determiniertes Wesen verstanden.

Demgegenüber steht das interaktive Modell der Humanistischen Psychologie. In ihm wird der Mensch keineswegs als determiniert gesehen. Im Gegenteil, der Mensch gilt als ein im Prinzip freies Individuum, das sein Leben aktiv gestalten kann, selbstreflexiv ist und im ständigen Austausch mit seiner Umwelt steht.

Im Kontext unserer Lerncoachingkonzeption wird das Menschenbild der Humanistischen Psychologie durch die Grundannahmen der Systemtheorie und des Radikalen Konstruktivismus ergänzt.

Systemtheorie

Die Systemtheorie ist als eine interdisziplinäre Metatheorie zu verstehen. Es handelt sich dabei um eine spezifische Art wissenschaftlichen Betrachtens, Beschreibens, Erklärens und Verstehens, die innerhalb der letzten fünfundzwanzig bis dreißig Jahre in unterschiedlichen Wissenschaftsdisziplinen, so auch in der Erziehungswissenschaft und der Psychologie, Eingang gefunden hat. Entstanden ist sie aus Erkenntnissen verschiedener Wissenschaften, wie beispielsweise der Kybernetik, der Biologie und der Soziologie. Grundidee der Systemtheorie ist es, unterschiedlichste Forschungsgegenstände als Systeme zu betrachten, d. h. als eine Ganzheit, deren einzelne Elemente in einer spezifischen Weise miteinander in Verbindung stehen. Dabei kann es sich um Maschinen ebenso wie um jegliche Formen von Lebewesen oder um soziale Gebilde handeln. Als für unseren Kontext relevante Hauptvertreter sind u. a. Humberto R. Maturana, Francisco J. Varela, Niklas Luhmann und Gregory Bateson zu nennen.

(Radikaler) Konstruktivismus

Der Begriff des Radikalen Konstruktivismus geht auf Ernst von Glasersfeld zurück. Weitere prominente Hauptvertreter sind Heinz von Foerster und Paul Watzlawick. Die Kernfragen des Radikalen Konstruktivismus lauten: Was ist Erkenntnis? Wie erwerben wir Wissen über die Wirklichkeit? Die Grundannahme des Radikalen Konstruktivismus lautet: Es gibt keine Beobachtungen, die unabhängig vom Beobachter sind. Die Prozesse des menschlichen Beobachtens, Wahrnehmens und Erkennens werden hier nicht als reine Abbildungen der sie umgebenden objektiven Realität verstanden, sondern als eine dem Menschen nicht bewusste kognitive Operation der Konstruktion von Wirklichkeit. (Ob allerdings der ‚Radikale Konstruktivismus', wie er sich in den Sozialwissenschaften als Erkenntnistheorie fast dogmatisch festgesetzt hat, auf Dauer Bestand haben wird, muss angesichts der Diskussionen von Vertretern der Theoretischen Physik bezweifelt werden, vgl. Penrose 2002).

Was heute gemeinhin als systemisches Denken bezeichnet wird, ist ein Konglomerat aus Erkenntnissen, vor allem der Systemtheorie und des erkenntnistheoretischen Ansatzes des Radikalen Konstruktivismus.

Übertragung

Übertragen wir die Postulate und Erkenntnisse als zusammenfassende Aussagen auf die Konzeption unseres Lerncoachingkonzepts:

(1) Jeder Mensch lebt in seiner subjektiven Wirklichkeit. Er hat seine individuellen Werte, Überzeugungen, Einstellungen, Vorstellungen, Vorurteile, Erfahrungen, Bewertungen usw. Diese bilden sich bereits in den frühesten Jahren, werden also von klein auf erfahren und erworben. Maßgeblich beeinflusst wird das subjektive Weltbild durch die individuelle(n) Wahrnehmung(sfilter) des Menschen. Bei jedem Menschen wirken die gleichen Wahrnehmungsfilter, allerdings unterschiedlich differenziert und intensiv. Wahrnehmungsfilter können sein:
- angeborene und angelernte Voraussetzungen,
- aktuelle psychische und physische Befindlichkeiten,
- unterschiedliche Interessen- und Aktivitätsschwerpunkte,
- Alter, Entwicklungsstand, Erfahrungen und Erwartungen,
- Werte, Normen, Regeln.

(2) Jeder Mensch lebt in einem inneren Spannungsverhältnis zwischen Autonomie und sozialer Interdependenz. Einerseits strebt der Mensch nach Individualität, Abgrenzung und Unabhängigkeit, andererseits sucht er die Gemeinschaftlichkeit, den Kontakt und das soziale Eingebundensein. Es ist ihm nicht gemäß, sich nur für eine Seite zu entscheiden.

(3) Der Mensch hat einen so genannten ‚Konstruktiven Kern', d. h. jeder Mensch ist im Zustand einer 'Normalpathologie' in der Lage, seine Le-

benssituation aktiv zu gestalten. Er weiß was er braucht, was er will und was gut für ihn ist. Der konstruktive Kern ist durch drei Aspekte gekennzeichnet:

- Der Mensch hat das Bedürfnis nach Wachstum und Selbstverwirklichung bzw. -erhaltung.
- Der Mensch kann frei wählen und trägt für seine Wahl die Verantwortung. In der freien Wahl werden Freiheit und persönliches Wachstum realisiert.
- Der Mensch strebt nach Ziel- und Sinnorientierung. Alles menschliche Handeln, bewusst oder unbewusst, ist ziel- und sinnorientiert. Geht der Lebenssinn verloren, d. h. sieht der Mensch für sich kein Ziel, keine Perspektive, wird dies häufig als eine schwere Lebenskrise erlebt.

Diese drei Aspekte werden ergänzt durch die Annahme, dass der Mensch so genannte basale Grundbedürfnisse, wie bereits weiter oben ausgeführt wurde, entwickelt, die als motivationale Schemata das psychische Funktionieren bestimmen.

(4) Der Mensch ist als eine Körper-Geist-Seele-Einheit zu betrachten. Kognition, Emotion und (Psycho-)Motorik hängen sehr eng miteinander zusammen (Wechselwirkung von Psychosomatik und Somatopsychik als psychophysischer Holismus). Alle drei Größen beeinflussen einander.

(5) Jeder Mensch befindet sich in – aus systemtheoretischer Sicht – funktionierenden Systemen (Familie, Freundeskreis, Kollegium usf.), mit denen er ständig – und zwar unauflöslich – interagiert. So wirkt der Einzelne durchgehend auf die Gruppe und umgekehrt, die Gruppe auf den Einzelnen.

(6) Menschen sind nicht als autarke, jedoch als autonome Systeme zu verstehen. Sie befinden sich zwar in ständiger Interaktion mit ihrer Umwelt, jedoch der Grad ihrer Beeinflussung von außen wird von ihnen selbst bestimmt. Daraus folgt, dass ein steuernder Zugriff von außen, im Sinne einer planbaren, kausalen Ursache-Wirkung-Reaktion, z. B. in Form einer Intervention in einem Beratungssetting, nicht möglich ist. Eine Intervention, beispielsweise im Coaching, kann demnach nur als ein Impuls verstanden werden. In diesem Zusammenhang ist das Bild eines Mobile hilfreich: Wird ein Element eines Mobile (durch einen Impuls) in Bewegung versetzt, gerät es insgesamt in Bewegung. Es ist in der Regel nicht prognostizierbar, in welche Richtung(en) es sich bewegt bzw. wie dessen End-Stellung (-zustand) aussehen wird. Im Prinzip ähnlich lässt sich eine Intervention im Lerncoaching als ein Impuls verstehen. Allerdings lassen sich hier, basierend auf Erkenntnissen und Erfahrungen aus den Sozialwissenschaften, (mit großer Wahrscheinlichkeit zutreffende) mögliche Folgen einer bestimmten Intervention antizipieren.

(7) Jeder Mensch konstruiert sich seine, für ihn als wahr geltende, subjektive Wirklichkeit.

6. Zielfokus: Motiviertes Lernen[1]

Die theoretischen Grundlagen der Kieler Konzeption zum Lerncoaching haben wir in diesem Band unter Blickpunkten wie Menschenbild, Neurophysiologie, Vermittlungs- und Aneignungsprozess dargelegt. In diesem Kapitel geht es um einen gerichteten Blick auf den Zielfokus von Lerncoaching: gemeint ist *motiviertes Lernen*. Wer beim eigenen Lernen beraten oder begleitet wird, leidet nicht notwendigerweise an Motivationsmangel, sondern hat – ganz im Gegenteil – den Eindruck gewonnen, dass er sein Lernen optimieren will und kann: Er will in irgendeiner Hinsicht weiterkommen und damit natürlich weiterlernen.

Wichtig für Lerncoaching sind konkrete Beratungsanlässe, die sowohl von Lernenden als auch Lehrenden definiert werden (können). Das kann eine situationsspezifische kleinere Lernschwierigkeit sein, eine über mehrere Tage sich zuspitzende Blockade, ein Problem oder Arbeitsziel, dessen Einlösung möglicherweise Beratung notwendig macht. Bei *proaktiven* Beratungen geht es darum, absehbaren Beratungsaufwand vorwegzunehmen, Lernberatungsschritte vorzuhalten und ein Beratungssystem einzurichten, dass grundsätzlich in Anspruch genommen werden kann, unabhängig davon, ob gerade ein Lernproblem auftritt oder ob es um das Beraten bei komplexen Aufgabenlösungen geht.

Lerncoaching wird selten nachgefragt, um bereits erfolgreiches Lernen weiter zu verbessern. Stattdessen sieht sich der Lerncoach oft mit einer ausgeprägten Lernstörung konfrontiert, deren innere Dynamik zu Beginn vollkommen im Unklaren liegt. Vielleicht kommt der Lernende nicht weiter, weil er sich in einer persönlichen Krise befindet und sich seit einer Weile nichts mehr zutraut, schon gar nicht das Lösen fachlicher Aufgabenstellungen. Er weiß nicht, wo ihm der Kopf steht. Ein Wunsch oder die Notwendigkeit nach einem ‚Weiterkommen' liegt gleichwohl auf der Hand, auch wenn ihn Verzweiflungsgefühle lähmen. Am liebsten würde er alle Schulbücher vernichten. So kann es sein, dass sich Lerncoaching mit einer verfestigten Emotionsschicht auseinandersetzen muss. Das kognitive Überwinden eines komplexeren Lernproblems liegt dann in weiter Ferne. „Erst muss ich aus der Krise raus. Die hält doch kein Mensch aus."

1 Dieses Kapitel wurde in Zusammenarbeit mit Grit Möller verfasst.

Wie dem auch sei, der Lernende kann das Fachproblem offensichtlich nicht allein bearbeiten und lösen. Ob nun die Krise verantwortlich ist oder nicht – wir wissen es nicht. Spekulationen über Ursachen wären nicht nur abwegig, sondern könnten in falsche Richtungen weisen. Es kann sich zum Beispiel auch um ‚kognitive Bremsen' im Lerngeschehen handeln, um Schwierigkeiten beim Entwickeln eigener Lösungsstrategien oder um fehlende Voraussetzungen im Vorwissen. Vielleicht handelt es sich sogar um einen grundlegenden motivatorischen Lerneinbruch aufgrund vermehrt schlechter Noten in mehreren Fächern, oder es besteht ein Mangel an Selbstmanagement bei all den Aufgaben, die noch anstehen und bewältigt werden müssen.

Diesen Erklärungsrichtungen ist gemeinsam, dass wir Beweggründe des Weiterkommens auch dann unterstellen können, wenn anderes auf der Seele lastet, und dass wir das Vorhandensein von Beweggründen insbesondere auch dann unterstellen können, wenn die Motivation für konkrete Lernvorgänge scheinbar zusammengebrochen ist. Gesucht ist der Wendepunkt in einer *lernspezifischen* Sackgasse. Zielfokus ist das *Weiterlernen* oder – allgemein für die Kieler Lerncoachingkonzeption ausgedrückt – das *bedeutungsvolle, motivierte Lernen mit dem Ziel, das Selbstmanagement des Lernenden und seine Problemlösefähigkeit durch Lerncoaching zu erweitern, und zwar aufgrund eines Beratungsanlasses sowie unter Beachtung neurobiologischen Wissens*. Als formale Ausdrucksklammer dafür verwenden wir das Bild der Passung von Lerner und Lerngegenstand (vgl. Kap. 1 und 7).

Dieser Zielfokus macht zugleich auf Grenzen des Lerncoachingansatzes aufmerksam: Lerncoaching hat mit Therapie oder Lebensberatung nichts zu tun, auch nicht mit psychotherapeutischer Intervention. Lerncoaching kann und muss erkennen, wo es *nicht* weiterkommt, so etwa, wenn sich herausstellen sollte, dass die im Beispiel angenommene persönliche Krisensituation, die zunächst nur ein statuiertes Hilfskonstrukt ist, die Lernblockade tatsächlich zu verursachen scheint, indem sie alle Adern für rationales Denken abklemmt. Dann muss der Lerncoach wissen, was er in dieser Situation *nicht* leisten kann und was anstatt dessen zu tun ist (vgl. Kap. 1: Vergleichende Übersicht: Spezifische Beratungsformen).

Den Zielfokus motivierten Lernens erörtern wir unter vier Blickpunkten (s. Abb. 6.1, S. 87):
1. Ziel: *Lernen können,*
2. Motivation: *Lernen wollen,*
3. Selbstregulation: *Lernen steuern,*
4. Beratung: *Lernen begleiten.*

Die Spirale in der Abbildung symbolisiert ein wiederholtes Auftreten der vier Elemente auf einer jeweils höheren Qualitäts- oder Erkenntnisebene. Im Fokus, so sagten wir, steht das *motivierte Lernen*. Dieses Ziel weist darauf hin, dass beratende Intervention, speziell Lerncoaching, darauf ausgerichtet ist, die Beweggründe (Motivation) und Fähigkeiten (Können) der zu beratenden Person so zu verstärken, dass sie eigenständig und systematisch (Selbstregulation) in ihrem Lernen und Problemlösen weiterkommt und darin einen sachlich-persönlichen Sinn erkennt (bedeutungsvolles Lernen).

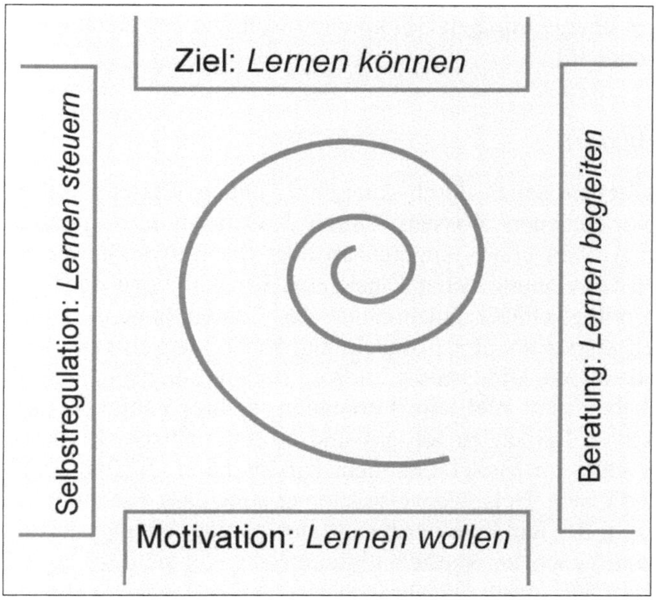

Abb. 6.1: Zielfokus Lerncoaching

Entscheidend für die Blickpunkte ist ihr systemischer Charakter insgesamt, gekennzeichnet durch ihr Wechselspiel und ihr teils abhängiges Verhältnis untereinander. In Stichworten lässt sich das Blickpunktschema wie folgt kennzeichnen: Lernen in der Schule und anderen institutionellen Welten hat fast immer ein übergreifendes Ziel, nämlich dass der Lernende lernt, *wie* er lernen kann und dass dafür auch individuelle Voraussetzungen geschaffen werden müssen (Blickpunkt 1). Sodann soll er lernkompetent(er) werden und sein Lernen zunehmend selbst steuern können (Blickpunkt 3 im Sinne von *procedural knowledge).* Es geht also nicht nur um Aneignung von Wissen im Sinne des Curriculums und die Kenntnis über eine Anzahl von Lerntechniken (*declarative knowledge*), sondern auch um die Fähigkeit des Lernenden, für sich selbst systematisch gute, gelingenswahrscheinliche Bedingungen des Lernens schaffen zu können. Die Institution kann hierbei Unterstützung gewähren, zum Beispiel durch differenzierte, begleitende Lernarrangements. Das allein reicht jedoch nicht notwendigerweise aus, um ‚im Lernen voranzukommen'. Lernakte haben einen Anlass oder Beweggrund. Es geht um Motivation. Wozu will der Lernende eigentlich lernen und was will er erreichen oder vermeiden (Blickpunkt 2)? Wenn ein Mensch lernen will, ist er eher bereit, sich mit Selbststeuerungsfähigkeiten zu befassen.

Wenn der Lernende sein Lernen kompetent zu steuern vermag, kann er noch besser lernen. Wenn der Lernende wahrnimmt, dass er gut lernen kann, vermögen allein diese Erfolgserlebnisse seine Motivation zu stärken usw.: Lerncoaching agiert innerhalb dieser vielfältigen Verschränkungen und nimmt diese drei übergeordneten Blickpunkte während des Beratungsprozesses immer wieder auf.

Ziel: *Lernen können*

Jeder Mensch kann lernen, sei es durch Aneignung neuen Wissens, durch Umstrukturierung vorhandenen Wissens, durch Konstruktion originären Wissens, durch den Aufbau von Kompetenzen oder die Entwicklung von Dispositionen, durch Gewinnung neuer Einsichten, Einstellungen oder Interessen. Die anthropologische Grundannahme des Lernenkönnens impliziert die Möglichkeit dispositionaler Entwicklung. Jeder Mensch kann lernen, auch wenn noch so viele Hindernisse im Weg stehen. Lernarrangement und Lerncoaching haben zum Ziel, alle Lernenden in ihrer Fähigkeit und Disposition zum aktiven Lernen zu fördern und zu unterstützen. Eine erfolgreiche Beratung kann im fortschreitenden, aufstufenden Qualitätskreis einer Spirale notwendig sein. Beispielsweise kann es sein, dass zu Schuljahresbeginn die Mehrzahl der Kinder einer Klasse noch keine Anfangssicherheit hatten, Transferaufgaben im Mathematikunterricht von sich aus so zu zerlegen und zu verstehen, dass zielführende eigene Lösungsalgorithmen entstehen. Dass sie lernen können, wussten alle aus der bisherigen Schulzeit, wenn auch mit unterschiedlicher Begeisterung und variierenden Erfolgsaussichten. Erst im Laufe der kommenden Wochen fanden einige – unter Einsatz von Lerncoaching – einen Weg zu eigenen Lösungen. Die anfangs aufgetretenen Lernprobleme waren nicht das Problem, sondern der Weg zur Einsicht, dass man selbst auf gute Lösungen kommen kann, ohne immer den Lehrer oder andere konsultieren zu müssen.

Die grundsätzliche menschliche Fähigkeit des Lernenkönnens ist also nicht in Frage zu stellen, sondern die Herausforderung beginnt dann, wenn ein Lerner kompetent sein will, etwas Bestimmtes lernen zu können sowie darüber hinausgehend diesen Lernprozess eigenständig vollziehen und gestalten zu können. Also sind entsprechende erlernbare Lernkompetenzen gefragt.

Bestimmte Lerngegenstände lernen können

Wissen kann aus sehr unterschiedlichen Methodologien hervorgegangen sein: empirisch, theoretisch, hermeneutisch, ethisch, mathematisch, logisch, komparativ, narrativ und so weiter. Wissen als Gegenstandsfeld des Lernens ist natürlich nicht der gesamte Kanon des universitär verfassten und kontrollierten Wissens, sondern immer nur ein rekonstruierter oder dekonstruierter Teil davon. Und nicht alles Wissen, das für schulisches Lernen re-

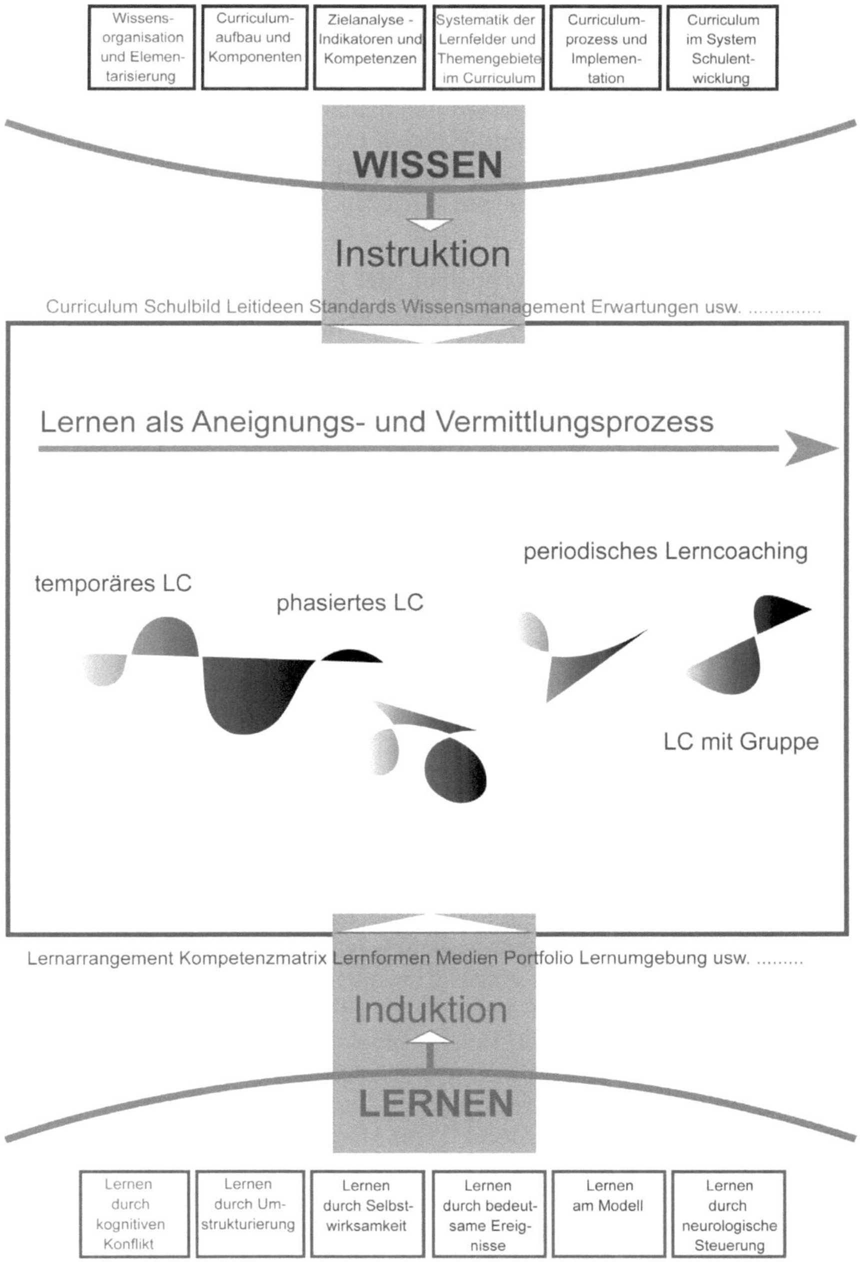

Abb. 6.2: Wissen – Lernen

levant ist, kommt aus dem geordneten Wissenschaftskanon der Universitäten, sondern aus anderen Feldern, so etwa sind Wissensdomänen wie Technik, Medien, Künste oder Handwerk nicht primär universitär verfasste Disziplinen. Lernende kommen mit Wissensdomänen direkt nur selten in Kontakt, sondern sind auf *Vermittlung* angewiesen, die sich – bewusst oder unbewusst – pädagogische oder andere Argumente zu eigen macht, um relevantes Wissen in lehrbaren, sinnstiftenden Ordnungssystemen abzubilden: Wissensordnungen. Die Abbildung 6.2 (S. 89) veranschaulicht die im Folgenden beschriebenen Beziehungen zwischen Wissen, Instruktion, Induktion, Lernen und Lerncoaching.

Das Wissen kann – je nach Curriculum oder Lehrbuchansatz – hochgradig oder niedrigschwellig verfasst sein (s. dazu die Codetheorie von Bernstein). In einem Curriculum kann ein Ordnungssystem darin bestehen, dass Elementarisierungen vorgenommen werden, um das Uferlose des Wissens zu vermeiden und *fundamental ideas* zu finden, die in einer Lernspirale wiederholt bearbeitet, verdichtet, vertieft und konkretisiert werden. Als Beispiele für fundamentale Ideen, die einen Ausschnitt aus dem wissenschaftlich kodifizierten Domänenwissen nach *pädagogischen Gesichtspunkten* neu zu bestimmen versuchen, sollen folgende genannt werden: die *Teil-Ganzes-Relation* und die *Energieumwandlung* im naturwissenschaftlichen Curriculum, *fächerübergreifende Existenzialthemen* wie Zeit, Freude, Empathie, Migration oder Gewohnheit, dann die sieben *Grunddaseinsfunktionen*, die ein anthropologisches Referenzsystem für die Neuordnung des Geografieunterrichts abgeben sollten, sich aber nicht durchsetzen konnten (Arbeiten, Wohnen, Versorgen, Verkehren usw.). Zu denken ist auch an fundamentale Kategorien wie *Tausch* und *Macht* im Politikunterricht.

Der Lernende hat bei allem natürlich selbst eine persönliche Ordnung *seines* Wissens über das offiziell oder didaktisch-individuell vermittelte. Seine subjektive Wissenswelt *setzt sich mit der externen oder eben pädagogisch vermittelten auseinander.* Instruktion als eine didaktisch ordnende Lehr- und Unterrichtsweise bedeutet in all diesen Fällen *nicht*, dass den Schülerinnen und Schülern notwendigerweise etwas aufgedrängt oder ‚verordnet' wird. Zumindest hat das mit einem Elementarverständnis von Instruktion nichts zu tun. Instruktion ist vielmehr eine pädagogisch zu begründende und auszulegende ‚Kunst', den Prozess eines ordnenden oder an Wissensordnungskategorien ausgerichteten Verstehens anzuleiten beziehungsweise jemanden über etwas zu unterrichten. Das Wort Instruktion hat – entgegen manchem wohlgefälligen Verdacht – mit Hierarchie nicht automatisch etwas zu tun. Jeder Vermittlungsprozess, jeder Lehrende also, muss sich Gedanken darüber machen, welche pädagogischen Wissensordnungssysteme für den Aufbau subjektiv relevanter Wissenssysteme der Lernenden geeignet sind und welchen Part dabei eher *instruktive* Prozesse und welchen Part eher *eigengesteuerte* Prozesse übernehmen. Lerncoaching ist für alle Stationen auf dieser Skala relevant, muss sich jedoch in ihren Methoden auf den jeweils praktizierten Instruktions- oder Eigensteuerungsmodus einstellen.

Lernen beruht auf einem ineinandergreifenden Vermittlungs- und Aneignungsprozess. Der Vermittlungsprozess ist gleichsam Medium zwischen dem Wissen als Lerngegenstand und dem Lernenden; der Aneignungsprozess umfasst alle Operationen des *Lernenden*, um sich mit dem ‚angebotenen' oder selbst ‚herausgefundenen' Wissen eingehender zu befassen und es in sein Wissenssystem aufzunehmen. Teilweise strukturiert er das vorhandene System seines Wissens und Denkens so um, dass es mit den neuen Erkenntnissen besser übereinstimmt.

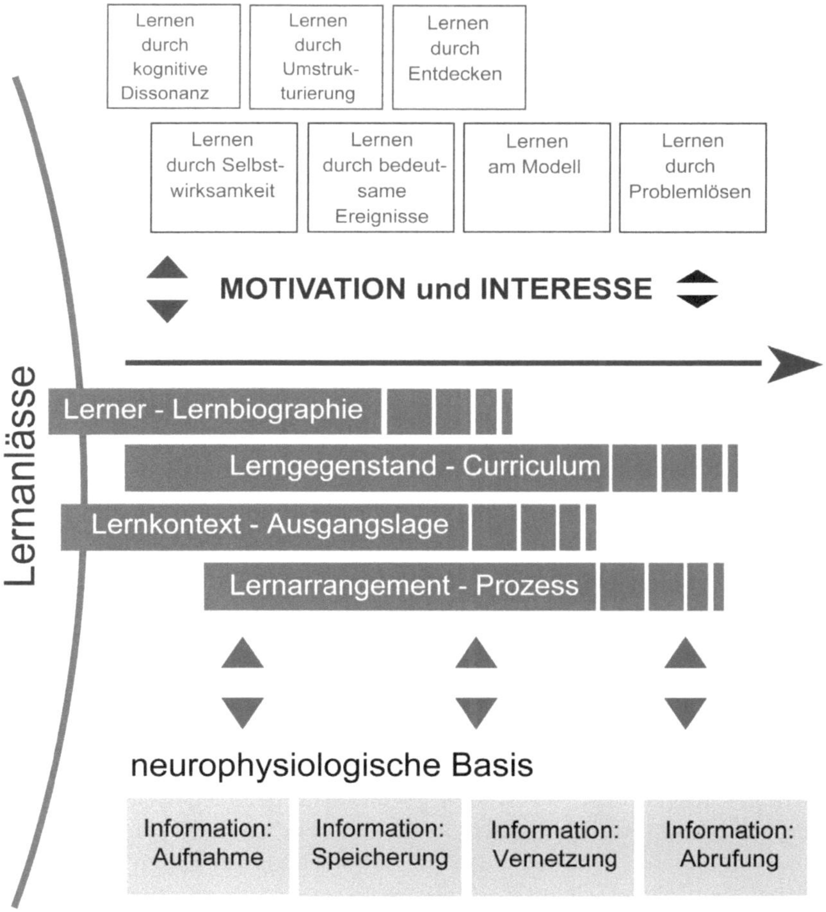

Abb. 6.3: Grundmodell des Lernens

Vermittlungsprozesse, für sich genommen, und auch die Logik des Wissens in den Lerngegenstandsfeldern entscheiden nicht darüber, was wirklich gelernt wird und was nicht (s. Hameyer 2007, Transforming domain knowledge). In Kapitel 3 haben wir dargelegt, dass es immer der Lernende ist, der entsprechend seiner neurobiologischen Disposition sowie unter Einfluss der betreffenden Lernumstände oder -arrangements ‚entscheidet', ob und was er lernt. Dass das oft kein bewusster Akt ist, hat die Gehirnforschung belegt. Lerncoaching muss sich daher auf die *Aneignungslogik* jedes einzelnen Lerners einlassen, zum Beispiel durch Lerninterview, Selbstexploration, individualisierte Lernarrangements, Lernberatungsgespräche und dergleichen.

Im Rahmen einer spezifizierten Grundkonzeption des Lernens (Abb. 6.3) lässt sich veranschaulichen, welche Lernanlässe und -formen dem Aneignungsprozess vorausgehen. Kognitive Dissonanz zum Beispiel kann Lernen verursachen, wenn der Lerngegenstand unvertraut *und* spannend zugleich ist. Der Lernende sollte den Eindruck gewinnen können, dass er mit dem Lerngegenstand zurecht kommt, ihn bewältigen kann und wird. Eine zu kleine Dissonanz ermöglicht das Entstehen von Langeweile, eine zu große kognitive Dissonanz schwächt die Zuversicht des Lernenden, ausreichend Verständnis für eine Passung mit dem Lerngegenstand erlangen zu können.

Und dennoch müssen wir zugleich bedenken, dass Menschen unterschiedlich lernen, auch wenn wir Bedingungsparameter festhalten können, die in institutionellen Umwelten vergleichbar wichtig sind: Lernkontext, Lernbiografie, Lerngegenstand und Lernarrangement. Die Abbildung 6.3 (S. 91) fasst dieses Grundverständnis von Lernen in einem Schaubild zusammen, wobei noch nichts darüber ausgesagt ist, wann Lernen tatsächlich stattfindet, woran Lernen zu erkennen ist und unter welchen konkreten Bedingungen es eher wahrscheinlich oder eben eher unwahrscheinlich ist, dass ein individuell geprägter Mensch etwas Bestimmtes lernt.

Lernwahrscheinlichkeit. Wissenszuwachs geht auch in der wissenschaftlichen Forschung nicht notwendigerweise mit einem Gefühl der Befriedigung einher, sondern kann eine neue Unsicherheit und eine Ahnung von der Fragwürdigkeit tradierter Auffassungen erzeugen. Je mehr die Forschung über Lernen und Instruktion herausfindet, desto vorsichtiger müssen wir offensichtlich in der Bewertung der Frage sein, unter welchen Umständen Lernen *relativ wahrscheinlich* ist. Wohl ist nach gegenwärtigem Forschungsstand Einiges über förderliche Bedingungen für Lernen bekannt. Vorsichtiger ausgedrückt: wir wissen gegenwärtig genauer, welche Bedingungen für institutionelles Lernen förderlich sein können, sofern sie im Verbund mit anderen Faktoren auftreten (s. Forschung zur Unterrichtsqualität, zusammenfassend Helmke 2003). Wir versuchen in unserer Kieler Konzeption, die betreffende Forschung zu Rate zu ziehen und ein Instrumentarium zu erarbeiten, das die Komplementarität der Vermittlungs- und Aneignungsprozesse im Lerngeschehen transparent macht, Anschlussfähigkeit herstellt und theoretisch untermauert ist.

Induktives Denken

Lernen können (Blickpunkt 1) – das ist ein Komplex, der durch Forschung nur teilweise geklärt ist. Und doch wissen wir längst eines recht gut aus Bildungstheorien vergangener pädagogischer Epochen und auch aus reformpädagogischem Denken, was auch die gehirnphysiologische Forschung ihrerseits nahelegt und woran sich gleichfalls das Menschenbild unseres Lerncoachingkonzeptes orientiert: In den Menschen können wir nicht hineinsehen und auch nicht an imaginären Stellschrauben seines Denkens und Lernens direkt herumdrehen. Sein Lernen können wir gegebenenfalls über Konstrukte zu beschreiben versuchen: Zum Beispiel über die Dissonanztheorie (Festinger 1978; Berlyne 1974), über die sokratische Methode mäeutischer Gesprächsführung zum Verstehen erstaunlicher Phänomene (Wagenschein 1992), über das Konstrukt der Selbstwirksamkeit (Bandura, Deci) oder über die Theorie der Verhaltensmodifikation.

Was immer wir als plausibel und empirisch gestützt herausfinden, es wird uns nicht gestatten, das Lernen *direkt* zu steuern. Wir können den Lernenden drängen, sich mit neuem Wissen zu befassen, aber ob er dabei etwas lernt, das eben wissen wir nicht. Im Bereich der *Peripherie* (Montessori) des Lernenden, in seinem Lernumfeld, können wir allerdings eine ganze Reihe von Bedingungen des Lernens herstellen und verbessern, um die Lerner zu veranlassen, sich mit dem Lerngegenstand produktiv auseinanderzusetzen, um auf interessantes Wissen neugierig zu werden, um sich in erstaunliche Phänomene zu verhaken und diese vorgabenfrei zu verstehen (s. Hameyer & Rößer 2007). Durch situationsangemessene Lernarrangements können wir Lernen erleichtern. Wir können interessante Differenzierungsumwelten bauen, und doch wissen wir nicht genau, was diese in puncto Lernen letztlich auslösen und was nicht.

Lernen findet also nicht dadurch statt, dass Wissen zum Konsum ausgelegt wird und man vom Lernenden erwartet, dass er das neue Wissen gleichsam aus den Regalen der Unterrichtsangebote herausnimmt und es ‚vereinnahmt' wie Medizin. Lernen in schulischen Institutionen entsteht bei einem Induktionsansatz durch eigene *und* fremde Impulse, durch optionale Lernarrangements, differenzielle Lernhilfen und Medien. Aus einer Lerncoachingsituation kann sich herausstellen, dass die Lernarrangements individuell besser anzupassen sind, damit der Lerner weiterkommt.

Damit ist eine Prämisse unseres Denkansatzes umrissen: Das *induktive* Denken und Vorgehen, demzufolge wir beim Lerner auch im Rahmen des Lerncoachings – als eigener spezifischer Lernprozess verstanden – nur durch *indirekte* Beratungsimpulse und -interventionen etwas vielleicht ‚Bewegendes' auslösen können, was dem eingangs vorgestellten Zielfokus entspricht, nämlich *motiviertes, bedeutungsvolles Lernen zu ermöglichen mit dem Ziel, das Selbstmanagement und die Problemlösefähigkeit des Lernen-*

den zu erweitern, und zwar aufgrund eines Beratungsanlasses sowie unter Beachtung neurobiologischen Wissens.

Die Notwendigkeit induktiven Denkens ist kein Ausdruck falscher Bescheidenheit, sondern beruht auf einer realistischen Einsicht in die Grenzen der Steuerbarkeit von Menschen und Systemen. Lerncoaching kann Menschen weder verbessern noch kann es sie mit Wissen volltanken. Die Kieler Konzeption ist keine Ratgebungsstrategie. Uns geht es vielmehr um einen fundierten Beratungsprozess mit Methoden, die erprobt und geeignet sind, die Wahrscheinlichkeit bedeutungsvollen, motivierten Lernens durch Verstärkung der Eigensteuerung zu erhöhen. Grundlagen des AS-Methodenrepertoires entstanden im Kontext Pädagogischer Supervision, durch Gesprächstrainingslaboratorien und die Entwicklung systemischer Analysemethoden. Diese werden fortlaufend ergänzt, erweitert und verfeinert (Beispiele: Lerninterview, Selbstexploration, Umfeldanalyse, Gesprächsführung, Zielanalyse, fokussiertes Interview).

Selbsttätig lernen können

Für die Kieler Lerncoachingkonzeption folgt daraus das Ziel, dass Lernende sich in ihrem Lernen als aktiv erleben können sollen, direkt aus dem in Kapitel 5 dargestellten Menschenbild. Aus der pädagogischen Perspektive lässt sich die Forderung nach aktivem Lernen und Lernenkönnen noch eingehender begründen:

Benner (2001) sieht in der Selbsttätigkeit beim Lernen ein grundlegendes Kriterium pädagogischen Handelns, welches dafür Sorge zu tragen hat, dass die Heranwachsenden ihre Bestimmung und Bildsamkeit durch eigene Mitwirkung an der pädagogischen Interaktion finden. Die selbsttätige Mitwirkung am Bildungsprozess ist, bildungsanthropologisch betrachtet, das Fundament von Erziehungs- und Bildungsprozessen. Dies setzt voraus, dass wir von der Bildsamkeit aller Menschen ausgehen. Allein der Mensch sei bildsam, so Benner, „und nur er kann zur Selbsttätigkeit auffordern und aufgefordert werden“ (Benner 2001, 80).

Das wiederum impliziert die freie Wirksamkeit des Menschen als Vernunftwesen. Der Mensch soll lernen, sich ein eigenes Bild von der Welt zu machen und unabhängig zwischen Alternativen wählen zu können. Unabhängigkeit ist der Grundstein von Freiheit und Demokratie. Damit haben wir eine Begründungsfigur zur Hand, die die Selbsttätigkeit und das eigenverantwortliche Handeln im Lernprozess ins Zentrum pädagogischer Praxis rückt, damit zugleich in das Zentrum von Lerncoaching, weil Lerncoaching wie alle anderen Coachingformen eine *dienende, klärende Funktion* hat und nicht eine direkt ratgebende oder vorschreibende (vgl. Kap. 2: Theoretische Position: Coaching).

Was nun in bildungstheoretischen Formulierungen auf den ersten Blick abstrakt wirkt, hat eine konkrete, nahezu aufregende Bewandtnis. Es wird nämlich gesagt, dass das Aufwachsen des Menschen grundsätzlich auf pädagogische Praxis angewiesen ist *und diese auf Selbsttätigkeit*. Durch Selbsttätigkeit entsteht *bildendes* Tun, wie es Karl Frey (2002) in seiner Projektmethode auf einem allgemeinen curriculumtheoretischen Hintergrund formuliert hat. Selbsttätigkeit ist keine Methode, für die man sich entscheidet oder die man abwählen kann. Sie ist nach diesen Bildungsauffassungen ein konstitutiver Bestandteil von Bildung und Lernen. Von dieser Prämisse geht auch unsere Konzeption für Lerncoaching aus.

Eigenständig lernen können: Lernkompetent werden

Bei allem ist eine Idee, für sich genommen, nie allein entscheidend für das Zustandekommen von Lernen so wie auch Fotografien, Erfindungen oder technische Gegenstände nicht allein aus einer Idee hervorgehen. Sie sind Ergebnis eines oftmals verschachtelten Prozesses des Gestaltens und Überdenkens, des Bewertens und Weiterentwickelns, bis die Sache Form annimmt. Nicht anders ist es beim institutionellen Lernen oder – umständlicher gesagt – beim Wechselspiel von Ziel und Lernarrangement, von Lernprozess und Resultat. Die Qualität des Weges zum Ziel nimmt Einfluss auf das Ergebnis. Wie im Jazz, wenn über einem Thema improvisiert wird und der Dialog von Bass, Saxofon und Percussion aus dem Thema ‚erst richtig etwas macht'. Damit sind wir beim Thema dieses Sonderabschnitts: *lern*kompetent werden.

Die Verschachtelung von Lernprozessen bedingt auch die bereits im dritten Kapitel aufgezeigte Schwierigkeit, die im Hinblick auf Lernen verwendeten Begrifflichkeiten sinnvoll, präzise und allgemeingültig voneinander abgrenzen zu können. Zur Illustration der Problematik mögen die in diesem Kapitel verwendeten Ausdrücke dienen: Lernkompetenz, Selbsttätigkeit, eigenständiges Lernen, eigenverantwortliches Lernen und Selbstregulation. Diese Formulierungen lassen sich prinzipiell auf die kleinsten unbewussten autopoietischen Umstrukturierungsprozesse im Gehirn anwenden bis hin zur Nutzung in Bezug auf die gesamte Biografie eines Menschen und noch weitergehend in Bezug auf ganze Institutionen. Es besteht quasi ein definitorisches Kontinuum und die jeweilige Bedeutung wird in der Regel näherungsweise aus dem Kontext erschlossen. Letzterer kann nach folgenden Kriterien untersucht werden:

- beobachtete analytische Einheit
- Anteil und Art der bewussten Prozesse
- Anteil des willentlichen Einflusses
- Umfang und interne Vernetzung von zu lernenden Informationen
- Ausmaß der Anschlussfähigkeit an bestehende Informationen
- Ergebnissicherheit des Lernprozesses (Lernwahrscheinlichkeit)
- Zeitumfang des Lernprozesses

Wenn wir *Lernkompetenz* umfassend als generelle Fähigkeit zu lernen verstehen, folgt hieraus, dass der Begriff auf alle Lernprozesse bezogen werden kann, auch auf die unbewussten Lernprozesse. Und eine Förderung von Lernkompetenz lässt sich anhand der oben aufgeführten Kriterien wie folgt fassen: Eine steigende Lernkompetenz geht einher mit einem höheren Grad an Bewusstheit über den Verlauf von Lernprozessen und mehr willentlichen Einfluss in Hinblick auf immer umfangreichere, komplexere Lerngegenstände sowie mit steigender Erfolgswahrscheinlichkeit und Effizienz der Lernprozesse. Und auch je besser die Anschlussfähigkeit von neuen Informationen an bestehende Informationen ausfällt, desto höher ist die Lernkompetenz des Lerners einzuschätzen. Wenn man über die individuelle Ebene hinausblickt, ergeben sich weitere analytische Einheiten, je nach Art der Beteiligung von Personen und institutionellen Strukturen, beispielsweise Schule als lernende Organisation.

Die individuelle Person des Lerners ist jedoch die analytische Einheit, von der Lerncoaching im häufigsten Fall ausgeht. Daran orientiert sich ein pragmatisches Verständnis der verwendeten Begrifflichkeiten, welches sich auch in der pädagogischen Literatur sowie im Alltagsverständnis häufig in ähnlicher Weise findet. Als Bezugspunkt im Kontinuum der Lernprozesse dient die Lernsituation, in der ein Lerner sich nur als Konsument erlebt, z. B. einen Vortrag hört oder einen Film sieht, und währenddessen über die Inhalte nicht reflektiert.

Einen kleinen Schritt weiter, wenn der Lerner Mitschriften anfertigt oder einfach nur über die Lerngegenstände nachdenkt, ist bereits ein höherer Grad an Selbsttätigkeit, Eigenständigkeit, Eigenverantwortung und Selbstregulation erreicht. Ein selbsttätiger Lerner erlebt sich als Handelnder im Lernprozess. Seine Handlungen beruhen auf Entscheidungen. Je mehr Entscheidungen der Lernende selbst treffen darf, desto höher ist die Eigenständigkeit. Je bedeutsamer die Entscheidungen für den eigenen Lernprozess sind, desto höher ist die Eigenverantwortung. Selbstregulation ist ein reflexives Moment, in dem sich der Lerner selbsttätig, eigenständig und eigenverantwortlich auf die eigenen Lernprozesse bezieht und zwar mittels planerischer und bewertender Aktivitäten. Als besonders fokussierte pädagogische Ziele werden diese Ideen im Rahmen des Unterrichts möglichst weit ausgeführt. Im Zuge dieser Ausweitung kann die allgemeine Lernkompetenz gefördert werden: Die Qualität des Weges zum Ziel nimmt Einfluss auf das Ergebnis. Denn je mehr ein Lerner Konsument innerhalb von Lernprozessen bleibt, umso weniger kann er trainieren, willentlich und bewusst mit hoher Erfolgssicherheit effizient bestimmte Lernaufgaben mit wenig äußeren Vorgaben zu bewältigen. Eine umfassende Förderung der allgemeinen Lernkompetenz benötigt also prinzipiell Selbsttätigkeit im Lernen und ermöglicht ein hohes Maß an kompetenter Eigenständigkeit – als Fähigkeit, angemessene Entscheidungen treffen und entsprechende Handlungen ausführen zu können –, so dass letztendlich die Eigenverantwortung im Lernen kompetent ausgeübt werden kann.

Im Sinne der Ermöglichung von kompetent ausgeübter Eigenverantwortung (vgl. hierzu auch den dritten Abschnitt dieses Kapitels), ist die Fähigkeit zu eigenständigem Lernen das übergeordnete Ziel des Kieler Lerncoachingkonzeptes: Die Bestrebungen bezwecken, die Lernkompetenz des Lernenden so zu fördern, dass er mit einem höheren Grad an Selbständigkeit mittels eigener angemessener Entscheidungen und Handlungen Lernaufgaben bzw. Lernprobleme bewältigen kann. Dies steht auch im Einklang mit unserem expliziten Menschenbild, indem Lerncoaching in seiner dienenden Funktion den Menschen unterstützt, das Bedürfnis nach Wachstum, Selbstverwirklichung und Selbsterhaltung kompetent eigenverantwortlich realisieren zu können: Die Passung zwischen Lerner und Lerngegenstand wird in wachsendem Ausmaß vom Lerner eigenständig optimiert.

- *Auf welche Art und Weise ist es für schulischen Unterricht und Lerncoaching möglich, den Weg dorthin zu begleiten und eigenständiges Problemlösen zu fördern?*
  Vermittlungs- und Aneignungsprozesse im Unterricht müssen dazu eine rückkopplungsstarke Komplementäreinheit bilden. Rückkopplung kann auf unterschiedliche Weise stattfinden, zum Beispiel durch Zielklärung und Feedback, durch Selbstreflexion und Aufgabenpräzisierung, durch Fehlerdiagnose und Lernfortschrittsanalyse, durch Lernberatung und Verständigungsregeln, durch Lernhilfen und Selbstreflexion, durch Zwischenbilanzierung des neu erworbenen Wissens und Könnens, durch Vergleich eigener Problemlöseideen mit denen anderer.

- *Auf welche Art und Weise ist es für schulischen Unterricht und Lerncoaching konkret möglich, den Weg dorthin zu begleiten und eigenständiges Problemlösen zu fördern?*
  Dies lässt sich anhand eines Beispiels aufzeigen: Schüler können in einem Projekt zur Kartographierung von Grünflächen in einem Stadtteil lernen, wie sie bestimmen, was Grünflächen sind und was nicht. Sie können herausfinden, wo sie Informationen erhalten und diese mit ihren Beobachtungen abgleichen. Sie können lernen, wann sie besser allein und wann besser mit anderen gemeinsam lernen. Eigenverantwortlichkeit und Selbstmanagement sind dann übergeordnete Ziele eines solchen Projekts, das Lerncoaching einbeziehen kann, so etwa wenn das Projekt nicht vorankommt. Die dadurch entstehenden Lernkompetenzen können die Grundlage für zunehmend eigenverantwortliches Lernen bilden.

Lerncoaching setzt dabei nicht unbedingt an Lernfehlern an, sondern an *Nachfragesituationen*, in denen das Projekt oder ein Schüler gerade nicht weiterkommt. Es kann auch sein, dass dem Lehrer aus der Lektüre der Projektzwischenberichte bewusst wird, dass er sich in seiner sich selbst zugedachten Teilfunktion als Lerncoach oder Projektberater für ein temporäres (punktuelles) Lerncoaching entscheidet, ganz gleich, ob er das in dem betreffenden Projektteam macht oder einzeln oder in der ganzen Klasse, weil ihm deutlich geworden ist, dass ein grundsätzlich für alle relevantes Problem aufgetreten ist.

Motivation: *Lernen wollen*

Entscheidend für selbsttätiges, zugleich bedeutungsvolles Lernen ist die Motivation. Was bewegt jemanden, zu lernen und sich mit einer Sache vertiefend zu befassen, auch wenn es streckenweise mühsam ist? Manche lernen hervorragend, wenn sie sich mit Fotodesign, Fremdsprachen oder Freizeitsport befassen. Sie suchen in ihren Interessengebieten Wissenszuwachs und kreative Betätigung, ohne dass sie dabei Mühe empfinden. Andere haben ein Flow-Erlebnis, sobald das Denk- oder Kunstwerk vollendet ist. Sie entdecken und lernen spielend.

Lernen kann jemand, ohne es zu wollen. Auch kann jemand lernen wollen, ohne es zu können. Der dritte Fall ist nicht minder häufig – durch Zufall lernen, gleichsam beiläufig etwas ‚hinzulernen', ganz gleich, ob man damit einverstanden ist oder nicht. Beiläufiges Lernen ist den meisten vertraut. Beim Spazierengehen entstehen neue Ideen. Bei anderen Menschen vielleicht in der Auseinandersetzung mit kinetischer Kunst. Zweifelsohne sind das kreative Wege zu beiläufigem Lernen, ohne geplant zu sein. Das neue Wissen wird in keinem Curriculum verlangt. Aus einem Augenblick heraus entwickeln sich motivierende Denklinien. Aufgeschlossenheit und Neugierde sind dabei die Propeller im Entdeckungsprozess beiläufigen Lernens. Beiläufiges Lernen kann allerdings auch belastend und lernhemmend sein. So etwa, wenn ein Schüler beiläufig lernt, dass er nach besonders guten Leistungen als ‚Streber' von der Lerngruppe ausgegrenzt wird. Oder wenn eine Schülerin aus dem stereotypen Verhalten einer Lehrkraft beiläufig den Schluss zieht, dass sie als Mädchen in Naturwissenschaften weniger begabt sei als ein Junge.

Lernen wollen ist im Vergleich zu beiläufigem Lernen ein anders gearteter Sachverhalt, auch wenn das Beiläufige dabei natürlich nicht ausgeschlossen ist. Wer interessante, persönlich einleuchtende Beweggründe hat, sich mit einem Thema oder Lerngebiet zu befassen, findet Wissenswertes. Wenn jemand auf interessante Erfahrungen neugierig ist, dann sind Beweggründe im Spiel. Beweggründe im Sinne von *Lernenwollen*. Während die einen wissensdurstig sind und für ihre Interessengebiete „alles„ wissen möchten, lernen andere aus anderen Motivlagen heraus. Die Motivation kann latent oder manifest sein. Sie kann veranlasst werden oder aus einem inneren Bedürfnis entstehen. Möglicherweise wird sie von individuellen Interessen und persönlichen Zielen geleitet. In Kapitel 3 wurde bereits unterschieden zwischen situativer Motivation (Motiviertheit) und überdauernder Motivation, welche in enger Beziehung zu den menschlichen Grundbedürfnissen zu verstehen ist.

Gemäß unserem Menschenbild strebt der Mensch nach Ziel- und Sinnorientierung und alles menschliche Handeln ist ziel- und sinnorientiert, also auch alle Lernaktivitäten. Wenn der Lernende im Lernen ‚weiterkommen' will, wird er seiner grundsätzlichen Sinnorientierung umso mehr gerecht, je mehr persönlich-sachliche Bedeutung er dem Lerngegenstand beimessen kann. Jeder erinnert sich vermutlich an Lerngegenstände, die er weder als interessant noch als sachdienlich für den voraussichtlichen Verlauf seines weiteren Lebens ansehen konnte oder deren innerer Sinnzusammenhang vollkommen unverständlich blieb. Im Regelfall geht damit einher, dass dieses Lernen als besonders anstrengend und wenig motiviert erlebt wurde. Unter dem Zielfokus ‚bedeutungsvolles, motiviertes Lernen' muss Lerncoaching darum die Ziele und Bedürfnisse des Lernenden in den Blick nehmen, aus denen heraus er sich mit dem Lerngegenstand beschäftigen möchte. Und gleichfalls sind auch die Ziele und Bedürfnisse zu beachten, aus denen heraus der Lernende hinderliche Impulse für Lernprozesse erfahren könnte. Auch für die Erfüllung ‚störender' Bedürfnisse des Lernenden muss gegebenenfalls mit Blick auf die körperlich-geistig-seelische Gesundheit Sorge getragen werden. Manchmal kann gerade dies zu einer Entspannung führen, die letztendlich den Lernprozess wiederum begünstigt.

Die Motivationspsychologie hat unterschiedliche Beweggründe und Handlungs-Folgen-Modelle untersucht und ihr Wissen vorangebracht. Lerncoaching muss sich mit diesen Theorien und dem Erkenntnisstand befassen, was mit entscheidend dafür ist, wie Lerncoaching an die Lernenden und ihre Motivationen herankommt

Selbstregulation: *Lernen steuern*

Ein grundsätzliches pädagogisches Ziel ist es, dass sich Lehrende und Beratende *überflüssig machen können*, indem der Lernende ein Stück Freiheit im Denken und Handeln gewinnt und zwar so, dass er in seiner Lebenspraxis seine Orientierungen auch ohne Beratung und Begleitung findet. Benner spricht von der *Finalität pädagogischer Praxis*, die ihr eigenes Ende intendieren muss. Pädagogische Praxis muss nach seiner Theorie an der Bildsamkeit der Erziehungsbedürftigen ansetzen und diese zur Selbsttätigkeit auffordern, damit die „pädagogische Ausübung von Autorität in die Selbstautorität der zu Erziehenden„ überführt wird (Benner 2001, 91). Die Selbstautorität ist erst dann vollkommen verwirklicht, wenn der Lernende nicht nur eigenständig lernt, sondern dabei seinen eigenen Lernprozess auch eigenständig steuern kann, d. h. im Handeln systematisch vorgehen kann: Der Lerner plant die vorzunehmenden Maßnahmen – seinen eigenen Unterricht – und bewertet die Güte des Prozesses im Hinblick auf das von ihm gesetzte Lernziel. Dies erfordert die Kenntnis von entsprechenden Analyseeinheiten, die Definition von Qualitätskriterien sowie ein Repertoire an Handlungsmöglichkeiten. Außerdem benötigt der Lernende die Fähigkeit, während des Prozesses in einen Zustand reflektierender Distanz übergehen zu können. Selbstregulation als pädagogisches Ziel verweist also auf das Erlernen ganz spezieller, übergeordneter Lernkompetenzen.

Viele Schulen und Weiterbildungssysteme setzen gegenwärtig auf verstärkte Selbstregulation. Wie können Lernende besser vorbereitet werden, dass sie ihr Lernen selbst in die Hand nehmen? In diesem Kontext ist *eigenverantwortliches* Lernen zu einem Jargon des Selbstverständlichen geworden. Es sei grundsätzlich eine gute Sache. Wer denn wolle nicht den eigenverantwortlich tätigen Jugendlichen oder Erwachsenen? Aber nicht nur das eigenverantwortliche Lernen, sondern auch die eigenverantwortliche Schule stehen auf Kurs. Dabei geht es um die Schule als lernende Organisation (Fullan 1985; Schratz & Steiner-Löffler 1998; Argyris 2002) oder teilautonomes Gebilde. Schleswig-Holstein spricht von verstärkter Selbstständigkeit. Hamburg will die selbst verantwortete Schule, Nordrhein-Westfalen auch. Thüringen setzt auf schulische Eigenverantwortung als einem bildungspolitischem Leitziel.

In der Bildungsgeschichte ist Eigenverantwortlichkeit kein neues Denkgebäude. Die Schule der Selbsttätigkeit durch Selbstbildung wurde von Hugo Gaudig 1913 formuliert. Seine Vorstellungen ähneln Lay (1908) oder anderen Reformpädagogiken wie Copei (1950), der in seiner Theorie des fruchtbaren Moments im Bildungsprozess sich mit dem Thema auseinandergesetzt hat. Der „Fragewillen„ des Kindes müsse ausgebildet werden. Vom Kind aus seien neue Lösungswege zu suchen. Kerschensteiner hat nach der Jahrhundertwende – in durchaus ähnlicher Bildungsabsicht – das Selbst-Erarbeiten und Experimentieren ins Zentrum produktiven Lernens in der Arbeitsschule gestellt. Vor einem Jahrhundert haben im amerikanischen Pragmatismus vor allem Dewey und Kilpatrick ihre Theorie der Selbstbildung durch reflektierendes Tun ausgearbeitet. Sie fand weltweite Aufmerksamkeit. Die Schwedin Ellen Key (1978) hat 1900 mit ihrem Buch „Das Jahrhundert des Kindes“ auf das Eigenrecht des jungen Menschen und das daraus resultierende Selbstaktualisierungsgebot hingewiesen.

Faulstich (2002) zeichnete vor geraumer Zeit die später folgenden Entwicklungen bis zur gegenwärtigen Lernkompetenzdebatte nach. Dabei geht es um Selbststeuerung im Lernprozess, um Modelle lebenslangen Lernens, um das kreative, aus eigener Überlegung resultierende Lösen von Problemen und die produktive Auseinandersetzung mit Lerngegenständen. Die folgende Auflistung zeigt exemplarische Lernkompetenzen in sortierender Ordnungsabsicht (Hameyer 2004, Innenansichten schwedischer Schulen). Sie veranschaulichen Tätigkeiten eigenverantwortlichen Arbeitens in der Lernplanung. *Lernkompetenzen* und *Selbsttätigkeit* im Unterricht durch eigenverantwortliches Lernen ist ein im Wesentlichen von Lernenden einzeln oder gemeinsam geplanter, gesteuerter und bewerteter Prozess der Organisation von Tätigkeiten, die zum Lernen führen können. Die Lernkompetenzfelder sind auf eigenverantwortliches Vorgehen ausgerichtet und streben zu diesem Zweck die verstärkte Eigensteuerung in der persönlichen Lern- und Wissensorganisation an. Was tun die Schülerinnen und Schüler, um ein Problem selbst zu lösen? Die wahrnehmbaren Tätigkeiten lassen sich grundsätzlich in drei Kategorien einordnen:

Lernprozesse planen
- Aufgaben- und Zielklarheit herstellen
- die eigene Lerntätigkeit zeitlich abstimmen
- Lösungsprobleme bearbeiten
- Lösungsideen erarbeiten und bewerten
- Gesamtaufwand für Aufgabenlösung abschätzen
- Probleme gemeinsam lösen
- aufgabenrelevantes Wissen nutzen

Lernprozesse gestalten
- Beobachtungen und Erkenntnisse festhalten
- Aufgaben gemeinsam planen und lösen
- Ziel während einer ‚Durststrecke' im Blick halten
- auf Umwegen des Lernens nicht abbrechen
- an Fehlern nicht verzweifeln – aus ihnen lernen
- Feedback austauschen und auswerten
- Gelerntes anderen vorstellen

Lernprozesse bewerten
- eigenen Lernzuwachs einschätzen
- von anderen lernen – Rat annehmen
- Methoden der Rückkopplung anwenden
- Selbstverständlichkeiten überdenken
- sich mit Einschätzungen anderer auseinander setzen
- unterschiedliche Botschaften unterscheiden können

Geeignete Lernarrangements können die Lernenden veranlassen, ihr Lernen zu reflektieren und zu bewerten, gegebenenfalls nachzusteuern und an ihre Wünsche anzupassen. Lerncoaching kann dabei eine *veranlassende* und *klärende Funktion* übernehmen, so etwa durch periodische Lernberatungsgespräche, durch Anleitung zur Selbstexploration oder durch Feedback mit dem Ziel, dass die Lernenden Schlüsse für das weitere Vorgehen ziehen. Lernfähigkeit bezieht sich dabei nicht nur auf individuelle Lernanlässe, sondern meint auch: Mit Freunden Lernen, zielführende Informationen im Lernumfeld finden, persönliche Erfahrungen übermitteln und nutzen, Wissen austauschen, Probleme gemeinsam angehen und lösen, im Team arbeiten.

Für das eigenverantwortliche Lernenkönnen jedes Einzelnen ist weiterhin die These leitend, dass Selbststeuerung mit dem jeweiligen biografischen

Kontext zusammenhängt. So gibt es Phasen, in denen sich jemand auf die eigenverantwortliche Tätigkeit ausrichtet, während in anderen Phasen eher gestützte oder gelenkte Lernformen bevorzugt werden. Wir nehmen an, dass solche Präferenzen einmal durch die Lernbiografie der Einzelnen stark mitgeprägt sind, zum anderen durch *Bewältigungserfahrungen* aus früheren Situationen mit selbstgesteuertem Lernen. Auch an dieser Stelle wird Lerncoaching also analytisch nach Anhaltspunkten in der Biografie des Lernenden forschen.

Beratung: *Lernen begleiten*

Lernen kann umwegig oder diskontinuierlich sein. Diskontinuierlich ist es dann, wenn Irritation, Verständnisblockaden, Motivationseinbrüche oder andere Ereignisse auftreten, die den Fortgang des Lernens unterbrechen. An Stellen der Diskontinuität braucht der Lernende Anschlüsse zum Weiterlernen. Dies sind meist die kritischen und zugleich produktiven Stellen des Lernens, des Innehaltens und der Reflexion. An kritischen Ereignisstellen braucht es eine diagnostische Sicht eines Lerncoaches, sofern dieser zugegen ist oder durch Lehrerhandeln wahrgenommen wird. In den drei vorherigen Abschnitten wurde bereits ein Einblick gegeben, auf welche Art und Weise Lerncoaching innerhalb des eingangs vorgestellten Spiralprozesses wirksam werden kann.

Lerncoaching ist ein spezifischer Beratungstypus, der das Lernen und Weiterkommen im Lernen zum Gegenstand hat. Es unterstützt *und* begleitet das Lernen in Lern- und Beratungssettings. Jedoch: Erst wenn Lerncoaching regelmäßig wiederkehrend verwendet wird, nimmt es eine begleitende Form an und bildet die stabilisierende Komponente im Spiralprozess von stetiger Verbesserung im Lernenkönnen, Lernenwollen und Lernensteuern.

Lerncoaching kann aus unterschiedlichen Anlässen heraus geboten sein und das jeweilige konkrete Setting wird bestimmt einerseits durch den individuellen Charakter des Anlasses, andererseits durch die explizite Zielvorstellung des Klienten und nicht zuletzt durch die Ressourcen, die für den Beratungsprozess zur Verfügung stehen. Lerncoaching kann im Notfall auch als eine Art Feuerwehr angefordert werden. Aber sinnvollerweise wird es in institutionellen Kontexten wie der Schule kontinuierlich begleitend eingesetzt, so dass schwere Krisen schon im Vorwege möglichst vermieden werden können und die Optimierung von Lernprozessen dauerhaft im Blick gehalten wird – ganz im Sinne des Zielfokus. Dieser Zielfokus lässt sich wie bereits oben angeführt auf einen einzigen Begriff bringen, der allerdings entsprechend unserer Konzeption in jeder Beziehung umfassend verstanden sein will: Weiterlernen!

Begleitendes Lerncoaching kann unter anderem folgende Settings nutzen: Temporäres (punktuelles) Lerncoaching ist eine Kurzzeitintervention (zehn bis sechzig Minuten). Das episodische Lerncoaching erstreckt sich über eine längere Zeitspanne, zum Beispiel die einer Unterrichtseinheit. Es kann aus Lerncoachingelementen entstehen, die sich über einige Tage erstrecken. Sequenzielles Lerncoaching bedeutet, dass die einzelnen Lerncoachingereignisse aufeinander abgestimmt und geplant sind. Des weiteren können wir zwischen periodischen (wiederkehrenden) und phasierten (lernabschnittsspezifischen) Formen unterscheiden. In einer Unterrichtseinheit über zwei Wochen würde letzteres zum Beispiel bedeuten, dass der Fortgang des Lernens einzelner an kritischen, lernschwierigen Stellen durch Einzelberatung temporär unterstützt wird. Darüber hinaus wird das Lernen aller Schülerinnen und Schüler durch Beratungsgespräche begleitet, so etwa durch eine Orientierungsstunde zu Beginn beider Wochen und ebenfalls zum Abschluss.

Eine derartige begleitende Beratung hat diagnostischen und orientierenden Wert. Der Lehrende kann im Beratungssetting am Ende der jeweiligen Woche feststellen, wie über das Gelernte gesprochen wird, was die Schülerinnen und Schüler sich merken, wie sie es bewerten und was sie tun wollen, um weiterarbeiten zu können. Feedback begleitet die Beratungsrunde. Das Begleiten entsteht dadurch, dass Lerncoaching nicht nur auf situativen Bedarf hin stattfindet, sondern eine periodische Rückkopplung stattfindet, in der nicht nur ‚einfach so' über das Gelernte geredet wird, sondern Beratung im Lernprozess zu einem wiederkehrenden Element wird, das fest in das Unterrichtsarrangement eingebaut ist.

Nicht nur Schulen machen davon Gebrauch, sondern auch Weiterbildung, Unternehmen und Non-Profit-Organisationen. In der Schweiz hat zum Beispiel Swisscom Lernberater eingestellt, die in bestimmten Lernabschnitten an einstündigen Bilanzgesprächen beteiligt sind, bei denen der Auszubildende vorträgt, was er erreicht hat, woran er gerade arbeitet und wofür er nun Information oder Hilfe braucht. Jeder Auszubildende hat einen für ihn verantwortlichen Lernbegleiter, der über diese Gesprächsanlässe hinaus immer Ansprechperson ist – eben Lernbegleiter. Das kann man durchaus als eine permanente Form des Lerncoachings bezeichnen.

7. Lerncoaching

Übergeordnete Aspekte einer Lernsituation

Das Lerncoaching fokussiert den Lerner in seiner Lernsituation.

Versucht man alle Faktoren und Variablen, die beim Lernprozess eine Rolle spielen, auf die konkrete Lernsituation unter didaktischen und methodischen Gesichtspunkten zu reduzieren, dann ergeben sich zusammenfassend fünf Aspekte, die als Ausgangspunkte für Diagnosen bzw. Analysen im Lerncoaching gesehen werden können: (1) der Lerngegenstand, (2) der Lerner, (3) der Vermittler, (4) die Mitlerner und (5) die Lernumgebung. Selbstverständlich stehen die einzelnen Aspekte in Wechselwirkung zueinander und je nach Lernsituation wird mal der eine und mal der andere im Vordergrund stehen. Im konkreten Lerncoaching werden aber immer alle Aspekte im Blickpunkt der Beratung stehen müssen:

(1) Aspekt: D*er Lerngegenstand*
Der Lerngegenstand wird – im traditionellen Unterricht – dem Lerner vorgegeben (Lehrplan, Curriculum, Lernstandards). Im günstigen Fall verändert der Lerner den vorgegebenen Lerngegenstand nach seinen Wünschen und Bedürfnissen oder der Lerngegenstand wird im optimalen Fall vom Lerner selbst gewählt. Im Blickpunkt steht das Verhältnis des Lerners zum Lerngegenstand (z. B. sein Interesse, sein Neuigkeitsgehalt, die Verwertbarkeit). Das heißt, die Bedeutungserzeugung vollzieht nur der Lerner.

(2) Aspekt: *Der Lerner*
Der Lerner lernt nur das, was er lernen will. Seine Lernbereitschaft und -fähigkeit sind abhängig von seinen psycho-physischen (auch neuronalen) Dispositionen, von seiner im Hintergrund wirkenden Lernbiografie und seinen bisher gemachten Lernerfahrungen (z. B. erkennbar als ‚Somatische Marker'), seinen Interessen und Motiven und von seiner momentanen Lernbefindlichkeit (Lernbereitschaft, Lernmotiviertheit, Lernatmosphäre). Sowohl die situativen als auch die überdauernden motivationalen Komponenten können wirksam werden; im idealen Fall komplettieren sie sich auf optimale Weise.

(3) Aspekt: *Der Vermittler*
Der Vermittler (Lehrer, Dozent usw.) nimmt im interaktiven Lernprozess eine, wenn nicht sogar die zentrale Rolle ein. Sie ist die personale (sozio-emotionale) Komponente im Lernprozess. Zum einen ist es der Bezug des Vermittlers zum Lerngegenstand (Glaubwürdigkeit) und

zum anderen der personale Bezug zum Lerner (Authentizität). Es ist die unausgesprochene, aber stets mitschwingende ‚Chemie' zwischen Vermittler und Lerner. Sie wird entscheidend geprägt durch das so genannte *‚proxemische Verhalten'* des Vermittlers. Unter ‚proxemischem Verhalten' versteht man die die Art und Weise, wie sich der Vermittler während des Vermittlungsprozesses zu den drei Bezugspunkten ‚Lernmaterial – Person(en) – Raum, Ort' kommunikativ und interaktiv bewegt, z. B. Distanz bzw. Nähe zum Lerngegenstand (Umgang bzw. Handhabung der Lernmaterialien, z. B. an der Tafel) – Distanz bzw. Nähe zum einzelnen Schüler bzw. einzelnen Schülern – Distanz bzw. Nähe zur Gesamtgruppe oder Teilgruppen – Bevorzugung bzw. Meidung bestimmter Raumzonen. Die innere Einstellung (Vorstellung) des Vermittlers zur Kommunikation (z. B. bevorzugte Sprachstile) und zur Interaktion (z. B. stereotype Körper-Raum-Bewegungen) im Vermittlungsprozess bestimmt – in der Regel unkontrolliert, d. h. unbewusst – das proxemische Gesamtverhalten des Vermittlers und beeinflusst auf diese Weise den Lernprozess der Lerner. Das heißt umgekehrt: Kontrolliertes und zielorientiertes proxemisches Verhalten kann den Vermittlungsprozess positiv beeinflussen. In älteren didaktischen Lehrbüchern findet man diesen Sachverhalt, allerdings sehr vereinfachend, unter dem Stichwort ‚Standortwechsel des Lehrers'.

(4) Aspekt: *Die Mitlerner*
Die Mitlerner (Schüler, Studenten, Gruppenmitglieder) stehen mit dem Lerner in einem direkten oder indirekten Kontakt. Die geplanten oder nicht geplanten Interaktionen beeinflussen insgesamt die Lernbefindlichkeit und die Atmosphäre und damit den gesamten Lernprozess in sehr erheblichem Maß.

(5) Aspekt: *Die Lernumgebung*
Die Lernumgebung ist der konkrete (Lern-)Raum (Klassenzimmer, Gruppenraum usw.), in dem gelernt bzw. gearbeitet wird. Sie wurde – und wird noch heute – in der Lernforschung und Didaktik zu wenig beachtet, dabei besitzt der Satz: ‚Locations have Emotions' eine überragende Bedeutung im Lernverhalten und Lernprozess. Lernumgebungen beeinflussen unbewusst und vorbewusst die Gefühle von Sicherheit, Geborgenheit, Vertrauen und Angstfreiheit. *„Wenn wir wollen, dass unsere Kinder und Jugendlichen in der Schule für das Leben lernen, dann muss eines in der Schule stimmen: die emotionale Atmosphäre beim Lernen."* (Spitzer 2006, 68)

In Anlehnung an und in Ergänzung zu Roth (vgl. 2004, 500) richtet sich der Fokus demnach auf

- die Motiviertheit und Glaubwürdigkeit (Authentizität) des Vermittlers;
- die überdauernden individuellen kognitiven und emotionalen Lernvoraussetzungen des Lerners;

- die spezifische Motiviertheit (in möglichst positiver Korrespondenz zu den Grundbedürfnissen) und die situative emotionale Lernbefindlichkeit des Lerners bezogen auf den Lerngegenstand;
- das gesamte konkrete Lernarrangement.

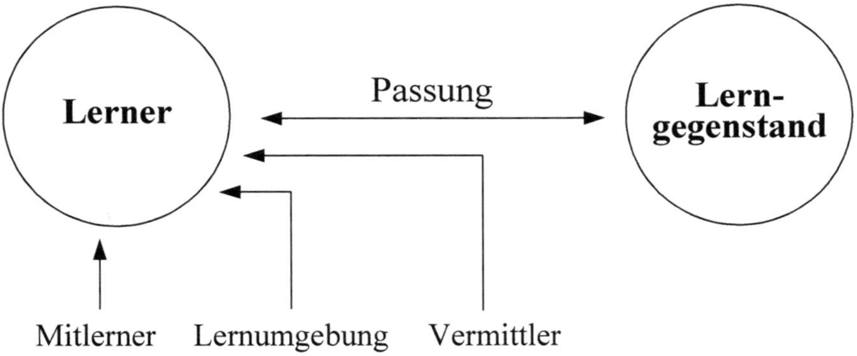

Abb. 7.1: Die übergeordneten Aspekte einer Lernsituation

Auch wenn alle Aspekte und Faktoren in ihrer unterschiedlichen Wechselwirkung Einfluss auf den individuellen Lernprozess haben, so gilt der primäre Fokus im Lerncoaching dem Lerner. In ihm zentrieren sich intrapsychisch die unterschiedlichen Aspekte und bestimmen seine situative Lernbefindlichkeit, die es im Sinne der Lernoptimierung zu erfassen gilt. Verwundern mag, dass unter den oben aufgeführten Aspekten (1 bis 5) das Lernarrangement (also die Methoden oder Lerntechniken) nicht gesondert aufgeführt wird. Für das Lerncoaching heißt das: Das Lernarrangement richtet sich in optimaler Weise nach der situativen Befindlichkeit des Lerners; es ist also ein Ergebnis der Diagnose und Analyse der Lernsituation. Nicht das Lernarrangement als Planungselement steht bei der Optimierung des Lernprozesses im Vordergrund *(„Methoden allein sind nutzlos"*[1]), sondern der Lerner in und mit seiner momentanen Lernbefindlichkeit. Erst aus ihr lässt sich ein optimales individuelles (auch gruppales) Lernarrangement ableiten. Das dies im traditionellen Unterricht schwer zu verwirklichen ist, wird nicht übersehen. Aber die primäre (und zugegeben: sehr hohe) Zielsetzung des Lerncoachings ist bezogen auf den Vermittlungs- und Aneignungsprozess nicht, den Lerner ‚an die (Schul-)Wirklichkeit' anzupassen, sondern ‚die (Schul-)Wirklichkeit' an den Lerner. Das ist ja, bezogen auf das Lernen generell, auch die Zielsetzung von Hentigs, die Mittelstufe (Pubertät) zu entschulen.

1 Müller, A.: Nachhaltiges Lernen. Beatenberg: pepp.medien 1999, 111

Lerncoaching – eine Herausforderung

Bevor weitere Fragen an das Lerncoaching zu stellen sind, soll noch einmal kurz der Hintergrund resümiert werden.

Wenn es nach derzeitigem Stand der Wissenschaften zum Thema ‚Lernen' eine Disziplin gibt, die das Lernen als Prozess am besten zu erklären vermag, dann ist es die Neurophysiologie (bzw. die Neurobiologie[2]) mit ihren Bezugswissenschaften. Was sie nicht weiß oder erklären kann, können die anderen nicht besser. Auf das Defizit der Pädagogik bzw. der traditionellen Lernpsychologie wurde bereits hingewiesen.

„Während Philosophen, Psychologen, Anthropologen und Soziologen schon seit Jahrzehnten rege mitdiskutieren, blieb bislang die Hirnforschung bei didaktischen Fragestellungen traditionell eher außen vor. Paradox: Denn Lernen findet schließlich im Kopf statt; jeder Lernvorgang geht mit einer Veränderung im Gehirn einher. Die Neurobiologie stellt somit zwangsläufig das naturwissenschaftliche Fundament dar, auf dem moderne didaktische Theorien aufbauen sollten." (Friedrich & Preiss 2005, 32)[3]

Diese Feststellung mag für Pädagogen besonders schmerzlich sein, sind sie es doch, die dafür primär zuständig sein sollten. Die Neurophysiologie, das sagten wir bereits, steht aber ebenso erst am Anfang und kann daher das Lernen bzw. den Lernprozess nicht vollständig erklären. Das ist auch nicht ihr primäres Forschungsinteresse. Es gibt zu viele Einzelbefunde, Einzelergebnisse und einzelne Erkenntnisse, die noch nicht recht in ein geschlossenes Bild zusammenpassen. Der gesamte Lernprozess mit seinen unendlichen Varianten bleibt immer noch relativ schleierhaft. Das erklärt auch die unvollkommenen Bemühungen der Neurowissenschaftler, eindeutige Aussagen zum Lernen bzw. zum Lernprozess zu machen. Als Pädagoge mag man darüber enttäuscht oder beruhigt sein, weil es die anderen auch nicht besser wissen und können. Die bisherigen Schlussfolgerungen einzelner Neurowissenschaftler beziehen sich in der Tat nur auf einzelne Aspekte oder Prozesse des Lernens; sie sind sehr punktuell und partiell und weniger oder gar nicht synoptisch. Mit einfachen Worten: Die Neurowissenschaften liefern viele einzelne Ergebnisse und Erkenntnisse zu Teilaspekten des Lernens, aber eine Gesamtschau als Theorie wird nicht entworfen – und kann wohl nach derzeitigem Forschungsstand auch nicht entworfen werden. Zwar formulieren führende Neurowissenschaftler aus: „Die molekularen und zellulären Faktoren, die der Lernplastizität zu Grunde liegen, verstehen wir mittlerweile so gut, dass wir beurteilen können, welche Lernkonzepte – etwa für die Schule – am besten an die Funktionsweise des Gehirns ange-

---

2 In Ergänzung bzw. in Erweiterung zur Neurophysiologie sieht die Neurobiologie das Gehirn als ‚soziales Produkt' bzw. als ein ‚Beziehungssystem' (vgl. Hüther 2005).

3 Friedrich, G.; Preiss, G.: Lehren mit Köpfchen. In: Gehirn & Geist 2005, H. 2, 32-39

passst sind“[4], aber sie sagen uns nicht, wie diese Lernkonzepte auszusehen haben. Diese zu entwickeln und zu erproben ist Aufgabe der Pädagogik. Neu ist die verstärkte Blickrichtung auf die Daten und Erkenntnisse der Neurophysiologie. Die im Gehirn produzierten Neurotransmitter spielen beim Lernen eine weitaus größere Bedeutung als bisher angenommen. Es liegt nahe herauszufinden, wie diese Transmitter positiv beeinflusst werden können – und zwar nicht über medikamentöse Zufuhr von außen. Dies mag aus pädagogischer Sicht zunächst unvorstellbar sein, weil man erstens nicht über die genauen Wirkungsmechanismen der einzelnen Neurotransmitter weiß und zweitens nicht kontrollieren kann, ob die richtigen Neurotransmitter für ein spezifisch erwünschtes Verhalten evoziert wurden. Man müsste ständig Kontroll- und Messinstrumente (z. B. Bildgebende Verfahren) zur Verfügung haben, und dies auch nur dann, wenn man sie zu handhaben versteht. Noch sind wir von dieser Möglichkeit weit entfernt; und das ist nach unserem derzeitigen ethischen und moralischen Verständnis wahrscheinlich auch gut so (wobei wir sie im medizinisch-diagnostischen Kontext bejahen). Das alles ist aber im pädagogischen bzw. psychologischen Kontext nicht nötig. Wenn man weiß, das bestimmte psychologische bzw. pädagogische Interventionen bestimmte neurophysiologische Botenstoffe frei setzen und damit erwünschte Reaktionen beim Menschen herrufen und diese eine positive Wirkung zeigen, dann braucht man die internen neurophysiologischen Vorgänge im einzelnen nicht zu kennen. Auch der Arzt kennt bei Injektion einer chemischen Substanz nicht die genauen chemischen Abläufe im Körper, aber er hofft auf die erwünschte Wirkung.

Durch das Einbringen spezifischer Interventionen kann der folgende Prozess initiiert werden:
„Neurotransmitter, Hormone und Peptide wie Dopamin, Norepinephrin, Acetylcholin, Adrenalin und Oxytozin können die Übertragungsbereitschaft der Synapsen und damit die Lernbereitschaft massiv erhöhen. Wir sprechen dann von ‚motiviertem Lernen'.“ (Grawe 2004, 324)

Um die Bedeutung bzw. Wirksamkeit bestimmter Interventionen auf einen größeren Lernkontext zu übertragen, sei folgendes Beispiel skizziert: Ein Lerngegenstand, der beim Lerner keines seiner Grundbedürfnisse anspricht (also keine diesbezüglichen neuronalen Erregungsmuster evoziert und damit nicht die entsprechenden Neurotransmitter produziert und frei setzt), wird auch keine momentanen Erregungsmuster evozieren (also Neurotransmitter), die andere bereits vorhandene anregen. Sein Interesse (seine Motiviertheit) am Lerngegenstand ist gleich Null; es findet sich kein neuronaler Anschluss. Erst die Thematisierung des Lerngegenstandes (z. B. mit Hilfe einer psychologischen Sprachführung) für den Lerner provoziert neurophysiologisch eine so genannte ‚Second-Messenger-Kaskade' (zellinterner Prozess, der die Übertragungsbereitschaft in andere neuronale Schalt-

4 Das Manifest 2004, 33

kreise ermöglicht) und ermöglicht ihm einen intrapsychischen bedeutungserzeugenden Zugang zum Lerngegenstand. Mit diesem Beispiel soll nicht gesagt werden, gute Pädagogen hätten das nicht immer schon so gesehen und gehandhabt – aber eben nur intuitiv und gelegentlich!

Dass dies kurz Skizzierte in anderen Arbeitsbereichen inzwischen mit Erfolg praktiziert wird, zeigen die therapeutischen Bemühungen der Klinischen Psychologie an der Universität Bern. Die Lernpraxis kann sich hier viele Anregungen abholen.

Drei Einzelerkenntnisse, die für die pädagogische Transformation von Bedeutung sind, seien an dieser Stelle zur Verdeutlichung exemplarisch benannt: Die Bedeutung des Faktors *Zeit* (a), die Bedeutung der *Wahrnehmungsstrukturen* (b) und die Bedeutung von *Informationslücken* (c).

(a) *Zeit*
Das Gehirn benötigt seine individuelle Zeit, um die Informationen vom Ultrakurzzeitgedächtnis über das Kurzzeitgedächtnis ins Langzeitgedächtnis zu transportieren. Das Nadelöhr ist der jeweilige Übergang (die jeweiligen Schaltstellen) von einem Gehirnteil in den nächsten. Wird das nicht entsprechend diagnostiziert, entstehen Lernblockaden. Es sind Lernblockaden, die nichts mit der kognitiven Fähigkeit des Lernens zu tun haben, aber als solche missdeutet werden könnten.
Lernpsychologisch bedeutet das: Jeder Lerner braucht seine individuelle Zeit!

(b) *Wahrnehmungsstrukturen*
Die Wahrnehmungsstrukturen beziehen sich auf die Sinnesorgane (Sehen, Hören, Schmecken, Fühlen, Riechen, Bewegen usw.), die über physikalisch-elektrische Impulse miteinander kommunizieren bzw. sich gegenseitig ergänzen. Wird diese Ergänzungsmöglichkeit dem Gehirn nicht gewährt, kommt es zu unvollständigen bzw. rudimentären Verarbeitungen im Gehirn und Assoziationen (Verbindungen) werden nicht hirnoptimal geknüpft. Die so genannte Anschlussfähigkeit wird gemindert.
Lernpsychologisch bedeutet das: Die Erklärungsmuster müssen notfalls komplett verändert werden.

(c) *Informationslücken*
Das Gehirn (also der Lerner) als aktives System stellt Fragen an die Umwelt und schließt damit Lücken – und nicht ein außen stehendes System (z. B. der Lehrer). Nicht die vermeintlich notwendigen Informationen des Lehrplans sind für das Gehirn wichtig, sondern der Lerner (bzw. sein Gehirn) bestimmt die Lücken und möchte sie von sich aus schließen.
Lernpsychologisch bedeutet das: Will man den Lehrplan trotzdem aufrechterhalten, ist eine sinnvolle Passung zwischen Lerner und Lerngegenstand anzustreben.

Was heißt das für die traditionelle Pädagogik oder die Lernpsychologie? Soll man so weitermachen wie bisher oder ist es den Versuch wert, mit den neu vorliegenden Daten und Erkenntnissen benachbarter Bezugswissenschaften weiterzudenken?

Die Antwort kann nur lauten: Es ist den Versuch wert, daran anzuknüpfen und eigene schlussfolgernde Überlegungen anzustellen.

Es wurde bereits gesagt, dass die Überlegungen zu einem Lerncoaching nur mit diesem eingegrenzten und sehr partiellen Wissen konzipiert werden können. Das ist – um ein anderes Bild zu bemühen – so ähnlich wie in der Raumfahrt. Die Astronauten machen sich mit dem zur Zeit vorhandenen Wissen der Astrophysik bzw. Mathematik auf den Weg, um den Kosmos zu erkunden. Die vorliegenden Daten und theoretischen Erkenntnisse langen aus, um das zu tun, was sie derzeit tun oder tun können. Dabei werden die Grenzen des Möglichen und Machbaren sehr deutlich – sowohl im Theoretischen als auch im Praktischen, aber immer kommen sie einen Schritt voran. Dabei sind die bisherigen Erkenntnisse und Kenntnisse der Physiker und Mathematiker über den zu erobernden Weltraum (bezogen auf das Gesamtphänomen Kosmos) mit sehr großer Wahrscheinlichkeit äußerst gering. Dennoch, sie wagen sich in dieses Feld! Und je mehr Erkenntnisse bei den Erkundungen gewonnen werden, umso mehr Fragen treten auf, aber ebenso erhalten sie viele Antworten. Das Defizit von Erkenntnissen und Kenntnissen ist also kein Grund, nicht forschend weiterzuarbeiten und erste Anwendungen zu wagen. Das gilt auch in Analogie für das Phänomen ‚Gehirn', in dem das Lernen irgendwie verankert ist. Wir betreten ein relativ unbekanntes Territorium. Und vielleicht – eher: wahrscheinlich – ist unser Gehirn mit dem Kosmos auf eine Weise verbunden, von der wir bisher noch keine Vorstellung haben. Die buddhistische Philosophie kommt beispielsweise diesen Gedanken – auch bezogen auf die Aneignung von Wissen – seit Jahrtausenden am nächsten.[5]

Der Versuch, das Lernen durch Lerncoaching zu optimieren, kann nur auf dem skizzierten Hintergrund gesehen werden. Dabei werden die Unzulänglichkeiten und Grenzen schnell deutlich werden, die aber gleichzeitig als Herausforderung für weitere Überlegungen zu sehen sind. Die in diesem Kontext zu sehende noch junge Disziplin ‚Neurodidaktik'[6] geht erste ermu-

---

5 Vgl. u. a.: Fromm, E.; Suzuki, D.T.; de Martino, R.: Zen-Buddhismus und Psychoanalyse. München: Suhrkamp 1991. Erwähnt sei auch der transpersonale Ansatz von Ken Wilber (Integrale Psychologie. Freiamt: Arbor 2001).

6 Zum Begriff und zum fachlichen Verständnis dieser neuen Disziplin siehe ausführlich: Meier, M.: Neuropädagogik. Entwurf einer neuropädagogischen Theorie aisthetischer Erziehung und Möglichkeiten ihrer praktischen Umsetzung auf der Grundlage interdisziplinärer Erkenntnisse aus Pädagogik, Psychologie und Hirnforschung. Marburg: Tectum 2004, 69 ff.
So eindeutig wie die Begrifflichkeit ‚Neurodidaktik' es vermuten lässt, ist der Sachverhalt nicht. Die wenigen vorliegenden Konzepte (z. B. G. Preiss 1996; S. Kovalik u.

tigende Schritte, in dem sie eine ‚Kompetenzpädagogik' etablieren will. „Das gelingt aber nur, wenn Lehrer und Erzieher verstehen, wie Lernvorgänge neurobiologisch ablaufen. Hirnforschung und Erziehungswissenschaften müssen daher enger zusammenarbeiten." (Friedrich/Preiss 2005, 39).

Lerncoaching: Einordnung, Definition und Ziele

Greifen wir die oben ausgeführten Kernaussagen zum normalen Coaching (vgl. Kapitel 2: Coaching) noch einmal auf, um das Lerncoaching vom normalen Coaching abzugrenzen, um es zu definieren bzw. zu skizzieren.

Wichtige Leitfragen sind:

- Welche Verbindungen gibt es zum normalen Coaching?
- Wie ist das Lerncoaching in den Beratungskontext einzuordnen?
- Was ist das Besondere beim Lerncoaching?
- Welches sind die Ziele im Lerncoaching?

Coaching, so haben wir eingangs ausgeführt, ist eine professionell-spezifische Beratungsform, deren Ziele sich auf die Optimierung des Selbstmanagements, auf die Selbstgestaltungspotenziale und auf die Selbstregulierungsfähigkeiten beziehen. Im Mittelpunkt steht das Korrespondenzverhältnis ‚Individuum' (Mensch) und ‚Arbeit' (berufliche Tätigkeiten). Angestrebt wird eine optimale Passung von Individuum und Arbeit.

Während im normalen Coaching die Probleme stark variieren, also ein sehr breites thematisches Spektrum aufweisen (Vielfalt beruflicher Tätigkeiten), ist das Thema beim Lerncoaching eingeengt. Schon semantisch wird der Fokus benannt, nämlich auf das ‚Lernen'. Obwohl es um die Person des Lerners geht, könnte man formulieren: *Das Lernen coachen!*

Es geht demnach um eine professionelle Beratung zum Lernen. Das klingt im Vergleich zum normalen Coaching themenreduzierend. Wir werden allerdings sehen, dass diese thematische Reduktion die Coachingarbeit in keiner Weise erleichtert. Nicht nur vorstellbar, sondern Realität ist bereits, dass ein Coachee mit der Thematik ‚Lernen' in das normale Coaching kommt, um für sich die aus seiner Sicht problematischen Fragestellungen zu klären. Da ‚Lernen' und ‚Arbeiten' im beruflichen Kontext sehr eng miteinander verzahnt sind, wird es verständlich, dass der Anteil dieser Problematik im normalen Coaching nicht gerade gering ist. Der (normale) Coach wird im Rahmen seiner Kompetenz gemeinsam mit dem Coachee die Problematik bearbeiten, aber mit großer Wahrscheinlichkeit nicht in der Tiefe und Intensität und mit dem spezifischen Fachwissen wie ein dafür ausgebildeter Lerncoach. Lernen ist, wie wir gesehen haben, ein sehr komplexer und komplizierter Prozess.

K. Olsen 1977; N. u. G. Caine 1997; M. Arnold 2002) unterscheiden sich erheblich im Verständnis von Didaktik und in Bezug auf die Erkenntnisse der Neurowissenschaften und ihre Übertragung auf den Lernprozess; dazu siehe weiter hinten!

Lerncoaching beansprucht eine tiefere und erweiterte Dimension gegenüber der Lernberatung, wie sie beispielsweise im Rahmen der Erwachsenenbildung (auch im Zusammenhang von Coaching) durchaus erfolgreich praktiziert wird (siehe hierzu: Siebert 2006, bes. 47 ff.).

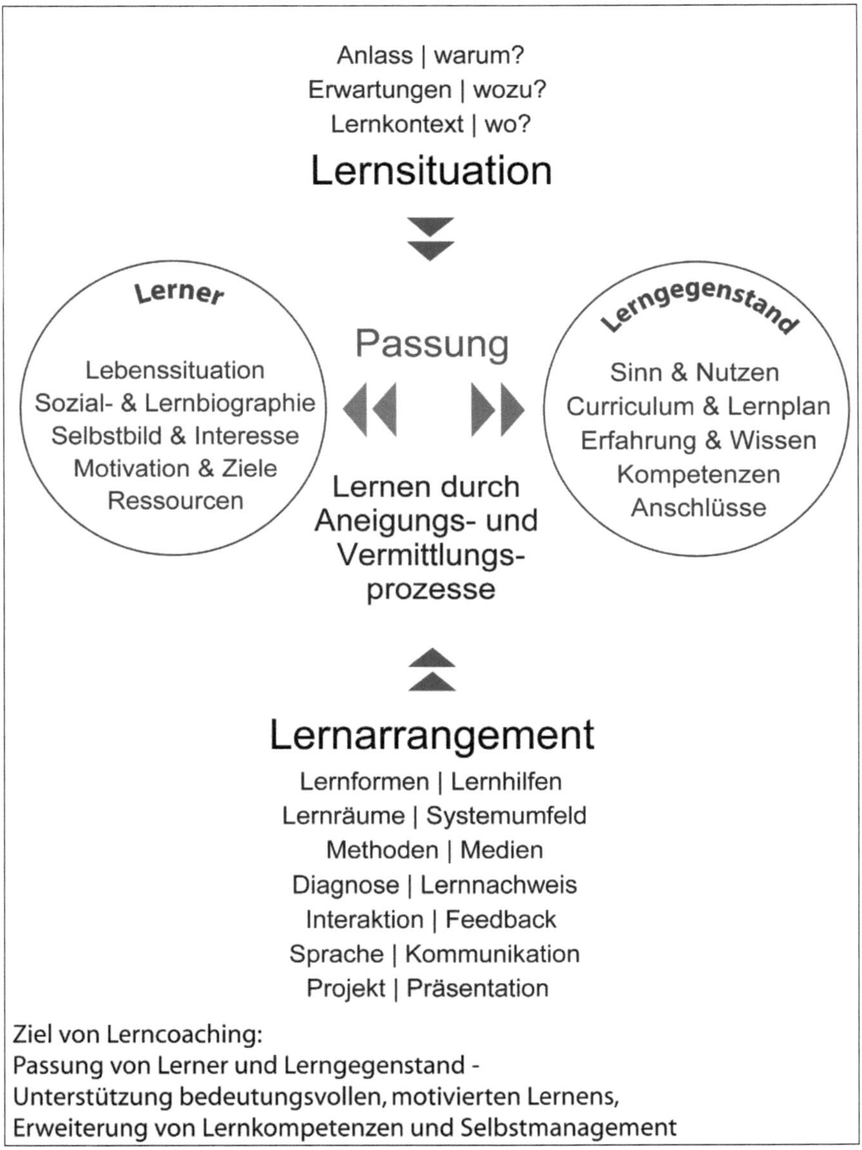

Abb. 7.2: Grundmodell Lernen: Passung

Definitorisch ist Lerncoaching eine spezifische Beratungsform, die das Lernen unter den beiden Aspekten ‚Vermittlungsprozess' und ‚Aneignungsprozess' in den Mittelpunkt stellt. Es geht dabei um die Passung von ‚Lerner' und ‚Lerngegenstand'. Dabei bezieht sich die *Passung* nicht nur auf den Erstkontakt des Lerners mit dem Lerngegenstand, sondern auf den gesamten Lernprozess, beispielsweise auf Phasen der der Aneignung, der Wiederholung oder der Übung. Didaktiker sprechen von *‚mehrdimensionaler Passung'*: Verhältnis von Lerngegenstand und Kompetenzen des Lerners – Lerngegenstand und kognitive, soziale, emotionale und motivationale Voraussetzungen beim Lernern – Lerngegenstand und der Bezug zu den Grundbedürfnissen des Lerners – Lerngegenstand und transzendierender Sinn- und Zielzusammenhang beim Lerner – Lerner und erkennbarer Zugewinn an Kompetenzen u.a.m.[7]

Lerncoaching (definitorisch zusammengefasst):
Lerncoaching unterstützt und begleitet personales, gruppales und organisationales Lernen auf vereinbarter Basis in geeigneten Lern- und Beratungssettings durch Methoden induktiver Beratung und Intervention mit dem Ziel, Aufgaben, Probleme, Situationen und Herausforderungen beim Aufbau und bei der Erweiterung von Lernkonzepten, Selbstmanagement und Wissensorganisation bewältigen zu können.

Unter beiden Hauptaspekten (Vermittlungs- und Aneignungsprozess) stehen zwei übergeordnete Ziele beim Lerncoaching im Vordergrund:

1. Der Coach verhilft im Laufe des Beratungsprozesses dem Lerner zum besseren, d. h. optimalen Lernen. Zwischen dem Lerner und dem Lerninhalt (Lerngegenstand) soll eine optimale Passung angestrebt werden. Der Coach fungiert als lernpsychologischer Analytiker und Diagnostiker, als Anreger und Ideengeber und zeitbegrenzt als Lern-Begleiter.
2. Der Lerner verbessert anhand seiner Lernbefindlichkeitsanalyse sein Lernverhalten und sein Lern-Selbstmanagement. Er kann sein eigenes Lernen selbstständig gestalten und optimieren.

Beide Ziele sind – und das ist die Erweiterung des engen Begriffes ‚Lerncoaching' – auch auf soziale Formierungen zu übertragen, also auf Gruppen (diverse Lerngruppen), auf Klassen (z. B. Schulklassen) und auf Lernorganisationssysteme (z. B. auf die normale Schule als Institution). Das ist ein sehr mutiger und hoher Anspruch, der – unter den derzeit gegebenen Bedingungen – nur bedingt eingelöst werden kann.

Die Begründung für diese Erweiterung ergibt sich aus den dargelegten Überlegungen zum Lernen, aber sie bleibt dennoch ein Kompromiss zugunsten der Institution Schule.

7 Heymann, W.: Was macht Üben ‚intelligent'? In: Pädagogik 2005, H. 11, 7

Lernen findet als Aneignungsprozess im Gehirn statt. Das ist die Ausgangsbasis für die weiteren Überlegungen. Die wichtigsten Daten zu den hirnphysiologischen Prozessen können wir als einigermaßen gesichert annehmen und Folgerungen ziehen. Nun lernt das Individuum aber nicht immer nur alleine (also: singulär), sondern in sozialen Bezügen und Gruppierungen (also: gruppal) und letztlich auch in institutionellen

Systemen (also: systemabhängig). So schwierig es schon ist, den singulären Lernprozess eines Individuums zu verstehen, umso schwieriger ist es, die Annahmen über das Lernen auf Gruppen und Institutionen zu übertragen. Es wäre andererseits jedoch blauäugig, die gegebenen Bedingungen der unterschiedlichen Lernwelten zu ignorieren. Es ist den Versuch wert, die Erkenntnisse über das Lernen – zumindest in begrenztem Umfang – auch auf Gruppen und Institutionen zu übertragen. Die Erweiterung des engen Begriffes ‚Lerncoaching' bezieht sich also auf die Transfermöglichkeiten.

Für das erweiterte Lerncoaching ergeben sich folglich drei Bezugskomponenten:

1. Das Individuum als singuläres Lernsystem, also den einzelnen Lerner;
2. die gruppale Formierung, also eine Lerngruppe (z. B. eine Klasse in der Schule); und
3. das (Sub-)System Bildungseinrichtung (als z. B. eine Schule) im gesellschaftlichen Gesamtsystem.

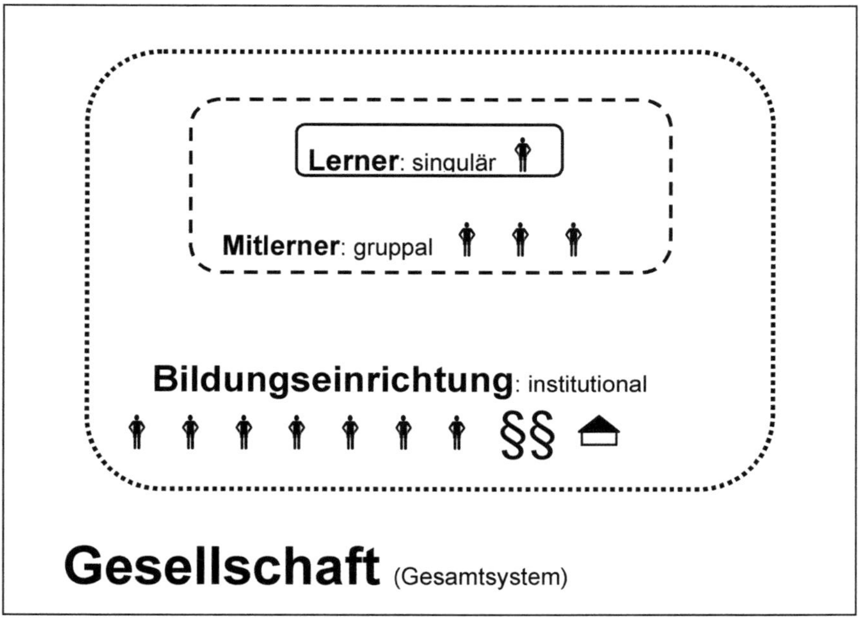

Abb. 7.3: Lerncoaching: Individuum – Gruppe – Institution

Lerncoaching: Was gibt es bereits?[8]

- Was gibt es bereits zum Lerncoaching?
- Wie ist das, was bereits vorliegt, einzuordnen?

In Kapitel 1 (Klärung: Zum Vorverständnis) haben wir unser Vorverständnis mit den beiden thematischen Hauptaspekten *(,Lernen'* und *,Coachen')* bereits benannt.

Auch wenn der Begriff ,Lerncoaching' in diversen Publikationen immer häufiger auftaucht, ein eindeutiges Begriffsverständnis ist derzeit (noch) nicht zu erkennen. Zumeist wird er als Titel oder Überschrift ohne Definition und Erläuterung verwandt. Auch die bereits vorliegenden Veröffentlichungen zu dieser Thematik lassen noch keine richtungsweisende Tendenz erkennen.

Lerncoaching wird verstanden
- als ein singuläres Angebot für spezifische Lernschwächen;
- als zusätzliche Lernaktivitäten im Rahmen der Binnendifferenzierung;
- als zusätzliches Methodentraining für Lehrkräfte aller Schularten;
- als Implementierungsmöglichkeit von alternativen Lernkulturen in Schulen.

Wohin sich das Lerncoaching entwickeln wird, wird die Zukunft zeigen.

Angebote zum Thema ,Lerncoaching'

Zum Thema Lerncoaching finden im Rahmen von Fort- und Weiterbildung Vorträge oder Seminare statt, die ein oder zwei Tage dauern. Die meisten dieser Angebote richten sich an professionelle Pädagogen (Lehrer, Dozenten, Fort- und Weiterbildner), die sich unter anderem mit dem Thema ,Lernen' im Allgemeinen beschäftigen und in unterschiedlichen pädagogischen Bereichen arbeiten. Aber auch der nicht-professionelle pädagogische Bereich entdeckt immer mehr die neueren pädagogischen und psychologischen Erkenntnisse aus Wissenschaft und Forschung und überträgt diese mit dem Ziel der Lernoptimierung auf die verschiedenen Lernbereiche unter der Überschrift ,Lerncoaching' (z. B. in Berufsausbildungen medizinischer Ausbildungsgänge durch Seminare zum Thema Lerncoaching).

Gegenwärtig kommen die meisten Angebote zum Lerncoaching vornehmlich aus der Schweiz und Österreich und werden dort, nach Aussagen der Veranstalter, erfolgreich umgesetzt und durchgeführt.

Aus unterschiedlichen Quellen (u. a. aus dem Internet) sollen hier ausgewählte Beispiele aufgezeigt werden:

---

8 Die folgenden Ausführungen wurden in Zusammenarbeit mit Ines Petersen erstellt.

(1) *Berufsschule in Basel*

Die Berufsschule in Basel, die Berufsgruppen im Gesundheitswesen ausbildet, bietet unter dem Titel ‚*Lernbegleitung – Lerncoaching als Unterstützung zum selbstständigen Handeln*' eine dreitägige Fortbildung an, die sich in erster Linie an Praktikumsleiterinnen und Ausbildungsverantwortliche von medizinisch-technischen Berufen dieser Schulen richtet. Die Inhalte dieser Fortbildung beziehen sich hauptsächlich auf Themen wie Lernbegleitung, Lernberatung und Coaching und haben zum Ziel, das selbstständige Handeln der Auszubildenden zu fördern und zu unterstützen.

(2) *Institut Beatenberg*

Das ‚Institut Beatenberg' (Beatenberg, Schweiz; Leiter: Andreas Müller) praktiziert seit Jahren eine neue Lernkultur, in der sich die Lehrer als Lerncoaches bzw. Lernbegleiter für ihre Schüler verstehen. In Fortbildungsveranstaltungen wird die neue Lernkultur unter Titeln wie *‚Vom Lehren zum Lernen – Schule heute; Bausteine für Lerncoaching und eine neue Lernkultur'* interessierten Lehrkräften und Schulen vermittelt.

Das neu gegründete *‚Institut für Lerncoaching und Lernkultur'* (ILCL, Zürich; Iniator: Andreas Müller) bietet seit 2005 in Kooperation mit der Pädagogischen Hochschule Thurgau (Schweiz) und dem Institut für Advanced Studies (AS, Universität Kiel, Deutschland) einen postgradualen Ausbildungsgang für Lehrer zum ‚Lerncoaching' an.

(3) *‚Resonanz-Stiftung'*

Im Ausbildungsmodell (der ‚Resonanz-Stiftung, Dr. Gundl Kutschera') für Schüler unter dem Titel *„Neues Lernen mit Resonanz„ (*erprobt an Schulen aus dem Raum Mödling und Koblenz) liegt der Schwerpunkt des Lerncoachings im Erlernen und Trainieren von Selbst- und Sozialkompetenz, sowie dem Erlernen von Lernmethoden.

Es geht davon aus, dass Kommunikation die Basis einer erfolgreichen schulischen Entwicklung ist. Das Programm beginnt in der Praxis mit durchschnittlich drei individuellen Lerneinheiten und geht dann über in ein ca. 10-stündiges Gruppentraining mit dem Ziel, so früh wie möglich Selbstbewusstsein und Sozialverhalten innerhalb der Gruppe zu stärken, um so Lernschwächen und Verhaltensauffälligkeiten vorzubeugen.

(4) *‚team-plus/Lernhilfe-Institut'*

Ein anderes Angebot bietet das *‚team-plus/Lernhilfe-Institut'* (Michael Curny, Wien) an. Die Intention der Arbeit liegt in der Unterstützung der Fähigkeit des Schülers, sich Lerninhalte selbstständig zu erarbeiten und anzueignen. Eltern können für ihre Kinder das Lerncoaching buchen.

Als weitere Möglichkeit bietet das Lernhilfe-Institut einzelne Erweiterungsmodule an:

- Modul *Motivation*: Inhaltlich geht es um die Klärung verschiedener Fragen (Warum soll ich lernen? Wozu brauche ich das? u.a.m.).
- Modul *Konzentration*: Es geht darum, die Konzentration zu stärken.

- Modul *Hausaufgaben* und *Vokabeln lernen*: Dieses Modul soll die Kinder und Jugendlichen dabei unterstützen, eine konkrete Zeitplanung und Zielformulierung für Hausaufgaben und ‚Vokabel lernen' vorzunehmen und durchzuführen.
- Modul *Schularbeiten* und *Tests*: Ähnlich wie bei den Hausaufgaben werden gezielt Schularbeiten und Tests geplant und vorbereitet.
- Modul *Lern- und Lesetechnik*: Es geht um Techniken, das Lesen und Lernen zu verbessern und zu optimieren
- Modul *Prüfungsangst, Konflikte, Rhetorik*: Ziel dieses Moduls ist es, Konflikte und Prüfungsangst zu reduzieren und die Rhetorik der Kinder und Jugendlichen zu stärken.

(5) *Erwachsenenbildung*
Ein Angebot von Lerncoaching richtet sich hauptsächlich an Erwachsene (Niklaus Hürlimann, Zürich).
Es basiert auf der Annahme, dass Lernen und Lehren keine zufälligen Produkte sind, sondern sich eher aus der Erkenntnis der eigenen Lernvorgänge und der sich daraus ergebenen Lehr- und Lernmethoden erschließen lässt. Gezielte Techniken, Methoden und Trainings zum Lernen und Lehren werden bewusst angesprochen und verändert.
Das Lerncoaching umfasst drei Hauptbereiche.
- Der erste Bereich ist das *Lernen und Lehren*, welcher sich konkret auf Planung und Zielvorhaben von Lernsituationen und Lernvorgänge bezieht.
- Der zweite Bereich beschäftigt sich mit der Persönlichkeitsbildung, die auf langfristige Veränderungen in Bezug auf Umfeld, Lernen und Arbeiten abzielt. Möglichkeiten und Kenntnisse, seine eigenen Ressourcen zu erweitern und effizienter auszuschöpfen, sollen aufgezeigt werden.
- Der dritte Bereich wird als *der neue Mind* beschrieben und umfasst Trainings, die sich auf den Umgang mit unbekannten Situationen befassen und einen sicheren Umgang mit diesen einüben. Neuste Ansätze der Gehirnforschung sollen dabei berücksichtigt werden.

(6) *Tagesschule Chur*
Angebot: Lerncoaching als ein Teil eines Gesamtkonzepts (Tagesschule Chur). Die Schule hat sich zum Ziel gesetzt, eine intensive Tagesbetreuung anzubieten, welche die emotionale, fachliche sowie soziale Entwicklung junger Menschen in den Mittelpunkt der Arbeit stellt. Wege zur Selbständigkeit und Selbsttätigkeit sollen aufgezeigt und die Zusammenarbeit im Team gefördert werden. Leitsatz: *„Sag es mir, und ich vergesse es; zeige es mir, und ich erinnere mich; lass es mich tun und ich behalte es."*
In Projektwochen zu den Themen ‚Lernen' und ‚Lerncoaching' wird den Schülern nahe gebracht, wie sie ihren individuellen Lernstil mit Strategien und Methoden verbessern können. Darüber hinaus soll die

Lust und Neugier am Thema ‚Lernen' geweckt werden. Die Schüler werden ‚eingeladen', sich selbst bei Lernprozessen zu beobachten und zu experimentieren. So wird, nach Ansicht der Lehrer, der eigene Lernstil am besten gefunden.
Ein anderer Schwerpunkt wird auf die Gruppe und deren Prozesse gelegt. Soziales Lernen heißt, die Auseinandersetzung mit dem Gegenüber fördern und die Fähigkeit unterstützen, sich mit seinen Schwächen und Stärken in ein Team zu integrieren. Nicht nur die Auseinandersetzung mit Lerntechniken, auch das Erlernen von Konzentrations-, Entspannungs- und Aktivierungsübungen sollen den Schülern helfen, das Vertrauen in ihre eigenen Fähigkeiten zu stärken.

(7) *Der Lerncoach*
Die von Reinhilde Beck und Waltraud Birkle herausgegebene und erarbeitete CD *‚Der Lerncoach.' Material- und Methodensammlung zur Gestaltung von Trainingseinheiten zum Thema Lern- und Selbstmanagement* (Interaktive Medien Verlag und Produktion: Neu-Edingen 2004) ist mediendidaktisch sehr ansprechend und anschaulich gestaltet und enthält ein Trainingsprogramm zum Selbstlernen bzw. zum Lernen in Gruppen (als eigenständige Trainingsbausteine, als begleitende Materialien im Coaching, als komplettes Seminar). Zu unterschiedlichen Themen (z. B. Gedächtnis, Selbstmanagement, Ängste, Stress, Konzentration, Entspannung, Gesprächsverhalten) werden Folien, Teilnehmerunterlagen und Trainingsanleitungen in sehr klarer Übersicht angeboten.

Weitere Angebote finden sich unter den Stichworten: *Lernberatung – Begabungs- oder Lerntypenanalysen – Lernstörungen* (z. B. Legasthenie, Dyskalkulie usw.*) – Motivation – Wertschätzung – Lernstrategien – Kommunikation – Philosophie der Esoterik – Umgang mit Selbsterfahrung als Methode zur Lernsteigerung.*

Alle diese Angebote laufen unter der Rubrik ‚Lerncoaching'. Die unterschiedlichen Inhalte und Vorstellungen zeigen das breite Spektrum zum Thema ‚Lerncoaching'.

Angebote zur Ausbildung in Lerncoaching

Obwohl Lerncoaching als didaktische Form noch relativ jung ist, gibt es bereits Ausbildungen, in denen sich pädagogisches und nicht pädagogisches Personal zum Lerncoach ausbilden lässt.

Beispiele:

(1) *Bildungsmarkt Vulkan gGmbH in Berlin-Lichtenberg*
Eine berufsbegleitende Weiterbildung zum Lerncoach wird vom Bildungsmarkt Vulkan gGmbH in Berlin-Lichtenberg angeboten. Kooperationspartner dieses Modellprojektes, das vom Bundesministerium für

Bildung und Forschung (BMBF) im Rahmen des BQF Programms gefördert wird, sind der GFBM und der ABU.
Siehe hierzu den Beitrag von Regina Walther und Hilda Rohmer-Stänner *„Berufsbegleitende Weiterbildung des Instituts für LernCoaching und Bildung Berlin zum LernCoach“* in diesem Band.

(2) *ThinkPäd – Linz/Österreich*
Ein anderer Kompakt-Lehrgang mit universitärem Charakter zum Thema Lerncoaching wird vom Institut ThinkPäd aus Linz/Österreich angeboten. Das Ziel dieses Lehrganges ist, Kinder, Jugendliche und Erwachsene, die Fragen und Probleme beim Lernen haben, zu unterstützen und zu begleiten. Lernen wird hier in einem systemischen Kontext betrachtet. Durch eine Vielzahl von Methoden kann der Lerncoach in seiner Arbeit Hilfe für erfolgreiches Lernen anbieten. Dieser Lehrgang mit universitärem Charakter ist eine Ausbildung, die der einer Universität gleicht, aber von einer außeruniversitären Ausbildungsinstitution angeboten wird. Es gibt eine Studien- und Prüfungsordnung, die wiederum vom Bildungsministerium geprüft und verordnet wird. Sie entspricht derer eines Studiums an einer Universität in Österreich. Viele der Referenten sind daher auch an Universitäten und Akademien tätig und haben wissenschaftliches Niveau. So kann nach Abschluss des Lehrganges den Absolventen auch ein staatlich akademischer Titel verliehen werden. Die Zulassungsvoraussetzung für diesen Lehrgang ist eine allgemeine Universitätsreife und eine langjährige einschlägige Berufstätigkeit. Der wissenschaftliche Leiter, Dr. med. Friedrich Leblhuber, entscheidet über die Aufnahme der Teilnehmer. Er ist zugleich Leiter des Instituts für neurologisch-psychiatrische Geriatrie am Wagner-Jauregg Landeskrankenhaus in Linz. Die Studienleitung für den Lehrgang Lerncoaching hat Dr. Renate Birgmayer. Die Ausbildung ist berufsbegleitend, dauert vier Semester und wird vorwiegend in Wochenendmodulen durchgeführt. Dabei wird ein Schwerpunkt mit 450 Unterrichtseinheiten auf Theorie und praktische Grundlagen im Präsenzstudium gelegt. Etwa 2oo Stunden müssen die Teilnehmer eigenständig in Form eines Literaturstudiums durchführen. Für die praktische Erfahrung werden ungefähr 120 Stunden und für ein Projektstudium ca. 150 Stunden veranschlagt. Zu den Leistungsnachweisen gehören jeweils zwei schriftliche Klausuren in den ersten drei Semestern. Im vierten Semester werden das schon erwähnte Projektstudium und eine Abfassung einer Projektarbeit verlangt. Abschließend gibt es eine mündliche kommissionelle Prüfung zur Disputation der Projektarbeit.
Die Lehrgangsinhalte werden thematisch vier Semestern zugeordnet und gliedern sich in verschieden Module.
Im ersten Semester steht zum einen der Erwerb theoretischer Grundlagen der Medizin, Psychologie und Pädagogik im Vordergrund. Zum anderem werden methodische Grundlagen in systemischer Beratung

und Didaktik vermittelt. Die Inhalte haben aktuelles wissenschaftliches Niveau und sollen ein theoretisches Grundwissen vermitteln.
Besondere Themen dieses Moduls sind beispielsweise Kenntnisse der Entwicklungspsychologie, Denk- und Lernpsychologie (unter anderem auch Hochbegabung), allgemeine Psychologie sowie Grundlagen der Pädagogik.
Für den Bereich des medizinischen Grundwissens vermitteln Fachärzte den Teilnehmern beispielsweise Kenntnisse über die neuromotorische Entwicklung des Kindes. Weitere Themen sind Hör- und Sehentwicklung, Sprachentwicklung, Wahrnehmung, Körperschema, Neurologie, Denken und Gedächtnis, Gehirnforschung bis hin zu Altersphänomenen und Gerontologie.
Im zweiten Semester wird sich dem Thema Lernen allgemein methodisch genähert. Inhaltlich geht es um Lernen und Biografie, Lernen in verschiedenen Kontexten und Lebenssituationen. Weiterhin wird in diesem Modul ein Schwerpunkt auf gewandtes Lernen, das Berufsprofil und Ethik gelegt.
Im dritten Semester liegt der Fokus auf spielerischen und sinnesorientierten Methoden. Das bisher erlangte Wissen der ersten zwei Semester soll in diesem dritten Abschnitt integriert werden. In diesem Block wird das angewandte Lernen vertieft und mit Themen zum Schulrecht und zur Didaktik ergänzt.
Das vierte Semester hat das Ziel die erlangten Fachkenntnisse aus den ersten drei Semestern im Rahmen eines Projektstudiums zu vertiefen. Die Teilnehmer erhalten die Möglichkeit, eigene praktische Erfahrungen mit Teilnehmern und/oder Klienten in Seminaren und Beratungsstunden zu machen.
Nach erfolgreichem Abschluss des Lehrgangs erhalten die Teilnehmer wie bereits erwähnt das Zertifikat ‚akademischer Lerncoach'.

Lerncoaching: Übertragung auf die Praxis

Lerncoaching ist originär für Lerner konzipiert, die beim Lernen Schwierigkeiten oder Probleme haben. Haben Lerner keine Schwierigkeiten oder Probleme, bedarf es – eigentlich – auch keiner sonderlichen Beratung. Das aber wird wohl die Ausnahme sein. Gleichwohl: Fast jeder würde gerne sein Lernen verbessern. Insofern bietet das Lerncoaching allen Lernern Optimierungsmöglichkeiten an; gleichwohl richtet sich der Fokus des Lerncoachings auf Lerner mit Schwierigkeiten.

Es wurde bereits an anderer Stelle darauf hingewiesen, dass die Umsetzung der erarbeiteten Erkenntnisse auf die Praxis in einem nur sehr begrenzten Maße erfolgen kann. Die Begrenzungen beziehen sich zum einen auf das (a) *theoretische Wissen (Theorie)* und zum anderen auf die (b) *praktische Realisation (Praxis).*

(a) *Theorie*

Wir wollen noch einmal betonen: Die vorliegenden Daten und Erkenntnisse der unterschiedlichen Wissenschaftsdisziplinen formen ein Konglomerat von Wissensbausteinen, die noch kein vollständiges und in sich stimmiges Bild vom Lernen zeichnen. Das macht eine Umsetzung auf die Praxis schwierig und kompliziert. „Nach derzeitigem Wissensstand gibt es keinen Königsweg zur Förderung effizienten Lernens und Denkens“[9].

Erschwert wird die Umsetzung vor allem durch den Umstand, dass sich die entscheidenden Prozesse des Lernens im Gehirn abspielen, also für den außen stehenden Berater im ‚unsichtbaren Bereich' des Lerners stattfinden. Wir können nicht in sein Gehirn schauen um zu erkennen, welche hirnphysiologischen Prozesse sich während des Aneignungsprozesses in bestimmten Phasen abspielen. Wir sind auf Vermutungen (Hypothesen) durch Beobachtungen und Befindlichkeitsanalysen angewiesen. Der ‚sichtbare Bereich' des Lerners kann allerdings erste Hinweise liefern. Aber selbst wenn wir – theoretisch angenommen – in das Gehirn des Lerners schauen könnten und selbst wenn wir – wieder theoretisch gedacht – die hirnphysiologischen Prozesse mit ihren corporalen Ein- und Auswirkungen nachvollziehen könnten, wäre es (wahrscheinlich) kaum möglich, etwas bewirken zu können, was der Lerner nicht kann oder will (Übergeordnete Instanzen). Insofern bleibt dem Lerncoach nur die Möglichkeit, gemeinsam mit dem Lerner die situative Lernbefindlichkeit möglichst in Korrespondenz zu seinen Grundbedürfnissen zu erfassen, um – wiederum mit ihm gemeinsam – nach Optimierungsmöglichkeiten zu suchen. Besteht beispielsweise zwischen der situativen Lernbefindlichkeit und den Grundbedürfnissen eine Inkonsistenz, dann wird nachhaltiges ‚Lernen' fast unmöglich. Der Lerncoach hätte die Aufgabe, über eine Inkonsistenzreduktion Lernen wieder zu ermöglichen; das wäre dann der didaktische Prozess der Passung.

Die Theorien bzw. theoretischen Annahmen liefern uns also keine Sicherheit, sondern nur Prognosen bzw. handlungsleitende Strategien.

Der Schwerpunkt liegt also auf der Wahrnehmung, der Beobachtung, der Diagnose und Analyse seines psycho-physischen (Lern-)Zustands mit der Option, diesen bezogen auf den Lerngegenstand zu verbessern. Es ist das Bemühen um eine optimale Passung von Lerner und Lerngegenstand. Mehr ist nicht möglich; alles andere wäre eine Illusion. Im Grunde ist das nichts anderes als das, was jede gute Lehrkraft im Rahmen ihrer Möglichkeiten ohnehin tut – oder gerne tun würde.

In diesem Zusammenhang noch einige ergänzende Worte zum Lernarrangement, also zum Methodeneinsatz. Jede Lehrkraft plant ihren Unterricht im Rahmen der unterrichtlichen Möglichkeiten und nach

9 Stangl, W.: Lernstile – was ist dran? In: Praxis Schule 2005, H. 5, 12

dem ihr zur Verfügung stehenden Methodenrepertoire. Nun mag es durchaus sein, dass viele Lehrkräfte über ein zu geringes Methodenrepertoire verfügen und daher immer auf der Suche nach neuen Methoden sind. Das ist prinzipiell zu begrüßen und erklärt, wie eingangs bereits angemerkt, den Boom der Unterrichtsrezeptologien. Es geht aber nicht primär darum, viele Methoden zu kennen, sondern es geht darum, bei Schwierigkeiten im Lernprozess diesen genau zu analysieren, um daraus Lernarrangements zu gestalten, die den Lernprozess des Einzelnen als auch der Gruppe optimieren. Die Ergebnisse der Analyse bzw. der Diagnose bestimmen die Methoden (das Lernarrangement) – und nicht umgekehrt. Der Lerner bestimmt die Methode und nicht die Methode den Lerner. Lerncoaching ist demnach nicht in erster Linie dafür gedacht, möglichst viele Methoden zu vermitteln, sondern eine optimale Abstimmung von Analyse/Diagnose und Arrangement zu erreichen. Allerdings setzt das voraus, Lernarrangements nicht nur lernerangemessen modellieren zu können, sondern auch die Möglichkeiten zu kennen, ein Grundwissen über Optionen und Alternativen verfügbar zu halten. Erst aus der Analyse bzw. Diagnose erschließen sich die Methoden.

(b) *Praxis*
Die Praxis sieht anders aus. Zum einen sind die (meisten) Lehrkräfte für Lerndiagnosen nicht genügend ausgebildet, zum anderen erlauben die schulischen und unterrichtlichen Rahmenbedingungen (45-minütiger Zeittakt; Raumausstattung u.a.m.) ein solches intensives Eingehen auf den Lerner nicht. Das theoretische Wissen um Lerntheorien, um Lerngesetze, um Lernarten, um Lernstile, um Lerntypen, um Lernprinzipien und um die Didaktischen Modelle nützt wenig, wenn sie nicht individuumsbezogen (oder gruppenadäquat) angewendet werden können. Die schulischen und unterrichtlichen Rahmenbedingungen sind so wie sie sind, nämlich in den meisten Bildungsinstitutionen und -einrichtungen alles andere als lern-optimal. Wenn beispielsweise keine lernfreundlichen (Lern-)Umgebungen gestaltet werden können (Klassen- oder Seminarräume), die für das Lernen (und Arbeiten) von ausschlaggebender Bedeutung sind (‚Locations have Emotions'), sind alle anderen Optimierungsfaktoren automatisch in ihrer Wirkung gemindert. Die Raumkultur prägt die Lernkultur. Wenn beispielsweise nicht genügend Zeit für eine Lernbefindlichkeitsanalyse zur Verfügung steht, sind die (anderen) Optimierungsmöglichkeiten ebenso eingeschränkt. A.v.d. Groeben (2005, 6)[10] fragt zu recht: „Wenn diese Analyse zutrifft, müssten wir Lernprozesse dann nicht ganz anders, nämlich primär von der Zeitlogik her zu verstehen lernen?" Ja, das müssten wir! Und das Lerncoaching böte eine Chance, dies in Ansätzen zu etablieren.

10 Groeben, A.v.d.: Dem Lernen Zeit geben. In: Pädagogik 2005, H. 12

Lerncoaching, das heißt ‚das Lernen coachen', kann nur unter den gegebenen Bedingungen versucht werden (Siehe hierzu den Beitrag von Peter Flittiger *‚Praxisbericht. Modellprojekt Lerncoaching'* in diesem Band). Insofern sind Bemühungen zu verstehen und zu unterstützen, die mit dem Lerncoaching auch gleichzeitig eine andere Lernkultur implementieren, das heißt das gesamte ‚Lernsystem' verändern möchten. Dies können gegenwärtig nur sehr autonome Schulen, in der Regel Privatschulen, praktizieren, die den Mut haben und die Voraussetzungen mitbringen, sich dem normierten Schulsystem zu entziehen. Was das an Überzeugungskraft, Anstrengung und Geduld bedeutet, weiß jeder, der an einer ‚normalen staatlichen Schule' tätig ist.[11]

Wir haben drei Bezugskomponenten für das erweiterte Verständnis von Lerncoaching benannt:
(1) das *Individuum als singuläres System*,
(2) die *gruppale Formierung als Lerngruppe* und
(3) das *institutionelle System als Bildungseinrichtung.*

An dieser Stelle sollen Frage- und Problemstellungen formuliert werden, die es dem Lerncoach ermöglichen, den Lernzustand etwas besser zu verstehen und wie er aus diagnostischer bzw. analytischer Sicht an mögliche Lernhindernisse oder Lernbarrieren kommt. Wann und wie die Frage- bzw. Problemstellungen in den Beratungskontext eingebracht werden, wird in den Trainingsmodulen erläutert; ebenso werden die entsprechenden Schlussfolgerungen bzw. Optimierungsmaßnahmen beschrieben (siehe Trainingsmodule; gesonderte Schrift).

(1) *Individuum als singuläres Lernsystem*
- Was sind die konkreten Lernschwierigkeiten? Wann und wo treten sie auf (Lernsituationen)? Wie zeigen sie sich?
- Spielen (lern)biografische Faktoren (Erfahrungen) eine Rolle? Welche Erinnerungen verbinden sich mit der Lernsituation bzw. dem Lerngegenstand?
- Gibt es körperliche Gefühle (bzw. Empfindungen) beim Lernen (z. B. bestimmter Lerngegenstände)?
- Was bedeutet der Lerngegenstand für den Lerner? Welchen Sinn hat er aus der Sicht des Lerners?
- Welche (inhaltlichen) Vorlieben oder Abneigungen hat der Lerner?
- Über welche Lerndispositionen verfügt er?
- Welche Strategien oder Techniken hat der Lerner (bevorzugt er)?
- Über welche kognitiven Muster verfügt der Lerner (z. B. konkrete oder abstrakte Abfolgen)?
- Welche Rolle spielen die Mitlerner (einzelne oder die Gruppe)?

11 Selbst Hartmut von Hentig scheiterte in seiner Bielefelder Schule mit dem Versuch, einen internen Reformansatz (Entschulung der Mittelstufe) durchzusetzen (vgl. v. Hentig 2006).

- Welche Rolle hat der Vermittler (Lehrer) für den Lerner? Wie ist sein personales Bezugsverhältnis zum ihm?
- Welche Umweltfaktoren beeinflussen sein Lernen (Druck vom Elternhaus, Erwartungshaltungen anderer)?
- Welche Grundbedürfnisse werden angesprochen (oder nicht)?
- u.a.m.

Diese und andere Frage- bzw. Problemstellungen können durch ein spezifisches *Lerninterview* geklärt werden. Ausgewählte Instrumente (z. B. ‚Lernstil-Quadrate') werden themenadäquat eingesetzt.

(2) *Gruppale Formierung als Lerngruppe*

- Wie ist die Lerngruppe zusammengesetzt (homogen, heterogen)?
- Welche Besonderheiten bestimmen die Interaktionen in der Gruppe?
- Welche gruppendynamischen Phänomene beeinflussen das Lernen bzw. das Lernverhalten der Lerner?
- Welche Kommunikationsformen bzw. -strukturen bestimmen den Vermittlungsprozess (Vermittler vs. Lerner; Lerner vs. Lerner u.a.m.)?
- Wer dominiert (bei den Lernern) mit welchen Auswirkungen?
- Welchen Einfluss hat die Lernumgebung auf die Lerngruppe?
- Welche Verhaltensmuster haben sich in der Gruppe habitualisiert?
- u.a.m.

Diese und andere Frage- bzw. Problemstellungen können durch ein *spezifisches Gruppensetting* (z. B. Innen- u. Außenkreis) thematisiert werden. Ausgewählte Instrumente (z. B. Themenbogen ‚Macht-Vertrauen-Einfluss') werden auch hier themenadäquat eingesetzt.

(3) *Institutionelles System als Bildungseinrichtung*

- Welche besondere Philosophie der Bildungseinrichtung bestimmt die Umsetzung von Inhalten?
- Welchen geschichtlichen Hintergrund weist die Institution auf (z. B. Chronik oder Institutionelle Biografie)?
- Welche Lernkultur lässt sich erkennen und welche Auswirkungen hat sie auf die Lernenden?
- Welche Auswirkungen hat die Organisationsstruktur bezogen auf die Vermittlungsprozesse?
- Welche Verhaltensweisen zeigen die Mitglieder bezogen auf die Vermittlungsaufgabe?
- Unter welchen spezifischen Erwartungen steht die Bildungseinrichtung?

Diese und andere Frage- bzw. Problemstellungen sollten von einem Lerncoachingteam mit nach bestimmten Kriterien ausgewählten Lehrkräften in einem spezifischen Setting bearbeitet werden. Thematische Instrumente könnten das ‚Fokussierte Interview' oder ähnliche Instrumente sein.

Basisqualifikationen eines Lerncoach

- Was wird von einem Lerncoach verlangt?
- Welche Basisqualifikationen werden vorausgesetzt?

Sechs übergreifende Kompetenz- bzw. Erfahrungsbereiche sind zu nennen, die ihrerseits noch weiter aufgeschlüsselt werden können.

(1) *Praxiskompetenz: Berufserfahrung*
Der Lerncoach sollte über eine mehrjährige Unterrichtstätigkeit in möglichst unterschiedlichen Lernfeldern aufweisen. Die selbst erlebte Praxis kann selbstexplorativ aufgearbeitet werden und erleichtert den Zugang zu spezifischen theoretischen Themen des Lerncoachings.

(2) *Sozialkompetenz: Beziehungsfähigkeit*
Die Sozialkompetenz beinhaltet nahe zu alle Fähigkeiten, die für das Agieren und Reagieren auf Einzelpersonen als auch in sozialen Gruppierungen unabdingbar sind. Dazu zählen Toleranz und Akzeptanz, Verantwortungsbewusstsein und Verlässlichkeit, Solidarität und Vertrauensfähigkeit, Kontaktfähigkeit, Echtheit und Offenheit, aber ebenso Einfühlungsvermögen, Konfliktfähigkeit, Transparenz und Flexibilität

(3) *Selbstkompetenz: Persönlichkeit*
Nicht völlig zu Unrecht wird gesagt: ‚Der Unterricht, die Beratung, die Therapie, das Team usw. steht und fällt mit der Persönlichkeit' (des Lehrers, Leiters usw.)! Die Grundaussage ist eindeutig, wenngleich sehr subjektiv, dennoch mitunter kollektiv geteilt. Wer ist eine Persönlichkeit – und was zeichnet sie aus? Die Vorstellungen darüber sind vielschichtig und auch wissenschaftlich nicht eindeutig zu beantworten. Gleichwohl lassen sich einige Eigenschaften für unseren Zusammenhang benennen, von denen angenommen werden kann, dass sie eine Persönlichkeit in ihrer Selbstkompetenz kennzeichnen. Dazu gehören u. a.: Selbstakzeptanz und -behauptung, Selbstbewusstsein, Ichstärke, Belastbarkeit, Stabilität, Fähigkeit zur Selbstkritik, zur Selbstwahrnehmung und -einschätzung.

(4) *Theoriekompetenz: Basiswissen*
Unabdingbare Voraussetzung ist ein sehr umfangreiches theoretisches Basiswissen aus Pädagogik, Psychologie, Soziologie, Anthropologie und spezifische Fachkenntnisse zum Thema ‚Lernen'. Die in dieser Schrift ausgeführten Überlegungen sollen Anstöße und Anregungen sein, sich mit dem Thema ‚Lernen' intensiv auseinanderzusetzen.

(5) *Feldkompetenz: Arbeitsfelder*
Für die spezifischen pädagogischen Lernfelder (z. B. Schule, Weiterbildungseinrichtungen) sind berufsfeldbezogene Grundkompetenzen wünschenswert. Sie beziehen sich auf grundlegende Kenntnisse der Infrastruktur, der Bedingungen am Arbeitsplatz, der Organisations- und Per-

sonalstruktur, der subkulturellen Einflussgrößen, der Organisationskultur u.a.m. Diese Feldkompetenz birgt zwar die Gefahr, möglicherweise voreingenommen und wenig distanziert das Arbeitsfeld zu betrachten, erleichtert andererseits aber das Verständnis und das Einfühlungsvermögen. Die jeweiligen Vor- bzw. Nachteile der Feldkompetenz (interner vs. externer Lerncoach) sind in Abhängigkeit der zu bearbeitenden Thematik zu überprüfen.

(6) *Methodenkompetenz: Spezifische Qualifikationen*
Unter Methodenkompetenz verstehen wir spezifische Qualifikationen bzw. Kompetenzen, von denen angenommen werden kann, dass sie in der Lerncoachingarbeit zur Anwendung kommen. Zu nennen sind: pädagogisch-psychologische Gesprächsführung, Wahrnehmungs- und Beobachtungskompetenzen, Analyse- und Diagnosekompetenzen, Kompetenzen im Umgang mit spezifischen methodischen Verfahren und Techniken u.a.m.

Erworben werden diese Qualifikationen im Rahmen des Ausbildungsganges zum Lerncoach.

Lerncoaching und Didaktik

Es wurde bereits mehrmals darauf hingewiesen, dass nach dem derzeitigen Stand der Erkenntnisse zum Thema ‚Lernen' eine Umsetzung der gewonnenen Fakten und Daten in eine lernfördernde bzw. optimierende Praxis nur in einem sehr eingegrenzten Rahmen möglich ist. Dies muss man sich immer wieder vergegenwärtigen, wenn man keine falschen Hoffnungen wecken will. Den Optimismus einiger Vertreter neuropädagogischer Didaktiken teilen wir mit Vorbehalt: „Aus Erkenntnissen der psychologischen und vor allem der neurowissenschaftlichen Forschungen lassen sich ganz konkrete Konsequenzen für die Gestaltung von Lehr- und Lernprozessen ableiten (für Gedächtnis, Wahrnehmung, Denken, Lernen, Schulgestaltung)."[12]

Die bisherigen Überlegungen berühren die Themenbereiche Coaching und Didaktik[13] (genauer: Lerncoaching – Neurodidaktik – Neuropädagogik). Eine Grenzziehung ist schwierig.

Bei unseren Überlegungen geht es nicht um die Konzeption einer neuen Didaktik (z. B. Neurodidaktik), sondern um Lerncoaching. Zwar lassen sich beide nicht losgelöst voneinander betrachten, aber der jeweilige Fokus ist

---

12 Meier a.a.O, 14

13 Auf die unterschiedlichen Definitionen von ‚Didaktik' wird hier nicht eingegangen. Sie umfassen sowohl ein enges Verständnis (Didaktik als Dimension der Vermittlung) als auch ein weites (Didaktik als Wissenschaft vom Unterricht). Ausführlich dazu: Bönsch, M.: Didaktisches Minimum 1996 u. dergl. Didaktisches Additum 1998: Neuwied: Luchterhand

doch unterschiedlich. Didaktik ist in ihrem Anspruch umfassender und weiter, Lerncoaching ist enger und personen- bzw. gegenstandszentrierter. Natürlich hat Didaktik den Lerner im Blick, es geht ja nicht anders, aber sie muss darüber hinaus den prospektiven curricularen Gesamtkontext gesellschaftsrelevanter Bildungsstandards antizipieren. Lerncoaching darf die curricularen Vorgaben und Überlegungen nicht vernachlässigen, aber sie stehen nicht im Zentrum; es geht primär um die personalen und gruppalen Komponenten im Vermittlungs- bzw. Aneignungsprozess. Im Zusammenhang damit stehen auch Ausbildungsfragen. Die Bemühungen einiger Vertreter, jeden Lehrer zum Lerncoach auszubilden und damit die Berufsbezeichnung ‚Lehrer' durch ‚Lerncoach' zu ersetzen, sind zukunftsvisionär – und grundsätzlich zu begrüßen. Das würde nicht nur bedeuten, ein neues Berufsbild mit noch zu definierenden Qualifikationsmerkmalen des Lehrers zu kreieren, es würde folglich auch beinhalten, die traditionelle Schule in ihrem derzeitigen Selbstverständnis zu hinterfragen und in ihrer jetzigen Organisation und Struktur völlig umzukrempeln. Externe Berater werden deshalb nicht überflüssig. Aber davon sind wir noch weit entfernt.

Wir haben uns bisher hauptsächlich mit der Frage beschäftigt, was Lernen ist oder sein könnte und wie sich die Lernprozesse nach den bisherigen Erkenntnissen möglicherweise erklären ließen. Aber Forschungsergebnisse sind auch immer das Resultat der Bedingungen, unter denen sie gewonnen werden. Wie kompliziert und komplex, wie einfach und verwirrend, wie verständlich und unverständlich, wie nachvollziehbar und unbegreiflich, wie festgelegt und frei, wie logisch und unlogisch das Gehirn arbeitet, lässt sich exemplarisch bei Markowitsch (2002) erleben. Und gerade bei Markowitsch wird deutlich, wie abhängig die Daten und Ergebnisse, die Zuschreibungen und Aussagen vom spezifischen Forschungsinteresse und vom gewählten Forschungsinstrumentarium sind. Dabei sind es nicht immer nur die komplexen Verzahnungen und Verbindungen in der Person des Lerners, die den Lernprozess steuern, vielmehr die kleinen Scharnierstellen, die – wie beim Flugzeug die vielen Nieten – das Gesamtsystem zusammenhalten.[14] Häufig werden von verschiedenen Wissenschaftlern unterschiedliche Begriffe für den gleichen Sachverhalt verwandt, meinen aber das gleiche. Das irritiert bzw. verwirrt mitunter. Die Sprache der Bezugswissenschaften zum gleichen Gegenstand ist nicht einheitlich, und kann es auch noch nicht sein. Und gelegentlich staunt man, welche Gehirnteile bzw.

---

14 In der Hirnforschung werden bei der Untersuchung des Gehirns drei Ebenen unterschieden: Die oberste erklärt die Funktion größerer Hirnareale (z. B. Großhirnrinde), die mittlere beschreibt das interaktive Geschehen von komplexen Zellverbänden zueinander und die unterste untersucht die filigranen Vorgänge auf dem Niveau einzelner Zellen und Moleküle. Das Zusammenspiel dieser drei Ebenen ist noch nicht völlig geklärt (vgl. Das Mainfest, a.a.O., 30 ff.). Bisher sind die obere und die untere Ebene weitestgehend erklärbar, hingegen bleibt die mittlere Ebene in ihrer verbindenden Funktion noch relativ unerschlossen.

-areale oder andere personalen Komponenten von einzelnen Forschern mit unterschiedlichen Zuschreibungen versehen werden.[15] Das sind nicht unbedingt Widersprüche, sondern unterschiedlich kleine und unterschiedlich große Puzzle in einem Mosaik, das noch nicht vollständig ausgelegt ist. Aus forschungsmethodologischer Sicht sind diese vermeintlichen Unterschiede bzw. Widersprüche zu erklären, wünschenswert wäre allerdings eine Synopse, die mehr Klarheit zwischen den einzelnen Disziplinen herstellt.

Was bedeutet das für das Lerncoaching?

Die noch mit einer gewissen Unsicherheit behafteten Daten, Fakten und Erkenntnisse über das Lernen bedeuten, das der Lerner als autonomes System umso mehr in das Zentrum der Beratung genommen werden muss. Trotz einer gewissen biologischen und neurophysiologischen Determinierung bleibt ihm viel Raum zu Variationen in seinen Verarbeitungsprozessen und somit auch ein großer Frei- und Entscheidungsspielraum.[16] Lerncoaching nutzt diesen Frei- und Entscheidungsraum, um im gemeinsamen Tun weitere Optimierungsmöglichkeiten auszuloten.

Trotz aller Unzulänglichkeiten, Unsicherheiten und Wissenslücken kommt es darauf an, den Lerncoach mit den bis dato gesicherten Erkenntnissen, aber ebenso mit den Unzulänglichkeiten und Wissenslücken vertraut zu machen. Ziel der Ausbildung muss sein, sich über die intensive Einarbeitung in das Thema ‚Lernen' die eigene Analyse- und Diagnosekompetenz zu erweitern.[17] Wenn das personale System des Lerners im Mittelpunkt des Lerncoachings steht, dann heißt das auch, dass nur mit ihm gemeinsam gearbeitet werden kann. Das verlangt dialogische (und gruppale) Arbeitsfor-

---

15 Beispielhaft sei auf Spitzer (2004, 133 ff. u. 140 ff.) verwiesen, der die sprachliche und fachliche Brüchigkeit und damit die generellen Schwierigkeiten des besagten Forschungsfeldes verdeutlicht.

16 Siehe hierzu: Spitzer: Selbstbestimmen 2004. G. Hüther (2005) bezeichnet das Gehirn als ein ‚soziales Produkt' bzw. als ein ‚internes Beziehungssystem', das dem Lerner viele Entfaltungsmöglichkeiten offenbart.

17 Das Aneignen neuerer biologischer Erkenntnisse wird inzwischen auch für den Biologieunterricht an öffentlichen Schulen als notwendig erachtet. Dabei steht man – wegen der Komplexität und Kompliziertheit der Thematik – vor methodisch-didaktischen Schwierigkeiten in der Vermittlung, die das Leibniz-Institut für Pädagogik der Naturwissenschaften (IPN), Kiel, in einem dafür eigens angelegten Projekt zu lösen versucht. Zur Bedeutung wird ausgeführt: Aufgrund der hohen gesellschaftlichen Relevanz der sich ständig weiter entwickelnden Neurowissenschaften – man denke nur an die Erforschung der Funktion und Entwicklung des Gehirns (…) sowie neue Erkenntnisse zu den neurophysiologischen Grundlagen von Emotionen und Wahrnehmung – erscheint es sinnvoll und nötig diese Themen stärker als bisher in den Schulunterricht einzubeziehen. Neurowissenschaftliche Konzepte und Phänomene sind jedoch in besonderem Maße von Komplexität und Dynamik geprägt. Dies führt zu einer geringen Anschaulichkeit und einem hohen kognitiven Anforderungsgrad, so dass die Behandlung neurowissenschaftlicher Themen in der Schule eine besondere Herausforderung für Lehrer und Schüler darstellt.“ Kramer, B.: Mentale Integration von Text und Bild. In: IPN Blätter 2005, 4/05, 7

men, um Grenzen und Möglichkeiten auszuloten. In diesen dialogischen (gruppalen) Beratungsprozess kann der Lerncoach nur das einbringen, was er aufgrund seines theoretischen Wissens, seiner Analyse und Diagnose zu erschließen in der Lage ist. Wenn dies auf der personalen Ebene gelingt, besteht die Hoffnung, dass der Lerner selbstverantwortlich und selbstaktiv für sich Wege zum optimalen Lernen findet. Im erweiterten Sinne des Lerncoachings gilt das auch für Gruppen und überschaubare Systeme – auch wenn das sehr schwierig sein wird.

Erlauben wir uns zunächst ein futuristisches Kontrastszenario. Betreiben wir für einige Minuten ein kreatives Spiel. Zeichnen wir ein futuristisches Bild einer scheinbar optimalen Möglichkeit und prüfen diese, ob sie wünschenswert wäre.

Versetzen wir uns in die zweite Hälfte 21. Jahrhunderts und stellen uns vor, die ‚Bildgebenden Verfahren' seien technisch weiterentwickelt und als Handapparate jeder Lehrkraft zugänglich. Eine relativ unkomplizierte Einführung in die Handhabung ermöglicht den Einsatz dieser Technik, um bestimmte physiologische Vorgänge im Gehirn überprüfen zu können, etwa so wie bereits heute jeder Mediziner mit der Sonographie arbeitet, um Veränderungen in einzelnen Organen zu erkennen. Nun stellen wir uns weiter vor, wir könnten mit unserer Apparatur die im Lernprozess evozierten Gehirnzonen bzw. -areale beim Lerner sofort erkennen. Wir könnten sehen, welche Informationen wo ankommen, wie lange ihre Suchwege dauern, wo sie Anschluss finden und wo sie abgespeichert werden. Wir könnten weiterhin aufgrund der Bilder mutmaßen, dass der Lernprozess nicht so verläuft, wie wir ihn – als Außenstehende – für optimal erachten würden. Das gäbe uns nun die Möglichkeit, über andere oder zusätzliche Signale den Lernprozess in eine von uns hypothetisch angenommene optimale Richtung beim Lerner zu lenken. Wir könnten also aktiv und vermeintlich konstruktiv in den Lernprozess eingreifen und ihn im Sinne einer optimalen Aneignung beeinflussen. Wir könnten die Lernprobleme lösen und optimale Lernwege aufzeigen. Wunderbar!

Wenn wir uns dies und weitere Eingriffsmöglichkeiten vorstellen, die in absehbarer Zukunft durchaus möglich sein könnten, dann nähern wir uns Bildern und Vorstellungen, die uns bereits heute in der Science Fiction Szene gezeigt werden.[18] Eine aus heutiger Sicht horrible Vorstellung vom Zugriff fremder Menschen auf andere. Aber, wer hätte sich noch vor Hundert Jahren vorstellen können, dass heute Menschen nur leben können, weil sie technische Apparaturen in ihren Körpern tragen und diese ihnen das Über-

---

18 Die Science Fiction Szene entsteht nicht nur außerhalb der Wissenschaft, vielmehr fordert die Wissenschaft geradezu dazu auf, über Kreativität und Fantasie mit den wissenschaftlichen Erkenntnissen neue Welten und virtuelle Wirklichkeiten zu denken, siehe dazu: Krottenthaler, E.; See, Cl.v.: Von Science zu Fiction – Wissenschaft mit anderen Worten. Stuttgart: S. Hirzel 2006, 58 ff.

leben überhaupt ermöglichen. Die Adaption von Mensch und Maschine vollzieht sich unterschwellig, also kaum bewusst wahrnehmbar. Uhren tragen wir heute wie selbstverständlich und akzeptieren ihr Diktat, und Handys bestimmen die Art der Kommunikation und dienen als Kontrollinstrument. Viele Menschen pflegen inzwischen innere Zwiesprache mit ihren Computern. Die Technik wird zum anthropomorphen Partner! Zugegeben, jeder Vergleich ist problematisch und verbietet sich eigentlich. Dennoch sind diese Überlegungen nicht völlig abwegig. Das Gehirn zu manipulieren ist eine abstruse Vorstellung und berührt die Grundwerte des Menschen.[19] Lernen mit Hilfe solcher Apparaturen ist für uns eine nicht denkbare und nicht vorstellbare Option. Der Mensch wäre total manipulierbar; eigentlich genau das Gegenteil von dem, was wir heute als Lernziel, nämlich das autonome Individuum, anstreben. Dennoch, völlig ausgeschlossen ist eine solche Entwicklung nicht.[20] Aber soweit müssen wir mit unserem Gedankenspiel gar nicht gehen. Noch gibt es technische Probleme und moralisch-ethische Bedenken. Aber: Selbst wenn wir mit Hilfe der Apparatur die Gehirnvorgänge des Lerners verfolgen könnten, und wir würden wohlmeinend durch andere oder zusätzliche Signale (Informationen) Steuerungen vornehmen wollen, wie wollen wir wissen, ob der Lerner sie überhaupt annimmt und wenn ja, ob er nicht selbst (autonom) entscheidet, wo und wie er sie verortet – wenn überhaupt. Im Prinzip geschieht dies ja auch schon heute im alltäglichen Unterricht, nämlich permanent im methodisch-didaktischen Setting, wenn die Vermittler versuchen, über verschiedene Hilfsangebote den Lernprozess zu optimieren. Aus der Sicht des Vermittlers allerdings meistens vergeblich. Letztlich bleibt also doch der Lerner (sein Gehirn) unabhängig und autonom, bleibt gegen von außen einwirkende Signale resistent und entscheidet nach seinen eigenen Mustern. Und das ist auch gut so!

Mit diesem Gedankenspiel konfrontieren wir uns als Vermittler selbst mit einer paradoxen Situation. Einerseits versuchen wir im vermeintlich positiven Sinne über methodische Interventionen den Lernprozess zu manipulieren, andererseits scheuen wir davor zurück, denkbare Beeinflussungsinstrumente einzusetzen. Dieses Dilemma wird wohl nie gänzlich aufzulösen sein.

Es gibt inzwischen Vertreter, vor allem in den USA, die auf der Grundlage biologischer bzw. neurophysiologischer Daten und Erkenntnisse Konzepte eines *‚hirngerechten Lernens'* entwickelt haben[21]. Sie münden unterschied-

---

19 Obwohl bereits praktiziert. Erwiesen ist, dass us-amerikanische Soldaten mit Techniken der ‚sozialen Deprivation' während des Korea- bzw. Vietnamkrieges einer Gehirnwäsche unterzogen wurden, die zu fatalen Folgen führte.

20 Erinnert sei an G. Orwell ‚1984' (ersch. 1949) ‚Big Brother Is Watching You' und ‚Farm der Tiere' (ersch. 1945).

21 Beispielhaft seien genannt: G. Preiss (1988, 1996); R.N. Caine u. G. Caine (1997); K.W. Vopel (1999); H. Schachl (1998); Kovalik u. Olsen (1998) ; M. Arnold (2002); N. Becker (2002); H. Beck (2003); M. Meier (2004);

lich gewichtet in Konzepte der Neurodidaktik bzw. Neuropädagogik. Es ist hier nicht der Ort, die Konzepte im einzelnen darzulegen; es genügt festzuhalten, dass alle die biologischen, physiologischen und neurophysiologischen Erkenntnisse als Fundament ihrer Überlegungen zugrunde legen. Stark angelegt an diese Daten und Erkenntnisse etabliert sich (besonders) die Neurodidaktik als eigene Sparte oder Disziplin innerhalb der Didaktik. Allerdings, so wie es in den Neurowissenschaften noch keinen einheitlichen Konsens über bestimmte Prozesse gibt (auch noch keine einheitliche Terminologie) und bestimmte Präferenztheorien bzw. -annahmen von verschiedenen Forschern zu bestimmten Erklärungsmustern und Zusammenhängen unterschiedlich gewichtet werden, so unterschiedlich sind die pädagogischen bzw. didaktischen Konzepte in ihren zentralen didaktischen Auslegungen.[22]

Die Kernelemente hirngerechten Lernens sind: Ein selbst gewolltes und selbst bestimmtes und damit zielgerichtetes Interesse an einer Thematik (Informationen, Inhalte) – eine zeitlich eingegrenzte Aktivierung physischer und psychischer Potenziale und Energien (Motiviertheit, Aufmerksamkeit, Vigilanz) – die Nutzung präferierter Wahrnehmungskanäle und Verarbeitungsmuster (Lerntypen, Lernstile, Lernmuster, Lernwege, Lernstrategien) – die Nutzung vorhandener kognitiver Strukturen (Regeln, Regelhaftigkeiten, Muster, Anschlussmöglichkeiten) – ein psycho-physisch angepasster Zeitrahmen (Zeit als Chronos und Kairos[23], Transfer- u. Übersetzungszeiten im Gehirn) – ein förderliches Interaktionsgeschehen (Vermittler, Mitlerner, Gruppe, System) – eine emotional sichere, wohltuende, anregend-förderliche Lernumgebung (‚Locations have Emotions') – eine Ausgewogenheit der psycho-physischen (Lern-)Befindlichkeit (Lernsituation, Lernbiografie)

---

22 So gibt es innerhalb der ‚Neurodidaktik' unterschiedliche Grundauffassungen. Preiss (1996, 94), der übrigens den Begriff ‚Neurodidaktik' als erster 1988 einführte, beispielsweise versteht darunter: „Die Neurodidaktik konzentriert sich auf die Lernfähigkeit des Menschen. Dabei zeigt sich als Grundelement die Fähigkeit der Selbstorganisation des Gehirns, bei dem die notwendigen und wirksamen Kriterien zur Bewertung von Lernsituationen wesentlich aus dem jeweiligen Zustand des Gehirns selbst geschaffen werden". M. Arnold (2002, 162) versteht die Neurodidaktik als ‚weltphilosophische Neugestaltung', als Entwicklung einer alternativen geistigen Ausrichtung und damit die Aneignung einer neuen Weltsicht (hierzu auch: Meier 2004, 74 ff.). Eine gute Übersicht über den Diskussionsstand bietet der Band: Herrmann, U. (Hrsg.): Neurodidaktik. Weinheim, Basel: Beltz 2006

23 Für Kairos wird von einigen Autoren auch in Anlehnung an die Geschichte von Micheal Ende die Begrifflichkeit ‚Momo-Zeit' verwendet.
Anmerkung: Eines der spannendsten Themen der Gegenwart ist das der ‚Zeit'. Die unterschiedlichen Definitionen und Erklärungen und die sich daraus ableitenden Schlussfolgerungen aus physikalischer, biologischer, ökonomischer oder philosophischer Sicht sind auch für die Pädagogik interessant. Die ‚Zeit' als physikalische Messeinheit und die ‚Zeit' als Bewusstheitsphänomen wird innerhalb pädagogischer Fragestellungen noch viel zu wenig rezipiert (vgl. hierzu exemplarisch: Klein, St.: Zeit. Der Stoff aus dem das Leben ist. Frankfurt a. M.: Fischer 2006; Levine, R.: Eine Landkarte der Zeit. München: Heyne 1998, oder: Lightman, A.: Und immer wieder die Zeit. München: Heyne 1993)

– eine kognitive und emotionale Stimmigkeit bezogen auf den Lerngegenstand (Vermittlungs- und Aneignungsprozess).

Die Kernelemente dienen zur (Aus-)Formulierung von *Geboten* (z. B. Schachl 1998), von *Konsequenzen* (z. B. Vopel 1999), von *Einsichten* (z. B. Bubenheimer 2004), von *Prinzipien* oder *Aussagen* (u. a. Siebert 2001; Friedrich & Preiss 2002; Beck 2003; Schirp 2004; Herrmann 2004) für ein förderliches Lernen. Hier eine Übersicht wesentlicher Formulierungen, die sich teilweise gegenseitig komplettieren:

- Lernen sollte Freude bereiten, sollte Spaß machen und von positiven Reizen begleitet sein;
- Lernen sollte die individuellen Begabungen (Determinierungen) des Lerners berücksichtigen bzw. kontextuell einbeziehen;
- Lernen sollte aus der Sicht des Lerners (seines Gehirns) Sinn machen, die Wissenslücken sollte der Lerner selbst bestimmen;
- Lernen sollte möglichst viele (optimal: alle) Sinnesorgane (favorisierte Wahrnehmungskanäle) ansprechen, damit die Speicherung ins Langzeitgedächtnis besser gelingt;
- Lernen braucht individuelle Zeit, um die Stationen, Schritte und Phasen der Be- und Verarbeitung ‚hirnaffin' bewerkstelligen zu können;
- Lernen sollte die Emotionen des Lerners berücksichtigen bzw. einbeziehen, Lernen sollte den persönlich-biografischen Hintergrund berücksichtigen;
- Lernen sollte den Körper (die körperlichen Empfindungen) beachten, der Lerner sollte seine ‚Somatischen Marker' wahrnehmen und artikulieren dürfen;
- Lernen sollte sich (in der Zeit) möglichst auf nur einen Lerngegenstand beschränken, das erleichtert das Verschalten neuronaler Netzwerke;
- Lernen sollte die Entwicklung von neuronalen Netzen, Assoziationen, Konnotationen und Strukturen ermöglichen, Lernen sollte strukturiert ablaufen;
- Lernen sollte das Erkennen bereits vorhandener Strukturen, Muster oder Regelhaftigkeiten initiieren und fördern – und neue aufbauen;
- Lernen sollte die neuronalen ‚Zeitfenster' berücksichtigen und nutzen;
- Lernen sollte in einem vertrauten, sicheren, angstfreien (subjektiv angenehmen) Umfeld stattfinden;
- Lernen sollte das Bedürfnis nach Ruhe, Entspannung und Ausgleich (in der Zeit) ermöglichen;
- Lernen sollte das interaktive Geschehen (bezogen auf Vermittler und Mitlerner) berücksichtigen bzw. optimal gestalten;
- Außerhalb der Lernsituation sollte der Lerner (zu Hause) genügend Schlafzeit haben, um die Weiterverarbeitung im Gehirn zu sichern.

Für die Arbeit als Lerncoach ergeben sich aus diesen Formulierungen wichtige Hinweise, Anhaltspunkte, Kriterien, Beobachtungsaspekte und hypothetische Annahmen, die über auszuwählende Methoden, Verfahren oder

Techniken während des Vermittlungs- bzw. Aneignungsprozesses (z. B. Lerninterviews und Lerndiagnosen) ermittelt werden können. Die bei der Auflistung der Formulierungen absichtlich gewählte Ausdrucksform *,sollte'* weist darauf hin, dass es immer nur um Annäherungsversuche gehen kann (siehe: Passung von Lerner und Lerngegenstand). Es bedarf keiner großen Fantasie, aber eines letztmaligen Hinweises darauf, dass das in den Formulierungen, Konsequenzen, Einsichten, Aussagen und Prinzipien lernpsychologisch und methodisch-didaktisch Gemeinte eine enorme Herausforderung und Anstrengung für die praktische Umsetzung verlangt. Und wenn wir diese Ansprüche eines hirngerechten Lernens auf die bereits angesprochenen Bezugskomponenten (siehe weiter vorne: Das Individuum als singuläres Lernsystem – die gruppale Formierung – das (Sub-)System) anwenden wollen, wird Lerncoaching zu einer zwar sehr interessanten und spannenden, aber auch mühseligen Sisyphusarbeit.

Lerncoaching im engen Sinne, so wurde ausgeführt, bezieht sich auf das das Individuum als singuläres System und die Beratung konzentriert sich folglich nur auf das Individuum, Lerncoaching im weiten Sinne bezieht die gruppale Formierung und das System ein und damit wird die Beratungsarbeit erweitert. Es geht im erweiterten Sinne des Lerncoachings nicht nur um das Lernen eines einzelnen Lerners, sondern auch um das Lernen in unterschiedlichen Systemen (Gruppen, Klassen, Schulen, Bildungsinstitutionen). Der Frage, ,Was ist eine gute Schule?' bzw. ,Was ist guter Unterricht?' wurde bereits vielfach nachgegangen, und es gibt unterschiedliche Antworten. Exemplarisch für einen ,guten Unterricht' sei hier auf die zehn Merkmale von Helmke (2006, 45)[24] hingewiesen. Das zehnte Merkmal heißt *,Passung'*, bei dem u. a. die Variation der fachlichen und überfachlichen Inhalte, Anpassung der Schwierigkeit und des Tempos an die jeweilige Lernsituation und die Lernvoraussetzungen der Schüler(gruppen) betont werden. Und dieses Merkmal hält er für das entscheidende: „Passung ist aus meiner Sicht das Schlüsselmerkmal. Es stellt die Grundlage für Konzepte der Differenzierung und Individualisierung dar. Man kann Passung auch als Metaprinzip bezeichnen, denn es handelt sich um ein Gütekriterium, das in erweitertem Sinne für alle Lehr-Lern-Prozesse gültig ist. Aus bildungspolitischer Sicht stellt das Gebot der Passung – nichts anderes meint der ,Umgang mit Heterogenität' – die zentrale Herausforderung dieses Jahrzehntes." (ebd., 45)

Die Herausforderung ist, wie sich die individuellen Bedürfnisse der Passung (Lerner als singuläres System) mit den gruppalen und institutionellen Anforderungen einer Passung sinnvoll verbinden lassen.

---

24 Helmke, A.: Was wissen wir über guten Unterricht? II. Folge. In: Pädagogik 2006, H. 2, 42-45

8. Module zum Lerncoaching

Wir haben darauf hingewiesen, dass sich die neueren Erkenntnisse zum Lernen noch nicht als eine in sich geschlossene Theorie abbilden lassen. Eine Konzeption zum Lerncoaching ist daher mit Unsicherheiten und Wahrscheinlichkeiten verbunden. Wir sprechen hier absichtlich von einer Konzeption zur Ausbildung und nicht von einem Studium mit festem Curriculum. Damit sind Adressaten gemeint, die bereits in der Berufspraxis stehen und ihr bisheriges Wissen ergänzen wollen. Ein Studium (vgl. etwa in Linz: ThinkPäd) über mehrere Semester bietet andere Möglichkeiten der Grundlegung, der Fundierung und der Vertiefung und eröffnet die Chance, künftige Lehrer im Sinne von Lerncoaches auszubilden. Eine Ausbildung als Weiterbildung für bereits Lehrende hingegen muss deren Belastbarkeit und Zumutbarkeit im Rahmen ihrer beruflichen Tätigkeit berücksichtigen und das bedeutet, inhaltliche und methodische Reduktionen vorzunehmen.

So sind die nachfolgenden Module (siehe Abb. 8.1, S. 135) in den Zielen, Inhalten und Methoden auf diese Adressatengruppe abgestimmt.

Modul 1: Lernbiografie I

Wer Lernschwierigkeiten bei anderen besser verstehen will, kann dies am besten bei der Betrachtung eigener Lernschwierigkeiten bzw. eigenen Lernverhaltens tun Die eigene Lernbiografie bietet dafür Situationen (Ereignisse, Erlebnisse, Vorkommnisse). Diese können mit Hilfe spezifischer Methoden vergegenwärtigt und analysiert werden und man kann versuchen, lerntheoretische Erklärungen für das situative Verhalten bzw. für die Folgen zu finden. Es gibt verschiedene Fragestellungen, die an einer ‚negativ erlebten Lernsituation' bearbeitet werden können, etwa: Wie sah die Situation konkret aus? Welche Auswirkungen hatte die Situation damals? Welche Auswirkungen hat die Situation noch heute? Wird die Situation noch heute auf andere Personen oder Situationen (z. B. als Lehrender im Vermittlungsprozess) übertragen?

In diesem Modul können anhand eigener Lernerfahrungen (der Teilnehmerinnen und Teilnehmer) verschiedene Fragestellungen thematisiert werden: analytische, diagnostische, lernbiografische, lernpsychologische, neurophysiologische, systemische u.a.m. Bei gravierenden Lernproblemen kann unter Anleitung (zusätzlich) eine Selbstexploration durchgeführt werden, um persönlichkeitsspezifische Grundbedürfnisse zu klären, die möglicherweise Lernverhaltensweisen, Lernschwierigkeiten oder Lernblockaden verursachen.

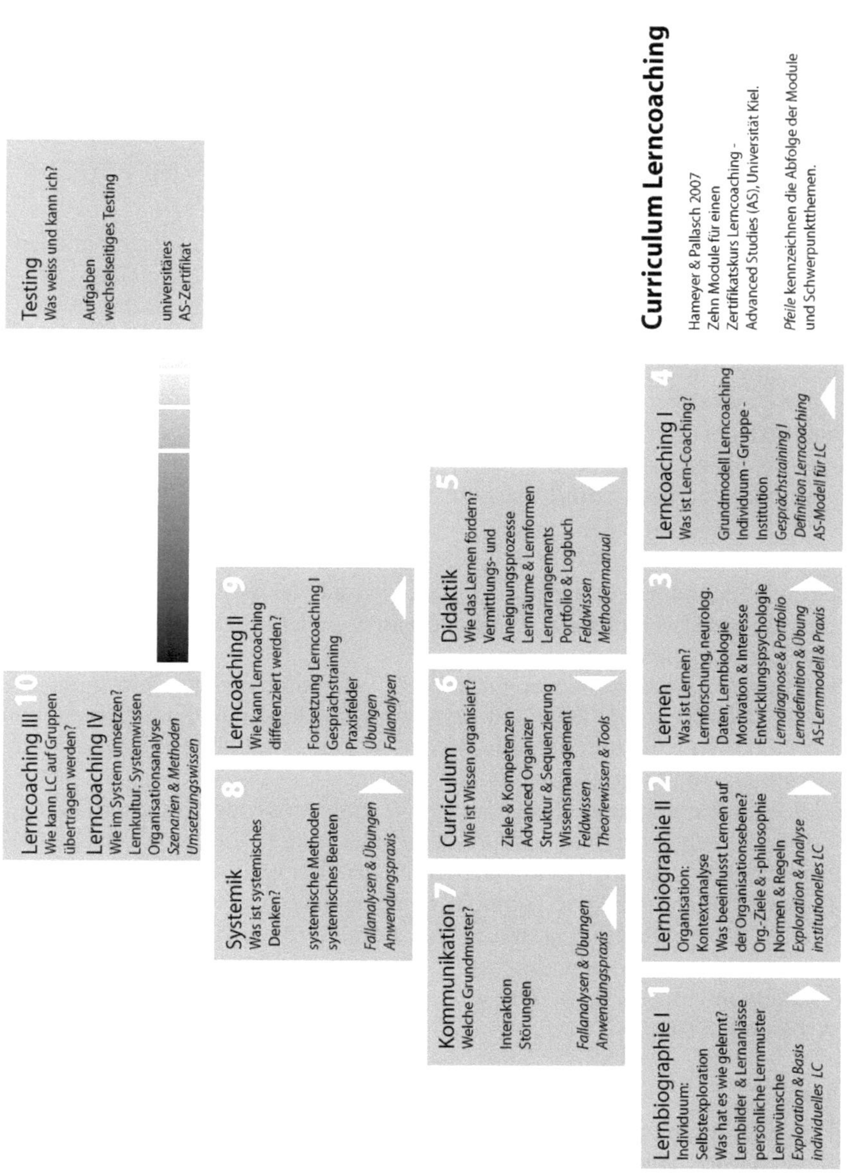

Abb. 8.1 Module des Kieler Lerncoachingkonzepts

Dieses Modul legt den Grundstock für Lerncoaching. Wer verstehen will, warum Blockaden oder andere Probleme beim Lernen auftreten können und welche Lösungen möglich sind, der wird die bisherige Lerngeschichte genauer ergründen müssen (explorationsmethodisches und diagnostisches Wissen). Es geht also um die Frage, was der Coachee wie und wann gelernt oder eben nicht gelernt hat. Nicht seine sämtlichen allgemeinen Lernleistungen sind gemeint, sondern es geht um die Vorgeschichte eines spezifischen Lernproblems oder eines entsprechend anderen Anlasses für Lerncoaching. Ein Blick in die Vorgeschichte des Lerners hat nicht unbedingt viel mit Intuition zu tun; vielmehr ist es möglich, sich der Vorgeschichte mit Hilfe explorativer Methoden anzunähern, auch wenn es immer nur vorläufig zutreffende, nie ‚vollständige' Statements sein können.

Das Modul Lernbiografie I wird sich mit der Theorie von Lernbiografien einzelner Menschen im Blick auf Lerncoaching befassen und auf Lernschwierigkeiten oder Ausfälle im Lernprozess eingehen. Letztere müssen nicht notwendigerweise in der betreffenden Person begründet sein. Hintergründe einer Blockade oder eines Motivationseinbruchs können stark durch Einflüsse aus dem Umfeld der Person geprägt sein. Systemisches Lernen unterstützt den Lernenden und klärt die Einflüsse seines Umfelds sowie seine Auseinandersetzung mit dem Umfeld. Damit kommen umwelt- und interaktionsspezifische Einflüsse zum Vorschein.

Ziele

- Grundverständnis von Lernbiografie aus systemischer Sichtweise klären;
- Die eigene Lernbiografie als Grundmatrix und Muster eigenen Lernens und Lernverhaltens verstehen;
- Methoden lernbiografischer Diagnostik kennenlernen und ihre theoretischen Grundlagen im Blick auf Lerncoaching vergleichen und bewerten;
- Lerntheorien bzw. lerntheoretische Ansätze als mögliche Erklärungen für Lernprozesse überprüfen lernen;
- Fälle analysieren und theoretisches Wissen anwenden: Lernprobleme, Lernblockaden, Motivationseinbrüche oder andere Lernschwierigkeiten bei anderen verstehen und nachvollziehen können – Wie zeigen sich Diskontinuitäten und wie kommen sie zustande?
- Methoden zur Selbstexploration des Lernens bzw. des Lernverhaltens kennen und anwenden lernen;
- Textdokument aus dem Bereich Lerndiagnostik für die Lerncoaching-Arbeit auswerten.

Inhalte

- Persönlichkeitsspezifische Grundmuster – theoretische Ansätze
- Konstruktion von Wirklichkeit (einschließlich Theorien)
- Lernbiografie – Konzepte und Theorien
- Begriffsfeld Lerndiagnose
- Lerndiagnose – Möglichkeiten
- Lernverhalten und Lernmuster
- Lerntheorien bzw. lerntheoretische Ansätze
- Lernumfeldanalyse – Arbeitsdefinition für das Modul; Instrument
- Rückkopplung in das System; Wirkungskreise und -ketten
- Wissen über Lernblockaden, Lernschwierigkeiten, Lernhilfen

Methoden

- Lerninterview
- Lernbiogramm
- Lerngespräch
- Textanalyse
- Explorative Gespräche
- Methoden *‚Erlebnis konkret beschreiben'* und *‚Erlebnis ins Hier und Jetzt holen'*
- Lernfieberkurve
- Lernumfeldanalyse
- Weitere Methoden

Modul 2: Lernbiografie II

Lerncoaching befasst sich zumeist mit Lernen in institutionellen Umwelten (z. B. Schule, Ausbildung, Unternehmen, Weiterbildung). Ein Lerncoach muss das Lernen daher im Wechselspiel von Unterricht und Organisation verstehen, ebenso seine eigene Beratungsarbeit. Dieses Umfeldwissen braucht der Lerncoach vor allem aus zwei Gründen: (a) um herauszufinden, inwieweit ein Lernproblem oder Aufgabenkomplex, der Gegenstand des Beratungsprozesses ist, durch übergeordnete Organisationseinflüsse mitverursacht sein könnte, und (b) um in der Beratung praktisches Feldwissen über die Organisation zu nutzen, wenn es um Lösungsoptionen geht. Im Kern geht es um die Frage, wodurch Lernen auf der Organisationsebene beeinflusst oder unterstützt wird und wie man als Lerncoach eine gegebenenfalls notwendige, einfache Organisations- oder Umfeldanalyse durchführen kann. Eine strukturelle Unterstützung erfolgt zum Beispiel durch Bilanzierungs- oder Lernberatungsgespräche, die in einigen Schulen und Unternehmen als Rückmeldesystem bereits fest verankert sind. Wie werden solche Lernberatungsgespräche, für die sich die gesamte Schule entschieden hat, umgesetzt? Welche Beratungsmethoden werden in diesen Gesprächen eingesetzt? Wie werden Lerngespräche in den Unterrichtsprozess integriert? Setzen die Lerngespräche Kompetenzraster und Lernportfolios voraus?

Ziele

- Leit- und Organisationsbilder untersuchen und auf Lerncoaching beziehen;
- Organisationstheorien vergleichen (Basiswissen für Umfeldanalyse);
- Wissen über schulische Innovationsprozesse auf Lerncoaching anwenden;
- Methoden systemischen Denkens in exemplarischen Lerncoaching-Situationen üben;
- Die Funktionen solcher Methoden für Lerncoaching herausarbeiten und bewerten;

- Eine Umfeldanalyse in einem Lerncoaching-Kontext durchführen und auswerten;
- Lerncoaching-spezifische Anlässe zur Umfeldanalyse an Fällen durchspielen;
- Systemische Umfeldanalyse im Lerncoaching-Kontext einsetzen und beherrschen.

Inhalte

- Umfeldanalyse in der Schule
- Organisationstheoretisches Basiswissen – Organisationsziele, Organisationsphilosophie, Normen und Regeln
- Merkmale schulischer Innovationsprozesse
- Systemisches Denken I und Bezugstheorien
- Rückkopplungsstrategien im System schulischer Praxis
- Lösungen zweiter Ordnung (Watzlawick)
- Beratungstheorie und Beratungswirksamkeit
- Lernberatungsgespräche

Methoden

- Organisations- und Umfeldanalyse
- Systemisches Fragen
- Feldexploration (Schule, Schulumfeld)
- Weitere Methoden

Modul 3: Lernen

In Anknüpfung an Modul 1 geht es in diesem Modul vor allem um theoretische Klärungen des Begriffs und des Verständnisses von Lernen. Lernen unterscheidet sich in seinem Alltagsverständnis vom Wissenschaftsverständnis. Zu der Aufarbeitung klassischer Lerntheorien wird der Fragestellung nachgegangen, welche neuen Erkenntnisse zum Lernen vorliegen und wie diese in den pädagogischen Kontext einbezogen werden können. Dabei werden vor allem die neueren Erkenntnisse der Neurophysiologie bzw. der Neurobiologie aufgearbeitet und auf ihre Verwendbarkeit überprüft. Viele dieser Erkenntnisse (der Neurowissenschaften) erscheinen als Einzelfakten logisch[1], sind aber für das Verständnis von Lernen ‚im Gesamtsystem Individuum' mitunter eher irritierend als klärend. Die Schwierigkeit besteht darin, die einzelnen Forschungsergebnisse bzw. -erkenntnisse in ein Gesamtkonzept ‚Lernen' zu überführen. Das Konstrukt, das Gehirn als ‚soziales Beziehungssystem' bzw. als ‚soziales Produkt' zu verstehen, ist einsichtig, muss sich aber auch im pädagogischen Kontext abbilden lassen.

1 Beispielsweise das unterschiedliche Abspeichern neutraler Inhalte im Hippocampus bzw. im Mandelkern (vgl. Spitzer 2006, 80 ff.)

Die Kernfrage in diesem Modul lautet: Wie wird Lernen definiert bzw. verstanden und wie können die verschiedenen und zum Teil unterschiedlichen Verständnisse in der Praxis wirksam werden?

Ziele

- Lernen als wissenschaftliches Konstrukt verstehen;
- Unterschiedliche Lerndefinitionen und deren Auslegung klären;
- Lernen aus den unterschiedlichen Bezugstheorien verstehen;
- unterschiedliche Lernverständnisse auf ihre Praxisrelevanz überprüfen;
- Eigenes Lernverständnis erarbeiten.

Inhalte

- Klassische Lerntheorien
- Neuere Erkenntnisse der Neurophysiologie und Neurobiologie
- Definitionen von Lernen
- Entwicklungspsychologische Lerndaten
- Neuronale Zeitfenster bewerten können
- Motivation und Interesse im Kontext von Lernen
- Erarbeiten eines eigenen Verständnisses von Lernen

Methoden

- Aufarbeiten relevanter wissenschaftlicher Quellen
- Textanalyse aus Forschungsarbeiten
- Methoden zur Lerntypendiagnose
- Methoden zur Lernstildiagnose
- Lernumfeldanalyse
- Experimentelle Übungen zum Lernverhalten

Modul 4: Lerncoaching I

In dem Modul Lerncoaching I geht es zunächst um eine grundsätzliche Klärung von Lerncoaching. Lerncoaching wird als Beratungsform verstanden und lehnt sich im Grundverständnis an das normale Coaching an. Die Gemeinsamkeiten von und die Unterschiede zwischen einem normalen Coaching und dem Lerncoaching werden thematisiert. Das Grundverständnis von Lerncoaching basiert auf der Annahme, über den Beratungsprozess zwischen dem Lerner und dem Lerngegenstand eine lernmotivierende, d. h. auch gleichzeitig eine optimale Passung zu erzielen. Dabei sollen die Selbstregulierungsfähigkeit und das Selbstmanagement des Lerners gestärkt werden.

Als basale Voraussetzung für die Durchführung von Lerncoaching gilt das Beherrschen der Methoden und Techniken der pädagogisch-psychologischen Gesprächsführung.

Ziele

- Das Grundschema jeder Beratungsform kennen;
- Normales Coaching vom Lerncoaching unterscheiden können;
- Die Phasen bzw. Schritte eines Beratungsprozesses kennen und anwenden können;
- Die Grundbausteine der pädagogisch-psychologischen Gesprächsführung trainieren und in der Anwendung beherrschen.

Inhalte

- Das Grundschema aller Beratungsformen verstehen: *Zulassen – Artikulieren – Bearbeiten – Lösen;*
- Coaching als professionelle Beratungsform im beruflichen Kontext kennen;
- Lerncoaching als eine Variante des Coaching einordnen können;
- Die (ersten) grundlegenden Bausteine der pädagogisch-psychologischen Gesprächsführung trainieren und anwenden können: *aktives Zuhören – Pausen ertragen können – Wiederholen – Zusammenfassen –Paraphrasieren u. Verbalisieren – Angebote machen – u.a.m.*

Methoden

- Formalisierte Übungen zu unterschiedlichen Situationen während einer Coachingsitzung;
- Übungen beispielhafter Lösungsexplorationen (z. B. *Lösungsmatrix*);
- Training von Makro- und Mikroeinheiten im kommunikativen Beratungsprozess;
- Training pädagogisch-psychologischer Gesprächsbausteine.

Modul 5: Didaktik

Dieses Modul rückt didaktisch begründete Vermittlungsprozesse ins Bild. Wie kann didaktisches Handeln im Kontext von Lerncoaching die Lernenden auf dem Weg zum Selbstmanagement so unterstützen, dass sie wesentliche Ziele erreichen (*Mastery Learning*)? Das Modul will keine Lehrerbildung ‚nachholen', sondern setzt bei der didaktischen Strukturierung individualisierender Lernarrangements an, insoweit diese für Lerncoaching zentral sind.

Einerseits geht es um Feld- oder Hintergrundwissen, das jeder Lerncoach braucht, um in der Exploration konkrete Ansatzpunkte für ein Lernarrangement zu finden, das mit dem Coachee und ihren oder seinen Verantwortlichen abgeglichen wird (Lerncoaching im *Beratungs*setting). Ist der Lerncoach selbst der Lehrende, braucht er dieses Wissen ohnehin (Lerncoaching während des Unterrichts: Lerncoaching im *Lern*setting).

Ziele

- Grundverständnis und Theorie von Lernarrangements klären;
- Beratungsfälle durchspielen und – daraus folgernd – einen Plan für den Coachee erstellen. Im Plan werden die konkreten Elemente für einen individuellen Lernplan begründet ebenso wie die notwendigen Vermittlungsmuster oder -schritte;
- Einzelne Elemente von Lernarrangements auf Anforderungen von Lerncoaching hin analysieren und prototypische Konzeptionen für eigene Arbeit entwickeln (z. B. Portfolio, Vermittlungsstrategien bei unterschiedlichen Lernformen, Feedbackmethoden und dergleichen);
- Leitfaden zur diagnosegestützten Lernplanung auf eigene Anwendungsfälle anpassen können;
- Textdokument aus dem Bereich Unterrichtstheorie für die Lerncoachingarbeit auswerten;
- Microteaching zu einer ausgewählten Beratungssituation unter Einbeziehung der diagnostisch begründeten Schlussfolgerungen für individuelle Lernhilfen oder Lernarrangements durchführen können (optional).

Inhalte

- Begriffsfeld Lernarrangement und Didaktik
- Arbeitsdefinition für das Modul
- Selbstmanagement als Ziel
- Vermittlungs- und Aneignungsprozesse
- Lernräume, Lernformen, Lernarrangements
- Neuere Unterrichtstheorien und ihr Nutzen für Lerncoaching
- Forschungsfenster: Lernmotivation, Interessenforschung, Lernprobleme
- Mastery learning ‚revisited'
- Individuelle Lernpläne (Fortsetzung im Modul Curriculum)
- Lernberatung und Selbstmanagement
- Mikrosituative Zielklärung I
- Advanced Organizer und dazugehöriges Training

Methoden

- Microteaching als Trainingsmethode
- Videoanalysen
- Simulierte Einzelfallberatung
- Textanalysen
- Zielklärungsmethode
- Systemisches Denken II: Anwendung bei Lösungssuche und -vergleich
- Weitere Methoden

Modul 6: Curriculum

Ein Curriculum ist zunächst nichts anderes als ein begründeter Plan für organisiertes Lernen im System der Praxis (Schule, Weiterbildung, Arbeitsplatz, Kursus, Studium usw.) Curriculumpläne können aus unterschiedlichen Bausteinen oder Medien bestehen. Sie lassen sich vor allem nach folgenden Merkmalen näher bestimmen: Aufbau, Funktion, Ziele, Wissen, Pensum, Reihenfolge, Verbindlichkeit, Spielraum und Produktmerkmale (Format, Umfang, Illustration, Mehrteiligkeit, Modularität und dergleichen).

Lerncoaches müssen nicht nur darüber Bescheid wissen, wo im Curriculum der Lernende gerade steht *(orientierungspraktisches Feldwissen).* Sie werden gegebenenfalls selbst mit dem Lernenden und mit den für ihn verantwortlichen Lehrenden einen persönlichen Curriculum- oder Lernplan aufstellen *(entwicklungspraktisches Wissen).* Und sie müssen verstehen können, was Curriculumkonzeptionen leisten und was nicht *(curriculumtheoretisches Wissen).* Aus diesem dreifachen Grund geht es im Kursmodul darum, dass Lerncoaches über Gebiete wie Curriculumdesign, -entwicklung und -theorie Bescheid wissen sowie grundlegende Forschungsergebnisse nutzen können.

Ob jemand gut lernt oder nicht, hat nicht nur mit der Person des Lernenden zu tun, sondern auch mit der Curriculumqualität und den im Curriculum vorgesehenen Lernanlässen. In dieser Hinsicht sind die Module *Systemik* und *Curriculum* eng verbunden, weil es bei einem Curriculum nicht darum geht, es durchgehend ziel- und buchstabengetreu einzulösen, sondern das eingesetzte Curriculum im Wissen um variantenreiche Spiele wechselnder Einflüsse auf individuelles Lernen anzupassen.

Ziele

- Curriculumtheorien und -systeme an Beispielen kennen lernen;
- Curriculumkonzeption für einen prototypischen Anlass zu Lerncoaching entwickeln – individueller Lernplan, Lernvertrag und persönliche Kompetenzmatrix;
- Konzeption im Kontrast-Feedback vorstellen, vertreten und bewerten lassen;
- Leitfaden zur Curriculumanalyse im Lerncoaching erstellen;
- Textstelle aus einem Curriculum für Lernberatung untersuchen;
- Leittext *(Advanced Organizer)* für eigene Curriculumeinheit entwickeln und vorstellen;
- Design für ein Curriculum und seinen Einsatz entwickeln.

Inhalte

- Begriffsverständnis Curriculum
- Curriculumtheorien und Nutzen für Lerncoaching
- Wissensmanagement – Wissensformen und -organisation
- Individuelle Lernhilfen und -pläne

- Lernberatung und Selbstmanagement
- Ziele, Kompetenzmatrix, Lernkompetenzaufbau und Standards
- Mikrosituative Zielklärung II
- Spiralcurriculum, andere Aufbauformen des Wissens
- Advanced Organizer und dazugehöriges Training

Methoden

- Kontrast-Feedback
- Curriculumanalyse
- Sequenzierungsstrategien
- Zielanalyse
- Kompetenzdreieck
- Lernkompetenzszenarien
- Weitere Methoden

Modul 7: Kommunikation und Interaktion

In diesem Modul geht es primär um die Bedeutung von Kommunikation und Interaktion im Beratungskontext.

Die Beratungsarbeit im Lerncoaching findet überwiegend auf kommunikativem (d. h. auf verbalem und nonverbalem) Wege statt. Die Sprache ist das Haupthandwerkzeug. Neben nonverbalen Interventionen, die im Wesentlichen der Exploration dienen (z. B. grafische Methoden als Projektionsmöglichkeiten), sind es vor allem die verbalen Interventionen, die den Verlauf des Lerncoaching beeinflussen und bestimmen.

Kommunikation ist jedoch von Interaktion nicht zu trennen; beide bedingen sich wechselseitig. Aus theoretischer Sicht kann sowohl die eine als auch die andere als übergeordnete Kategorie verstanden werden. Im praktischen Vollzug einer Beratung bestimmen allerdings die kommunikativen Intentionen (Gedanken, Ideen, Sinneinheiten, Signale) die Interaktionen der Gesprächspartner. Die Kommunikation, genauer: der kommunikative Impuls (Gedanke, Idee), ist folglich als der primäre Initiator im Interaktionsgeschehen zu verstehen.

Thematisiert werden die verschiedenen Theorien, Ansätze oder Modelle der Kommunikation (und Interaktion) und deren Praxisrelevanz (*z. B. Transaktionsanalyse*). Für das konkrete Lerncoaching sind die kommunikativen Interventionen besonders in den Blick zu nehmen, die dem Lerner entsprechend seinem psycho-physischem Zustand den optimalsten Zugang zu sich selbst ermöglichen.

Ziele

- Unterschiedliche Kommunikationsmodelle und -ansätze kennen und verstehen;

- Kommunikative (und interaktive) Verhaltensweisen anhand ausgewählter theoretischer Modelle erklären und interpretieren können;
- zwischen Kommunikation und Interaktion bei der Beratungsarbeit unterscheiden können und entsprechende Interventionen lernen;
- Makro- und Mikroverhaltensweisen erkennen und entsprechend reagieren können (Erweiterung und Vertiefung).

Inhalte

- Kommunikationsmodelle
- Kommunikation und Interaktion
- Verbale und nonverbale Methoden und Techniken
- Psycho-physische Befindlichkeiten des Lerners

Methoden

- Textanalytische Arbeiten
- Formalisierte Übungen zur Kommunikation und Interaktion
- Methoden zur Körperarbeit
- Rollenspiele zur Dekodierung von Interaktionssequenzen.

Modul 8: Systemik

Systemisches Denken im Lerncoaching betrachtet Lernen als komplexe Wirklichkeit im Wechselspiel der Bedingungsfelder des Lernens: Lernende, Lerngegenstand, Lernumfeld, Lernarrangement. Nicht ein Blickpunkt entscheidet dabei über die Analyse von Lernen oder Lernbiografien, sondern es sind unterschiedliche Zugänge und Methoden. Systemik nutzt die Erkenntnisse des ‚Blickpunktwissens', vergleicht die Erkenntnisse untereinander und entwickelt – davon ausgehend – weiterführende Erklärungsmuster. Ob jemand gut lernt oder nicht hat dabei nicht nur mit der Person des Lernenden zu tun, sondern auch mit der Qualität von Lernsituationen und dem Umfeld. Die Systemik stellt verschiedene Methoden bereit, um Lernen besser zu verstehen und die Beratung darauf auszurichten.

Ziele

- Theorien und Modelle der Systemik anwenden (in prototypischen oder realen Beratungssituationen);
- Leistungsbesonderheiten der Theorien und Modelle untersuchen und vergleichen;
- Systemische Beratungsmethoden in Übungen und Trainings erarbeiten; sich mit einer dieser Methoden vertiefend auseinander setzen: Theorie, Anwendungspraxis, Fallstudie, Kursteilnehmer anleiten („Lernen durch Lehren");
- Eine Beratungssituation im Lernteam untersuchen: Welche systemischen Methoden kommen zu welchen Ergebnissen?
- Eine Konzeptidee für einen eigenen Beratungsfall ausarbeiten.

Inhalte

- Grundlagen der Systemik, ausgewählte Theorien
- Systemische Interventionen
- Fragetechnik zu systemischen Methoden
- Lösungen zweiter Ordnung
- Fokussierung
- Kommunikationsgesetze

Methoden

- Umfeldanalyse
- Systemanalyse in konzentrischen Kreisen
- Methoden der Niederwaldeck-Gruppe
- Klientenzentrierte Pfadanalyse
- Weitere Methoden

Modul 9: Lerncoaching II

Im Lerncoaching II wird das Grundsetting methodisch und inhaltlich erweitert und differenziert. Neben den bisher überwiegend formalisierten Übungen zur Durchführung einer Beratung wird in dieser Phase der Ausbildung an realen (Lern-)Problemsituationen gearbeitet. Die Teilnehmerinnen und Teilnehmer benennen eigene Lernschwierigkeiten bzw. aus ihrer Sicht defizitäre Lernverhaltensweisen, die bearbeitet werden (Anknüpfung an Modul 1). Anhand protokollierter Beobachtungen werden die Übungseinheiten ausgewertet und bearbeitet.

Zusätzliche und notwendige Bausteine der pädagogisch-psychologischen Gesprächsführung werden zunächst formalisiert geübt (z. B. Vertiefung und Erweiterung der methodischen Bausteine *‚Erlebnis konkret beschreiben'* und *‚Erlebnis ins Hier und Jetzt holen'*, dazu neue wie beispielsweise *‚Aspekte heraushören'*, *‚Arbeitshypothesen formulieren'*, *‚Freie Assoziation'*, *‚Focusing'*), um sie dann prozessadäquat in das oben genannte Beratungsgespräch einzubringen. Ergänzend werden lernrelevante Methoden erarbeitet und trainiert (z. B. *‚Lernwappen'*, *‚Lernstilraster'*).

Obwohl die Durchführung von Lerncoaching an echten Problemen der Teilnehmerinnen bzw. Teilnehmer innerhalb der Ausbildungsgruppe sehr praxisorientiert ist, entspricht sie dennoch nicht der, die sie außerhalb der Ausbildung vorfinden. Die Transferproblematik muss demnach zusätzlich thematisiert werden.

Ziele

- Ein Lerncoaching-Beratungsgespräch durchführen können
- Verschiedene Methoden prozessadäquat einsetzen können
- Analysieren und Auswerten von Lerncoaching-Beratungen

- Lösungsorientierte Alternativen erarbeiten
- Transferproblematik durchspielen

Inhalte

- Vertiefende Übungen von Methoden
- Zusätzliche Bausteine pädagogisch-psychologischer Gesprächsführung
- Lernrelevante Methoden
- Praxisrelevante Aspekte

Methoden

- Formalisierte Übungen zu Methoden der Gesprächsführung (siehe oben)
- Formalisierte Übungen zur Lösungsexploration (z. B. *Lösungsmatrix*)
- Reale Lerncoaching-Beratung
- Brainstormingübungen

Modul 10: Lerncoaching III und IV

Das Modul 10 untergliedert sich in die Schwerpunkte ‚Lerncoaching in Gruppen' (III) und ‚Lerncoaching im System' (IV).

Im theoretischen Teil wurde bereits ausgeführt, dass die Erkenntnisse der Lernforschung ohnehin die Schwierigkeit implizieren, sie konstruktiv, d. h. praxisnah, auf den einzelnen Lerner im Sinne einer Optimierung des Lernprozesses umzusetzen. Um so mehr gilt dies für gruppale Formierungen (Lerngruppe, Klasse usw.). Andererseits kommen wir nicht umhin, Lerncoaching auch in Gruppen zu versuchen – und das unter den gegebenen Bedingungen. (Schule ist so, wie sie ist!). Die Zukunftsvision, über individuelles Lerncoaching auch andere gruppale Lernformen bzw. -arten zu induzieren, kann vorerst nur gedacht werden. Das gilt in Analogie natürlich auch für das gesamte System einer Bildungsinstitution (z. B. Schule). Weiter vorne wurden dazu Überlegungen angestellt.

Unter diesen realen Bedingungen, nämlich Übertragung des individuellen Lerncoachings auf Gruppen bzw. auf Systeme, sprechen wir von einem ‚erweiterten Lerncoaching'.

Lerncoaching III: Lerncoaching in Gruppen

Lerncoaching in Gruppen bedeutet, die Gruppe als soziales Aggregat zu verstehen. Gruppendynamische Phänomene verdienen unter den curricularen Zielsetzungen (z. B. Bildungsstandards[2]) und unter den methodischen Vorgaben (z. B. Projektarbeit) eine besondere Beachtung. Wenn der Lerner

2 Hameyer; U.: Schulinterne Standards. In: OberstufenKolleg Bielefeld (Hg.): TriOs, H. 4, 2007

in sehr hohem Maß in seinem Lernprozess (Vermittlungs- und Aneignungsprozess) von der Lernatmosphäre abhängig ist (sozial-emotionale Beeinflussungsfaktoren), dann sind die Lernumgebung, die Lernlandschaft, die Mitlerner und der Vermittler von entscheidender Bedeutung. Die sich aus dieser Konstellation ergebenden lernrelevanten Bezugsfaktoren bilden sich in der Dynamik der Lerngruppe ab.

Thematisiert werden in diesem Modul die Gruppe und die Gruppendynamik. Dabei werden die Besonderheiten einer Lerngruppe im Mittelpunkt stehen und speziell auf den Kontext Lerncoaching bezogen: Kann man zwei oder mehr Menschen zugleich beraten? Sie lernen verschieden, haben unterschiedliche Wünsche und Motivationen. Es ist also zu klären, inwieweit Gruppencoaching möglich und sinnvoll ist. Unterschiedliche Settings für Gruppensituationen werden in eine Übersicht gebracht, auf ihre Vor- und Nachteile für Lerncoaching untersucht und durchgespielt. Die Kursteilnehmerinnen und -teilnehmer werden ausgewählte Settings für Gruppenlerncoachings durchspielen, sich im Außen- und Innenkreis beraten, die Leistungsfähigkeit des Ansatzes untersuchen und Konsequenzen für die Praxis ziehen (Metalearning).

Ziele

- Die Gruppe bzw. Gruppensettings unter soziologischen und psychologischen Kriterien verstehen und in ihrer Bedeutung und Wirkung in den jeweiligen Kontexten einordnen können
- Gruppe und Team unterscheiden können
- Rollen und Positionen von Gruppenmitgliedern kennen
- Praktische Umsetzungsanlässe durchspielen und die zu betrachtende Gruppe aus systemischer Sicht einordnen können
- Die Lerngruppe unter ihrer Zielsetzung analysieren und bewerten können
- Das Verhalten des Individuums in der jeweiligen Gruppe unter systemischen Kriterien einordnen und verstehen können
- Eine differenzielle Analyse der Settings erstellen und für die Umsetzung von Lerncoachings in Gruppen Modelle erstellen
- Textdokument aus dem Bereich Gruppentheorie für die Lerncoaching-Arbeit auswerten können
- Lerncoaching mit einer Lerngruppe durchführen können

Inhalte

- Begriffsfeld Gruppe, Setting und Beratung (Fortsetzung zu Modul 4: Lerncoaching I)
- Arbeitsdefinition für das Modul
- Gruppentheorien
- Gruppenmodelle
- Gruppendynamik
- Lerngruppe

- Rollen und Positionen
- Systemische Perspektiven
- Rückkopplung in das System
- Lerncoaching mit einer Gruppe
- Forschungsfenster: Wissen Gruppendynamik, Feedback in der Gruppenberatung

Methoden

- Methode: ‚Menschliches Mobile'
- Methode ‚Quadrant' zu unterschiedlichen Themen
- Rollenspiele
- Video-gestütztes Lerncoaching
- Innen- und Außenkreis
- Entwicklung eines Umsetzungsplans
- Textanalyse
- Weitere Methoden

Lerncoaching IV: Lerncoaching im System

Wo immer im System an einem Schräubchen gedreht wird, wird an anderer Systemstelle etwas ausgelöst. Das kann gut sein oder hinderlich und ist meistens mit Nebenwirkungen verbunden. Aus der Organisations- und Systemforschung ist dieses Phänomen vertraut. Bei Lerncoaching wird das nicht anders sein. Wird Lerncoaching eingesetzt, zieht das Kreise. Über den Coachee kommen nicht nur Eltern ins Spiel, sondern auch Lehrerinnen oder Lehrer, die das Kind unterrichten. Die Schulleitung ist mit von der Partie, denn entweder hat sie sich für Lerncoaching eingesetzt oder unterstützt die Initiative eines Lehrerkreises. Andere im System hören davon über Konferenzen und Kommissionen. Einige wollen mitmachen, andere wenden sich gegen weitere Experten in der Schule oder gar den Anspruch, sie müssten nun noch mehr auf die Kinder eingehen.

Der Baustein behandelt Wirkungskreise, die von Lerncoaching ausgehen können, in der Systempraxis einer Organisation, vornehmlich in der Schule. Das erfolgt auf zwei Ebenen: (a) Was wissen wir aus der Forschung über binnensystemische Umsetzungsprozesse und Wirkungsketten von Innovationen (analytisches Wissen)? (b) Was kann getan werden, um Lerncoaching in die Systempraxis so einzubauen, dass keine Palastrevolutionen entstehen (konzeptionspraktisches Wissen)? Es geht nicht um Widerstand gegen Widerstand; Widerstände sind normale Reaktionen in einem Innovations- und Umsetzungsprozess. Entscheidend ist die Verständigungs- und Transferpraxis unter dem Vorzeichen des wechselseitigen Weiterlernens.

Ziele

- Grundverständnis und Theorie von Innovationsprozessen klären;
- Praktische Umsetzungsanlässe durchspielen – das theoretische Wissen anwenden;
- Eine Organisationsanalyse erstellen; mit ihr den potenziellen Wirkungsraum ausloten und für die Umsetzung von Lerncoaching in der Systempraxis einen Fahrplan erstellen;
- Schlüsse für Lerncoaching aus dem Stand des Innovationswissens im Bereich der Schulentwicklung ziehen;
- Textdokument aus dem Bereich Systemanalyse für die Lerncoaching-Arbeit auswerten.

Inhalte

- Begriffsfeld Innovationsprozess
- Organisationsanalyse – Grundverständnis und Instrumentarium
- Arbeitsdefinition für das Modul
- Lernkultur
- Rückkopplung in das System; Wirkungskreise und -ketten
- Forschungsfenster: Innovationswissen; Belastung am Arbeitsplatz Schule

Methoden

- Organisationsanalyse
- Entwicklung eines Umsetzungsplans
- Textanalyse
- Wirkungskettenanalyse (Fortsetzung zu Modul 8: Systemik)
- Weitere Methoden

Modul 11: Testing

In der Regel wünschen die Teilnehmerinnen und Teilnehmer zum Abschluss eine Bescheinigung (Teilnahme) oder ein Zertifikat (Prüfung). Das *Institut für Advanced Studies (AS Kiel)* hat im Laufe der Zeit verschiedene Varianten entwickelt. Was und wie im einzelnen bescheinigt bzw. zertifiziert wird, wird zu Beginn der Weiterbildung mit den Kursteilnehmerinnen und Teilnehmern besprochen.

Landkarte: Lernen und Lerncoaching

Die Module benennen thematische Ausbildungsabschnitte, die von uns zusätzlich entworfene Landkarte *‚Lernen und Lerncoaching'* (siehe Abb. 8.2) kann als eine didaktische Orientierung für die praktische Lerncoachingarbeit sowohl in die Ausbildung integriert als auch unabhängig davon genutzt werden. Bei der Weiter- bzw. Fortbildung von geschlossenen Lehrergruppen, die keine spezifische Ausbildung zum Lerncoach wünschen, aber

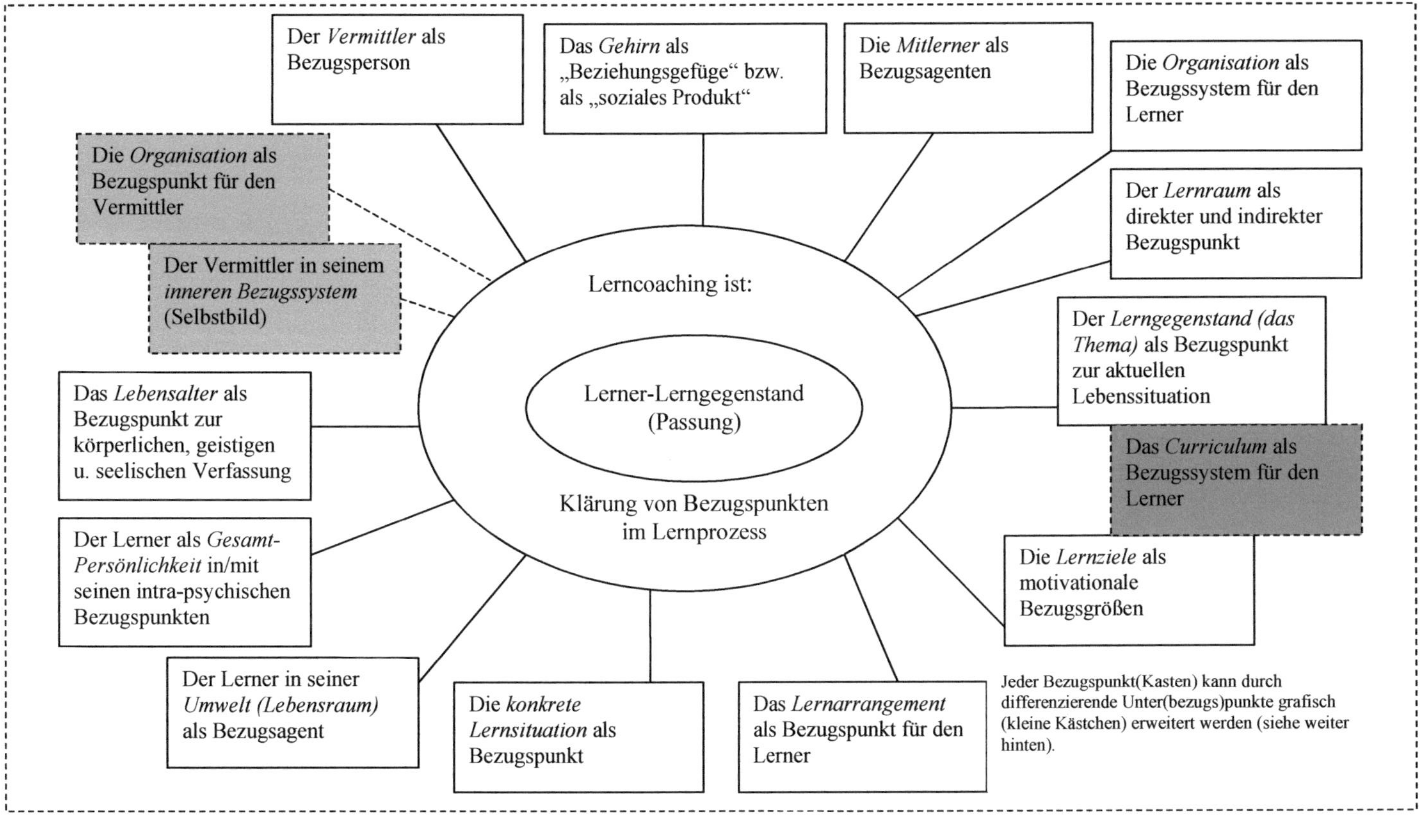

Abb. 8.2: Landkarte Lernen und Lerncoaching

Der Vermittler in seinem inneren Bezugssystem (Selbstbild)	Welche persönlichen Anteile werden beim Vermittler durch den Lerner oder den Lerngegenstand – unbewusst – angesprochen?
Die Organisation als Bezugspunkt für den Vermittler	Standards: Welche externen u. internen Standards erzeugen beim Vermittler einen Konflikt? Normen: Welche Organisationsziele/-grundsätze belasten den Vermittler? Erwartungen: Wo kollidiert das Schulbild mit den Erwartungen des Vermittlers?
Das Lebensalter als Bezugspunkt zur körperlichen, geistigen u. seelischen Verfassung	In welcher Entwicklungsphase befindet sich der Lerner? Welche körperlichen oder seelischen Komponenten beeinflussenden Lerner besonders stark?
Der Lerner als Gesamt-Persönlichkeit in/mit seinen intra-psychischen Bezugspunkten	Welche Charaktereigenschaften zeichnen den Lerner aus? Wie sieht seine Psychostruktur aus? Welche Verarbeitungsmechanismen kann man erkennen?
Der Lerner in seiner Umwelt (Lebensraum) als Bezugsagent	Was sagt die Umwelt des Lerners zu dem, was er in der Schule lernt? Welche Bedeutung misst die Umwelt dem Lernenden (der Art der Schule) zu? Welche Rolle spielen Abschlüsse?
Die konkrete Lernsituation als Bezugspunkt	Wie angenehm oder unangenehm ist die momentane Lernsituation für den Lerner? Was stört (beeinflusst) die Lernsituation?
Das Lernarrangement als Bezugspunkt für den Lerner	Was stört (hindert) den Lerner am Lernarrangement (Einzel-/Gruppenarbeit)? Welche vorgegebenen Methoden (auch: Arbeitsmethoden) passen nicht zu ihm?
Die Lernziele als motivationale Bezugsgrößen	Welche Lebensdaten prägen die motivationalen Bezüge zu den Zielen? Wie stark fühlt sich der Lerner angesprochen (Skalierung)? Welche heimlichen Wünsche hat der Lerner (für seine Lebensgestaltung)?
Der Lerngegenstand (das Thema) als Bezugspunkt zur aktuellen Lebenssituation	Was verbindet der Lerner mit dem Thema? Wie schwierig schätzt der Lerner den Lerngegenstand ein (Skalierung)? Wann oder wo könnte der Lerner mit diesem Thema etwas anfangen?
Die Mitlerner als Bezugsagenten	Wie glaubt der Lerner, sehen ihn seine Mitschüler? Welche Subsysteme gibt es in der Gruppe – und welche Auswirkungen haben sie auf den Lerner?
Der Lernraum als direkter und indirekter Bezugspunkt	Wie stark ist der Lerner von der Atmosphäre eines Raumes anhängig (Sicherheit, Geborgenheit)? Was stört den Lerner in diesem Raum? Was braucht der Lernen zum Lernen?
Der Vermittler als Bezugsperson	Wie sympathisch o. unsympathisch findet der Lerner den Vermittler? An wen erinnert der Vermittler den Lerner? Ist der Vermittler ein Vorbild (Modell)?
Das Gehirn als „Beziehungsgefüge“ bzw. als „soziales Produkt“	Welche kognitiven Strukturen lassen sich beim Lerner erkennen? Welche Wahrnehmungskanäle werden vom Lerner bevorzugt? Welche Kognitionen sind stark konnotiert?

Die *Organisation* als Bezugssystem für den Lerner	Standards: Wo schlagen Spannungen zwischen externen und internen Standards auf den Lerner durch? Normen: Welche Organisationsziele oder -grundsätze belasten den Lerner? Erwartungen: Wo kollidiert das Schulbild mit eigenen Erwartungen des Lerners?
Das *Curriculum* als Bezugssystem für den Lerner	Textverständlichkeit: Was genau versteht der Lerner nicht? Zielklarheit: Wo und warum findet sich der Lerner im Curriculum nicht zurecht? Wissenslogik: Was ist für den Lerner zu komplex und zu schwer? Repräsentationsformen: Wo widersprechen sich das erwünschte, getestete u. heimliche Curriculum?

Anmerkung:
Jeder Kasten kann durch differenzierende Unter(bezugs)punkte grafisch (kleine Kästchen) erweitert werden (Beispiel, Abb. 8.4).

Abb. 8.3: Beispielhafte Fragestellungen zu den einzelnen Bezugspunkten

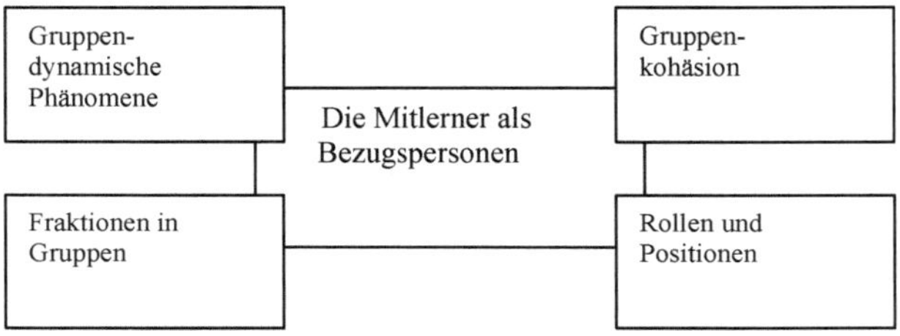

Abb. 8.4: Beispielhafte Differenzierung eines Bezugspunktes

sich im weiten Sinne von Lerncoaching qualifizieren möchten, nutzen wir diese Landkarte als diagnostische Orientierungsmatrix.

(1) Die Bedeutung der Bezugspunkte im Lernprozess

Die Landkarte dient als Orientierung und Einordnung für Themen oder thematische Aspekte im Zusammenhang von Lernen, die – bei Betrachtung des Vermittlungs- bzw. Aneignungsprozesses – eine Rolle spielen und entsprechend angesprochen werden können.

- Es geht um die Klärung von Bezugspunkten.
- Was sind Bezugspunkte?

Unter Bezugspunkten verstehen wir in diesem Kontext die direkten und indirekten, die inneren und äußeren Beeinflussungsfaktoren (Wirkfaktoren, Kraftfelder, Beziehungen, Korrelationen, Resonanzen, Bindungen u.a.m.), die beim Lernprozess zwischen dem Lerner und dem Lerngegenstand stehen und die die Nähe (Annäherung) oder die Distanz (Vermeidung) zum Lerngegenstand bzw. zum Lernprozess bestimmen. Die Bezugspunkte wirken intern (intrapsychisch: kognitiv, emotional, sozial, aktional) bzw. bewirken als externe Faktoren interne (intrapsychische) Prozesse (vgl. Bauer 2007).

Im Lernprozess, d. h. im Vermittlungs- und Aneignungsprozess, wirken diese Bezugspunkte unterschiedlich stark (bewusst, vorbewusst, unbewusst). Der optimale (ideale) Lernprozess wäre eine optimale Passung zwischen dem Lerner und seinen Bezugspunkten (Klärung der Bezugspunkte).

(2) Die Bearbeitung der Bezugspunkte

Die Bearbeitung der Bezugspunkte kann aus unterschiedlichen Perspektiven erfolgen. Perspektiven sind spezifische Zugänge zu einem Phänomen.

1. *Erkenntnistheoretischer Zugang*
   Die Bearbeitung der einzelnen Bezugspunkte erfolgt aus erkenntnistheoretischer Sicht:
   - phänomenologisch
   - hermeneutisch
   - empirisch
   - systemisch
   - konstruktivistisch
   - philosophisch
   - oder andere
2. *Methodischer Zugang*
   Die Bearbeitung in methodischer Sicht erfolgt, je nach Einordnung der Bezugspunkte und nach der Zugänglichkeit des Lerners, auf der Basis unterschiedlicher Ansätze (Schulen, Richtungen):
   - gesprächstherapeutisch
   - gestaltpsychologisch
   - transaktionsanalytisch
   - psychoanalytisch
   - psychodramatisch
   - psychodynamisch
   - kontemplativ
   - gruppendynamisch
   - u.a.m.

(3) Die Zugangsmöglichkeiten zu den Bezugspunkten (Methodische Anregungen)

Die methodischen Anregungen sind Überlegungen, wie die einzelnen Bezugspunkte (Kästen der Landkarte) in den Ausbildungskurs für potenzielle Lerncoachs eingebracht werden können. Sie sind also Anregungen für den Trainer (Ausbilder).

1. Arbeiten an konkreten Praxisfällen

Beispiel: Der Lerner ist ein Schüler (der in den Kurs kommt) oder ein Teilnehmer des Kurses, der Lernprobleme hat (Lernstörungen oder Ähnliches). Über ein erstes Gespräch (z. B. Lerngespräch, Lernberatungsgespräch, Lerninterview) wird (gemeinsam mit den Beobachtern) eine erste Diagnose erstellt. Mögliche Fragestellungen:

- Welche (und wie viele) Bezugspunkte werden direkt oder indirekt vom Lerner angesprochen?
- Welche Bezugspunkte erweisen sich als die (vermutlich) wirksamsten?
- Welche Bezugspunkte deuten auf verdeckte, unterdrückte oder verdrängte psychophysische Wirkfaktoren hin (z. B. Ängste, Traumata, Umfeldfaktoren)? Und: Sollte diesen, bezogen auf den aktuellen Lernprozess, nachgegangen werden?

Der Lerncoach diagnostiziert und analysiert, gemeinsam mit den Beobachtern, die ‚weichen Daten' und stellt Arbeitshypothesen für die (vermutete) Lernstörung auf. Im gegebenen Fall muss ein weiteres methodisches Instrumentarium zur weiteren Diagnose und Analyse gewählt werden, um die neuralgischen Bezugspunkte und deren Wirkung besser erkennen und verstehen zu können.

Erst eine (annähernd) sichere Diagnose erlaubt es dem Lerncoach, möglichst unter Mitwirkung des Lerners, konkrete Lernhilfen mit ihm zu erarbeiten. Hier gilt der Grundsatz: Das Problem bestimmt die Methode! Der Lerncoach versucht, die Lernstörung mit Hilfe wissenschaftlicher Erkenntnisse (Theorien, theoretische Annahmen) zu klären.

Arbeitsform: Gruppenarbeiten mit Beobachtern: Kleinstgruppe, Kleingruppe, Plenum (Demonstration)

2. Arbeiten an trainingsorientierten Übungen

In praktischen Simulationen (Rollenspielen, Übungen) werden bestimmte Lern- bzw. Unterrichtssituationen aus dem Schulalltag durchgespielt. Beispiel: Einzelne Schüler bekunden ihren Unmut und verweigern (mehr oder weniger) das Lernen (bzw. Arbeiten). Für das Rollenspiel gilt: Möglichst praxisnahe Rekonstruktion der unterrichtlichen Situation.

Solche Situationen werden unter diagnostischen und analytischen Gesichtspunkten betrachtet (z. B. hier nach dem Modell der TA oder gruppendynamisch), um mögliche Erklärungsmodelle zu finden und um danach adäquate Interventionen einleiten zu können. Der Lerncoach versucht, die Störung mit Hilfe wissenschaftlicher Erkenntnisse (Theorien, theoretische Annahmen) zu klären.

Arbeitsform: Gruppenarbeiten mit Beobachtern: Kleinstgruppe, Kleingruppe, Plenum (Demonstration)

3. Arbeiten an theorieorientierten Annahmen

Anhand theoretischer Annahmen (wissenschaftlicher Erkenntnisse) werden entsprechende konkrete Lern- bzw. Schulsituationen durchgespielt. Beispiel für eine theoretische Annahme: Zu viele und zu schnelle Informationen (z. B. beim Lehrervortrag), die auf einen Lerner in einer Zeit T1 einstürmen, führen zu Irritationen im Präfrontalen Cortex (PFC) und damit zu kognitiven Lernblockaden (Irritation der kognitiven Struktur; Anschlüsse werden nicht sofort gefunden). Kann das präfrontale corticale System die Fülle der Informationen in der Zeit T1 nicht hirngerecht (strukturadäquat) verarbeiten, schickt es – unkontrolliert – (Entlastungs-)Signale an das Limbische System; dieses wiederum lässt den Lerner – aus der Sicht des Vermittlers – unangemessen reagieren (z. B. als bestimmte Verhaltensweisen, verbale Reaktionen).

Diese und andere theoretische Annahmen lassen sich an Übungen durchspielen, um ein besseres Verständnis für den Lernprozess bzw. den Lerner zu entwickeln.

Arbeitsform: Plenum (theoretische Informationen): Übungen und Demonstration

Anmerkungen:
(1) Die Bezugspunkte 'Der Mittler in seinem inneren Bezugssystem' und 'Die Organisation als Bezugspunkt für den Vermittler' (siehe Abb. 8.2) werden in der konkreten Lerncoachingberatung nicht angesprochen, sondern nur in der Ausbildung zum Lerncoach. Die Bezugspunkte sind Überlegungen des Lerncoachs, besonders wenn er gleichzeitig Vermittler ist, die zur eigenen Überprüfung dienen, nämlich inwieweit diese Bezugspunkte den Beratungsprozess beeinflussen können.
(2) Das Bearbeiten der Bezugspunkte im Ausbildungskontext sollte sich aus didaktischen Gründen zunächst nur auf einen Lerner (individuell) und danach erst auf mehrere Lerner (gruppal) konzentrieren. Die schwierige Herausforderung im Lerncoaching besteht darin, drei Konstellationen (Systeme) in Einklang (in eine Balance) zu bringen: (1.) Das Individuum (als Einzellerner) und (2.) mehrere Individuen (als Lerngruppe) und schließlich das (3.) konkrete Individuum in der (Lern)Gruppe.

(4) Die Handhabung der Landkarte

Die Landkarte als Orientierungsmatrix bietet unterschiedliche methodische Zugänge im Rahmen der Ausbildung:

a) *Theoretischer Einstieg*
Die einzelnen Bezugspunkte (Themen in den Kästchen) werden theoretisch aufgearbeitet, um sie dann anhand der Praxis zu simulieren oder zu beobachten;
b) *Praktischer Einstieg*
Die einzelnen Bezugspunkte (Themen in den Kästchen) werden praktisch durchgespielt, um sie danach theoretisch aufzuarbeiten.

(5) Die Übertragung auf das Lerncoaching

- Wie lässt sich die Arbeit an den Bezugspunkten auf das praktische Lerncoaching übertragen?
- Wie sieht die Realität aus?

Im Idealfall verläuft ein Lernprozess optimal. Der Lerner benötigt keine Hilfe oder Unterstützung. Er verfügt über die Einsicht und Fähigkeit, seine Bezugspunkte selbst zu klären und kann diese selbstständig und eigenverantwortlich modifizieren. Der Lernprozess verläuft optimal.

Die Realität zeigt aber, dass im es Lernprozess zwischen dem Lerner und dem Lerngegenstand zu Störungen kommt (z. B. zu Problemen, Schwierigkeiten, Barrieren, Hemmnissen, Frustrationen, Ängsten). Die Störungen lassen sich in der Regel auf die Bezugspunkte zurückführen, die entweder überwiegend im Vermittlungsprozess oder im Aneignungsprozess zu suchen sind. Eine ‚Lernbarriere' beispielsweise kann sich auf die Bezugspunkte ‚Lernraum', ‚Vermittler', ‚Gesamtpersönlichkeit des Lerners' oder ‚Mitlerner' beziehen (siehe Landkarte). Dies diagnostisch herauszuarbeiten ist die Aufgabe des Lerncoachs mit dem Ziel, eine möglichst optimale Passung (über die Klärung der Bezugspunkte) zwischen dem Lerner und dem Lerngegenstand zu initiieren. Aber genau in dieser Bearbeitungsphase beginnt die kritische Abwägung und Einschätzung durch den Lerncoach, nämlich ob der Lerner seine lernhemmenden (lernstörenden) Bezugspunkte erkennt und einsichtig versteht, oder ob er dazu (noch) nicht in der Lage ist. Für den Lerncoach bedeutet dies, auf zwei Ebenen zu denken.

Ebene 1: Primäre Ebene

Ein Lerner hat Lernprobleme. Der Lerncoach unterstützt den Lernenden in der Klärung seiner lernhemmenden (lernstörenden) Bezugspunkte. Der Lerner ist grundsätzlich in der Lage (fähig, einsichtig), seine Bezugspunkte zu verstehen und er ist bereit und fähig, sie zu modifizieren, um sein Lernen zu optimieren.

Die Klärung der Bezugspunkte erfolgt auf der primären Ebene, das heißt, der Lerner versucht selbst (zwar mit Hilfe des Lerncoachs), seine Bezugspunkte zu klären. Kontrolliertes, eigenverantwortliches und eigenständiges Lernen kann so initiiert werden.

Ebene 2: Sekundäre Ebene

Ein Lerner hat Lernprobleme. Der Lerncoach unterstützt, wie auf Ebene 1, den Lernenden in der Klärung seiner lernhemmenden (lernstörenden) Bezugspunkte. Der Lerncoach erkennt allerdings, dass der Lerner (noch) nicht in der Lage ist, seine Bezugspunkte einsichtig und für ihn verständlich zu klären (z. B. entwicklungspsychologisch bedingte Begrenzungen; traumatische Blockaden; intrapsychische Barrieren). Der Lerncoach sollte die Konstellation solcher möglicher Bezugspunkte erkennen (wahrnehmen, sehen, verstehen, einordnen), sie aber zu diesem Zeitpunkt mit dem Lerner nicht klären wollen. Dennoch, und gerade in einer solchen Situation, ist der Lerncoach besonders herausgefordert, dem Lerner persönliche, methodische und didaktische Lernhilfen anzubieten. Der Lernprozess wird folglich nicht optimal verlaufen, aber die nicht zu klärenden Bezugspunkte mit ihren Auswirkungen helfen dem Lerncoach (und dem Vermittler), den Lerner besser zu verstehen.

Die Klärung der Bezugspunkte erfolgt auf der sekundären Ebene, das heißt, der Lerner ist noch nicht in der Lage, seine Bezugspunkte (zu diesem Zeitpunkt) einsichtig und einsichtsvoll zu klären. Angeleitetes und begleitendes Lernen sollte dem Lerner gleichwohl helfen, seine Lernprobleme zu überwinden. Der Lerncoach (bzw. der Vermittler) kann sich entlastet fühlen in dem Wissen, das zu diesem Zeitpunkt Bestmögliche versucht zu haben.

Die Überlegungen zu Ebene 1 und zu Ebene 2 sind auch auf das gruppale Lernen zu transformieren (siehe Anmerkungen weiter vorne).

Beide Ebenen verstehen sich als eine Art ‚Heuristische Folie' für den Lerncoach, die er bei der Lerncoachingarbeit immer im Kopf haben sollte.

(6) Überlegungen zur Ausbildung ‚Lerncoaching'

Für die Ausbildung ‚Lerncoaching' bedeuten die Ausführungen:

1. Qualifizierte Trainer (Ausbilder) bilden Lerncoachs aus. Lerncoachs müssen zwangsläufig keine Vermittler (Lehrer) sein, sondern können als externe Berater hinzugezogen werden.
2. Vermittler (Lehrer) können zu Lerncoachs ausgebildet werden. Sie sind dann Vermittler und Lerncoach in einer Person. Beim Lerncoaching sollten jedoch die Rollen (Vermittler – Lerncoach) getrennt werden.
3. Schüler können in begrenztem Rahmen zu Lerncoachs für Schüler ausgebildet werden.

Peter Flittiger

9. Praxisbericht: Modellprojekt Lerncoaching

Fortbildung an der Thomas-Mann-Schule Lübeck
Mai bis September 2006

Ausgangslage

Die bildungspolitische Landschaft ist in Schleswig-Holstein nicht nur aufgrund der Ergebnisse internationaler Studien (z. B. PISA, TIMSS) in Bewegung, sondern auch durch die Notwendigkeit, die in der KMK vereinbarten Veränderungen im Bildungssystem umzusetzen, etwa die Orientierung an Bildungsstandards oder die Einführung von Vergleichsarbeiten. Das Bemühen, die Zahl der Schülerinnen und Schüler, die die Schule ohne Abschluss verlassen oder die Schuljahre wiederholen, deutlich zu reduzieren, sowie die Vorgabe, die Gymnasialzeit auf acht Jahre zu senken, hat zu einer Reihe von Vorgaben für die Schulen, speziell auch für die Gymnasien geführt. So hat die Landesregierung SH den Schulen zur Auflage gemacht, jeweils für die eigene Schule Förderkonzepte zu formulieren. Darüber hinaus gilt als Vorgabe, dass kein Schüler ohne Abschluss die Schule verlassen und dass kein Abschluss ohne Prüfung vergeben werden soll.

Die Arbeit von Kolleginnen und Kollegen ist geprägt auch von den Veränderungen, die Schulen in den letzten Jahren erfahren: eine sich verändernde Schülerschaft (Zunahme schwieriger Schüler aus den unterschiedlichsten Gründen), größer werdende Klassen, Ausweitung des Auftrags von Lehrkräften um sozialpädagogische Arbeitsanteile, stärkere Ergebnisverantwortung und -überprüfung etc.

Die Thomas-Mann-Schule in Lübeck (ca. 800 SchülerInnen, 56 KollegInnen) ist eine Europaschule mit vielfältigen Aktivitäten nicht nur, was den Austausch mit anderen Ländern angeht[1]. Die verbindliche Vorgabe, für die Schule ein Förderkonzept zu formulieren, sowie Diskussionen darüber, wie angemessen mit der sich verändernden Schülerschaft umzugehen sei, um unter den gegebenen Rahmenbedingungen (Personal, Geld, Ausstattung etc.) die definierten Bildungs- und Erziehungsziele zu erreichen, führte u. a. auch zu Überlegungen, neue Wege zu beschreiten.

1 Einen guten Einblick eröffnet die Homepage: www.thomas-mann-schule.de

Ich arbeite seit mehreren Jahren als Trainer mit Prof. Pallasch im Rahmen der Ausbildung von Coaches intensiv zusammen und wusste, dass er an einem Konzept zum Lerncoaching arbeitet. Hieraus entstand die Idee, ‚Lerncoaching' in die schulinternen Überlegungen einzubeziehen.

> Liebe Kolleginnen und Kollegen,
>
> im Hinblick auf die vor uns liegenden Veränderungen im Bereich der Mittelstufe – mittlerer Bildungsabschluss nach 9, Änderung der Versetzungsordnung, Priorität für das Fördern – sowie im Blick darauf, dass das Land Ressourcen in diesem Bereich (Förderkonzepte) bereit stellt, gibt es eine Möglichkeit, die sich für die TMS im Moment eröffnet.
>
> Prof. Pallasch, mit dem ich seit längerem zusammenarbeite und für den ich, ich hatte Ihnen dieses ja auch schon auf der ersten Dienstversammlung gesagt, nach wie vor als Trainer tätig bin, entwickelt zur Zeit (er arbeitet hierbei u. a. mit Modellschulen in der Schweiz zusammen) eine modulare Ausbildung zum „Lerncoach".
>
> Zielgruppe dieser Ausbildung sind Lehrkräfte, die ihre diagnostischen Kompetenzen erweitern wollen, die eine Auffrischung im Bereich der Lernphysiologie/der Hirnforschung und der Lernpsychologie wünschen und die im Hinblick auf den Beratungsprozess, das konkrete Umgehen mit Schülerinnen und Schülern, ihre Möglichkeiten erweitern wollen.
>
> Prof. Pallasch hat mir angeboten, dass er bereit ist, ein Pilotprojekt an unserer Schule zu starten, wenn sich eine bestimmte Mindestzahl von Lehrkräften meldet. Gedacht ist an eine Gruppe von 15 Personen.
>
> In der letzten Sitzung der erweiterten Schulleitung habe ich diese Idee und dieses Angebot vorgestellt und sehr positive Resonanz gefunden.
>
> Kosten in größerem Umfang würden für die Teilnehmenden wahrscheinlich nicht entstehen, wohl aber wäre die Bereitschaft mitzubringen, Zeit (auch an Wochenenden) zu opfern.
>
> Mir ist bewusst, dass Konzepte und Modelle der konkreten Umsetzung an der Schule, die aus einem solchem Pilotprojekt erwachsen könnten, natürlich beraten und in der Lehrerkonferenz sowie der Schulkonferenz abgestimmt werden müssen.
>
> Zum jetzigen Zeitpunkt ist dieses daher zunächst nur ein Angebot für die individuelle Weiterqualifizierung.
>
> Wenn Sie Interesse haben, sich an einem solchen Vorhaben zu beteiligen, würde ich mich freuen, wenn Sie mir dieses in den nächsten Wochen (bis zum 22.11.) mitteilen.

Abb. 9.1: Anschreiben an das Kollegium

Die Bereitschaft von Professor Pallasch, sich auf ein Modellprojekt an der Thomas-Mann-Schule einzulassen, stellte ich im Oktober 2005 der erweiterten Schulleitung vor, die sehr positiv auf dieses Angebot reagierte. Ein Anschreiben an das Kollegium (Abb. 9.1) warb um die Bereitschaft, an einer solchen Fortbildung teilzunehmen.

Die Bereitschaft, sich auf ein solches Vorhaben einzulassen, war im Kollegium groß, so dass im Dezember ein erstes Vorgespräch mit ca. 20 Kolleginnen und Kollegen stattfand, währenddessen ich nach Absprache mit Prof. Pallasch noch weitere Erläuterungen gab.

Die Beschreibung des Modellvorhabens wurde den Kolleginnen und Kollegen in einem an die Interessierten gerichteten Schreiben vorgestellt.

Lerncoaching[2]

Pilotprojekt

Qualifizierungsmodule zur Erweiterung der Handlungskompetenz im Unterricht

Adressaten:	Lehrerinnen und Lehrer der Thomas-Mann-Schule Lübeck
Zeitrahmen:	Vier Module zu jeweils 1 ½ Tagen
Termine:	Modul 1: 24./25. März 2006 Modul 2: 21./22. April 2006 Modul 3: 12./13. Mai 2006 Modul 4: 30. Juni/01. Juli 2006[3]
Zeiten (jeweils):	halbtags: 14.00 – 18.00 Uhr ganztägig: 9.00 – 18.00 Uhr
Durchführung:	Prof. Dr. Waldemar Pallasch, Institut für Advanced Studies (AS), Universität Kiel OStD Peter Flittiger, Thomas-Mann-Schule Lübeck
Abschluss:	Bei Abschluss des Projekts erhalten Sie auf Wunsch ein universitäres Teilnahmezertifikat von Advanced Studies (AS)
Ziele:	Das Vorhaben ist als Pilotprojekt angelegt, weil versucht werden soll, eine umfangreiche Thematik in einem sehr kurzen Zeitrahmen zu bearbeiten. Je nach Voraussetzungen der Teilnehmerinnen bzw. Teilnehmer (bzw. deren Wünschen) werden entsprechende thematische und methodische Modifikationen einzuplanen sein. • Theoretische Auseinandersetzung mit den neuen Erkenntnissen aus der Lernforschung • Fragen des Transfers auf die konkrete Schulwirklichkeit • Übertragungsmöglichkeiten lernpsychologischer Annahmen in den konkreten Unterricht • Erarbeiten von Optimierungsmöglichkeiten zur Unterrichtsgestaltung • Möglichkeiten zur Verbesserung des Umgangs mit Schülern

Vier Module als Themenblöcke

Die vier Module stehen immer unter einem Themenschwerpunkt. Während des Projekts können sowohl die Themenschwerpunkte der einzelnen Module als auch einzelne Themen innerhalb der Module je nach Wunsch oder Bedarf der Teilnehmer verändert werden (siehe Ziele).

2 Text des Informationsschreibens an das Kollegium der Thomas-Mann-Schule

3 Die Termine verschoben sich später, so dass das letzte Modul im September stattfand.

Themenschwerpunkte der Module

Modul 0: Vorbereitungsarbeit
Durcharbeiten des Skripts: Pallasch, Waldemar; Hameyer, Uwe: Lerncoaching. Theoretische Überlegungen zu einer Konzeption.
Internes Arbeitspapier (Entwurf), Universität Kiel, Januar 2006

Modul 1: Theoretische Grundlegung
- Klärungen offener Fragen; Gegenseitiger Austausch (Skript)
- Psychologische Menschenbilder und ihre Bedeutung für die Schule
- Annahmen des Konstruktivismus und seine Relevanz für Lernverhaltensweisen
- Eigene Erfahrungen (privat / berufspraktisch)
- Arbeit an Lernbiografien (Übung und Anwendung)
- Adäquate ‚Hausaufgabe'

Modul 2: Der Lerner
- Der Lerner als Individuum
- Anthropologische Grundannahmen des Lernens und Verhaltens
- Unterschiedliche Sprachstile und ihre Bedeutung für den Unterricht
- Wirkungsweise von sprachlichen Interaktionen
- Übung: Makro-, Meso- und Mikroverhaltensweisen
- Übertragung auf Unterricht
- Adäquate ‚Hausaufgabe'

Modul 3: Der Vermittler / die Mitlerner
- Vermittlung und Aneignung als sich wechselseitig bedingende Prozesse
- Der Vermittler und seine (vor- bzw. unbewussten) Wirkungen auf den Vermittlung- und Aneignungsprozess
- Die Mitlerner und ihre Wirkungen
- Die Lernumgebung
- Übungen: Warte-Zimmer-Übung
- Schulraum-Test
- Adäquate ‚Hausaufgabe'

Modul 4: Das Lernarrangement
- Didaktische Fragestellungen: Unterrichtsoptimierung
- Sinnerzeugungsproblematik (Lehrplan – Lehrer – Schüler)
- Veränderungsmöglichkeiten: personell – strukturell
- Weitere Themen nach Bedarf

Option:
Wenn gewünscht, könnte nach einem bestimmten Zeitraum die Gruppe erneut zusammenkommen, um ein erstes Resümee zu ziehen.

Verlauf

Im Januar 2005 erhielten alle Teilnehmenden[4] den Entwurf des Manuskriptes „Lerncoaching – Theoretische Überlegungen zu einer Konzeption" von Prof. Pallasch. Es handelte sich hierbei noch um eine unvollständige

4 Es nahmen aufgrund der gegebenen Termine 16 Kolleginnen und Kollegen teil.

Arbeitsfassung. Dieses Manuskript sollte bis zum Beginn der ersten Veranstaltung durchgearbeitet sein.

Die Gestaltung der Fortbildung folgte der bereits in der Coaching-Ausbildung[5] praxiserprobten und erfolgreichen Mischung aus kurzen Informationsblöcken, Demonstration, eigenem Erleben in der Anwendung sowie dem Training einzelner Bausteine.

Pallasch / Lerncoaching 2006

Lerninterview (Leitfaden)

Thema: Arbeit an der eigenen Lernbiografie

Während des Interviews nicht diskutieren! Erlaubt sind nur Klärungsfragen!

(1) **Erlebnis – Ereignis: Erinnerung an ein konkretes Lernereignis (-erlebnis)**
Für die Bearbeitung wäre es gut, ein negativ besetztes zu wählen.
Vorbereitung in Einzelarbeit. Interview in 3er-Gruppe.

(2) **Erzählung : Teilnehmer (Tln.) erzählt das Ereignis / Erlebnis (Beobachter protokolliert – aus seiner Sicht – entscheidende Passagen und beobachtet den Teilnehmer aufmerksam)**
Sich das Ereignis möglichst genau erzählen, schildern oder berichten lassen! Interviewer achtet auf Kleinigkeiten und speichert diese für die spätere Aufarbeitung.

(3) **Fragestellung: Welche Auswirkungen hatte das Ereignis damals?**
Wie ist der Tln. damals damit umgegangen? Welche Folgerungen zog das nach sich? Wie hat sich der der Teilnehmer danach – längerfristig – verhalten?

(4) **Fragestellung: Welche Auswirkungen hat das Ereignis noch heute?**
Wie oder wann oder wo zeigen sich noch Lernverhaltensweisen oder ‚Spuren' des damaligen Ereignisses?

(5) **Fragestellung: Wie geht der Teilnehmer damit heute um?**
Welche Strategien oder Methoden (des Vermeidungsverhaltens oder der der positiven Verstärkung) werden angewendet?

(6) **Fragestellung: Wird das ‚Erlebnis' (‚Ereignis') heute auf andere Personen oder Situationen übertragen?**
Gibt es gegenwärtig Situationen, in denen das Erlebnis auf irgendeine Weise virulent wird (reaktiviert wird)?

(7) **Klärung / Aufarbeitung: Versuch einer Klärung**
Gibt es für die Verhaltensweisen der am Erlebnis Beteiligten (Lehrer, Betroffener, Schüler) eine (wissenschaftliche oder plausible Erklärung?
Die Klärung kann zu dritt (3er-Gruppe) erfolgen.

Hinweis: Es spielt in diesem Interview keine Rolle, wie Sie ‚Lernen' definieren oder verstehen. Jeder versteht ‚Lernen' so, wie er es versteht!
Bei ‚(7) Klärung' können Sie diese Frage aufwerfen und zu klären versuchen!

Abb. 9.2: Leitfaden „Lerninterview"

5 Parallel zu dieser Veranstaltung lief gerade die fünfte von AS durchgeführte Ausbildungsgruppe „Coaching".

Wichtig war schon im Vorwege gewesen, die Teilnehmenden darauf einzustellen, dass es sich bei dieser Fortbildungsveranstaltung gerade nicht um eine Vorlesungsveranstaltung handelt, sondern dass es nach unserer Überzeugung sehr viel effektiver und nachhaltiger ist, eigenes Erfahren und Erproben in die Ausbildungsblöcke zu integrieren. Eine Besonderheit war sicherlich auch, dass hier der neue Schulleiter[6] als Fortbildner auftrat.

Die Zusammensetzung der Fortbildungsgruppe war erfreulich heterogen: Lehrkräfte aller Altersgruppen (von 30 bis 62), fast aller Fachrichtungen, vom „fast noch" Referendar bis hin zu Lehrkräften auf Funktionsstellen, Männer (wenn auch zahlenmäßig weniger) und Frauen.

Die Module fanden jeweils freitags und samstags statt. Dies hieß für den Freitag auch, dass eine Reihe von Kolleginnen und Kollegen fast direkt aus dem Unterricht zu unserem Tagungsraum in einer benachbarten Seniorenresidenz aufbrechen mussten.

Besonders im Verlaufe des ersten Ausbildungsmoduls ging es darum, die von uns gewünschte Fortbildungskonzeption einzuführen (siehe Abb. 9.3).

Modul 1

Lerncoaching Modul 1: 12.-13.Mai 2006 LernCoaching Programm Kurzfassung	Leitung: Peter Flittiger Waldemar Pallasch

	Freitag, 12. Mai 2006			Sonnabend, 13. Mai 2006	
Zeit	Theoretische Aspekte	Training/ Übung	Modifikationen Alternativen	Theoretische Aspekte	Training/ Übung
Vormittag			Grundsätzlich erwünscht: Permanentes Feedback, Inhalte und Übungen werden entsprechend modifiziert.	5. Erste Skriptklärungen Lernen (Auswahl) 6. Sprachstile Kurzeinführung	7. Sprachstile GT-Bausteine Praktische Übung
Nachmittag	1. Einführung Vorstellung, Planung, Ziele 2. Lerninterview Kurze theoretische Einführung 4. Lehrerpersönlichkeit	3. Lerninterview Praktische Übung		9. Zusammenfassung	8. Sprachstile GT-Bausteine Praktische Übungen – Fortsetzung

Abb. 9.3: Programm (Kurzfassung des 1. Moduls)

6 Seit August 2005 im Amt.

Nach einer kurzen Vorstellungsrunde und einigen Erläuterungen zum organisatorischen Ablauf erfolgte nur sehr knapp eine erste Erläuterung der Intentionen, die mit der Entwicklung der Lerncoachingkonzeption verbunden waren. Daraus abgeleitet wurden die Überlegungen vorgestellt, die zur Beschäftigung mit der Lernbiografie geführt hatten. Die Auseinandersetzung mit der eigenen Lernbiografie der Beteiligten bildeten dann den Kern der Arbeit am ersten Nachmittag.

Ohne große Erläuterungen zum Gesprächsführungsverhalten erhielten 3er-Gruppen den Auftrag, wechselseitig Gespräche über die eigene Lernbiografie nach dem oben beschriebenen Muster zu führen. Diese Gespräche und deren Auswertung nahmen den ganzen Nachmittag in Anspruch.

Gerade die Auseinandersetzung mit eigenen Lernschwierigkeiten und deren naturgemäß sehr verschiedenartigen Ursachen (Lehrerpersönlichkeit, Ursachen in der Gruppe, Erwartungshaltungen, Lehr- und Lernwege, situative Blockaden etc.) führte zu intensiven Gesprächen in den Kleingruppen, zu einem intensiven Dialog auch zwischen Kolleginnen und Kollegen, die im Schulalltag sonst wenig Gelegenheit zum Austausch haben. Die anschließende Aufarbeitung der Erfahrungen in den Gruppen erlaubte eine erste Auflistung von Lernhindernissen, möglicher Ursachen von Lernschwierigkeiten und des Umgehens mit diesen. Der nächste Tag begann zunächst mit einer Phase, in der die Teilnehmer Fragen, die sich aus der Lektüre des Skriptes ergeben hatten, stellen konnten, die dann geklärt wurden.

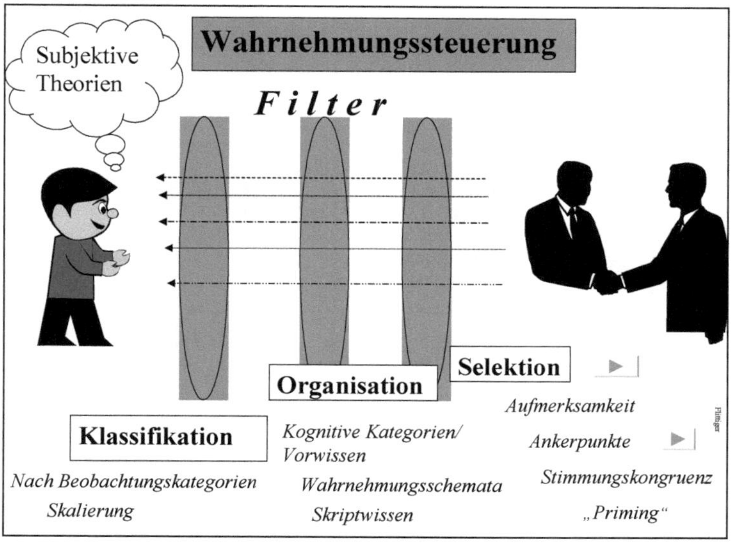

Abb. 9.4: Beispielfolie

Die Erläuterung zentraler Annahmen der Coachingkonzeption bildete dann den Auftakt für die nächste Phase. Die von der humanistischen Psychologie, dem radikalen Konstruktivismus und der Systemtheorie geprägten Annahmen der Coachingausbildung wurden hier für das Lerncoaching vorgestellt. Ausgangspunkt für diese Erläuterungen war eine kurze Powerpointpräsentation über die neuesten Forschungsergebnisse im Hinblick auf unsere Wahrnehmung (z. B. Mechanismen der Wahrnehmungssteuerung, Wahrnehmungsverzerrungen, Konstruktion von Wirklichkeit). Die Bedeutung des Axioms „Jeder Mensch konstruiert sich seine Wirklichkeit" im Hinblick auf die Arbeit mit Schülerinnen und Schülern an deren Lernschwierigkeiten erlaubte dann den Auftakt für die intensivere Beschäftigung mit Sprachstilen sowie der Notwendigkeit, Elemente der Gesprächsführung zu beachten und zu trainieren.

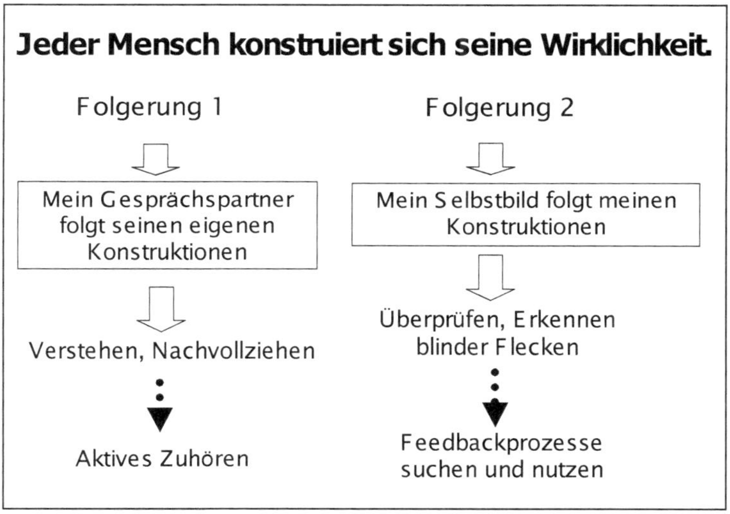

Abb. 9.5: Folie „Folgerungen" aus Powerpoint-Information zum Thema „Wahrnehmung"

Die Vorstellung von Grundbausteinen der Gesprächsführung mündete in intensiven Übungsphasen, in denen u. a. deutlich wurde, wie schwer es uns fällt, das aktive Zuhören, das Erschließen der Konstruktionen des Anderen tatsächlich ohne eigene Wertungen, eigenen Interpretationen und der eigenen Suche nach Lösungen zu praktizieren. Gerade dieses Erleben verwies auf die Notwendigkeit, die eigenen Gesprächsführungsfähigkeiten zu schulen, deren Anwendung zu üben, mithin die eigene Praxis im Umgang mit Schülerinnen und Schülern unter diesem Blickwinkel zu reflektieren.

Modul 2

Lerncoaching Modul 2: 30. Juni – 1. Juli 2006 LernCoaching Programm Kurzfassung				Leitung: Peter Flittiger Waldemar Pallasch	
	Freitag, 30. Juni 2006			Sonnabend, 1. Juli 2006	
Zeit	Theoretische Aspekte	Training/ Übung	Modifikationen Alternativen	Theoretische Aspekte	Training/ Übung
Vormittag			Grundsätzlich erwünscht: Permanentes Feedback, Inhalte und Übungen werden entsprechend modifiziert	5. Individuum – System 7. Aufarbeitung Klärung	6. Übung „Ich in meiner Schule“ 8. System-konstellation Kurze Demons-tration
Nachmittag	1. Rückblick Aufarbeitung 2. TA-Modell Erweiterungen Ergänzungen 3. Bedeutung des Vermittlers	4. Übung Lehrer-Schüler-Kommu-nikation		9. Selbst- und Fremdwahrneh-mung Kurze theoreti-sche Einführung 10. Aufarbeitung Klärung	11. Abschluss Anwendungs-bezogener Er-kenntnisgewinn

Abb. 9.6: Programm (Kurzfassung des 2. Moduls)

Der zweite Fortbildungsteil stellte eine Reihe von Modellen zur Verfügung, mit Hilfe derer professionelles Handeln entwickelt werden kann. Auch hier wurden die Modelle wieder durch praktische Übungen in der Anwendung trainiert.

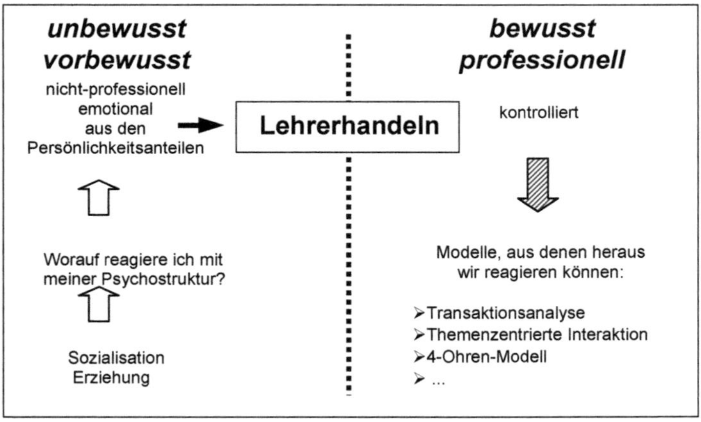

Abb. 9.7: Flipchart-Bild

Die Sammlung typischer Schüleräußerungen und typischer Reaktionsmuster auf diese erlaubte es, die Diagnosefähigkeit zu schulen, sowie durch die gemeinsame Analyse zu einer angemessenen professionellen Reaktion zu kommen. Am Sonnabend wurde mit der Visualisierung der Blick auf das System Schule geworfen (Abb. 9.7, S. 166).

Modul 3

<table>
<tr><td colspan="4">Lerncoaching
Modul 3: 25. – 26. August 2006 LernCoaching
Programm
Kurzfassung</td><td colspan="2">Leitung:
Peter Flittiger
Waldemar Pallasch</td></tr>
<tr><td></td><td colspan="3">Freitag, 25. August 2006</td><td colspan="2">Sonnabend, 26. August 2006</td></tr>
<tr><td>Zeit</td><td>Theoretische Aspekte</td><td>Training/ Übung</td><td>Modifikationen Alternativen</td><td>Theoretische Aspekte</td><td>Training/ Übung</td></tr>
<tr><td>Vormittag</td><td></td><td></td><td>Grundsätzlich erwünscht: Permanentes Feedback, Inhalte und Übungen werden entsprechend modifiziert</td><td>5. Theorie Vom Wahrnehmen zum Handeln – Methodenerläuterung</td><td>6. Die Methode der kollegialen Fallarbeit</td></tr>
<tr><td>Nachmittag</td><td>1. Anthropologische Grunddaten
2. Mikro-, Meso-, Makroebene

4. Abschluss Aufarbeitung</td><td>3. Übung Pacing, Leading, Einbau Separatoren</td><td></td><td>7. Variationen der Methode – Aufarbeitung der Erfahrungen
8. Abschluss</td><td></td></tr>
</table>

Abb. 9.8: Programm (Kurzfassung des 3. Moduls)

Zentraler Arbeitsschwerpunkt dieses Moduls war es, die eigenen Handlungsmöglichkeiten zu erweitern durch die noch bewusstere Gestaltung von Gesprächssituationen (im Einzelgespräch wie mit der Klasse) und die Überprüfung der eigenen Konstruktionen mit Hilfe von Kolleginnen und Kollegen. Dies schloss an die Elemente zur Überprüfung von Selbst- und Fremdwahrnehmung des vorherigen Moduls an. Die Methode der kollegialen Fallarbeit erschließt hierbei sowohl neue Interpretationsmöglichkeiten für eine Situation (Problem, Konflikt, Lernschwierigkeiten etc.) und damit adäquatere Handlungsoptionen, sie eröffnet zudem die Möglichkeit, individuell wieder Distanz zu gewinnen und sich neue Betrachtungsmöglichkeiten zu eröffnen. Gerade diese Methode wurde von den Teilnehmenden als ausgesprochen bereichernd erlebt, um in schwierigen Situationen neue Blicke und Handlungsmöglichkeiten zu eröffnen.

Gestaltung einer Sitzung zur kollegialen Beratung

I. Die Gruppe wählt/bestimmt eine Person, die den Prozess steuert. Diese Person sollte an diesem Tag kein vordringliches Problem haben. Ihre Aufgabe ist es, die einzelnen Phasen einzuleiten, auf das Gesprächsverhalten zu achten und ggf. auf die Einhaltung von Vereinbarungen hinzuweisen.

II. Jede/Jeder schreibt ein konkretes Beratungsanliegen auf eine Karte. Anschließend wird in einer kurzen Runde eine ganz knappe Erläuterung zu dem Anliegen gegeben, so dass für die Anwesenden das Thema und der Kontext im Ansatz klar sind.

III. Auswahl des Anliegens, das bearbeitet werden soll. Die Auswahl sollte sich an den Kriterien „Lösungsdruck", „Aktualität", „Rotation" (jeder/jede sollte in Abständen in die Rolle des/der Ratsuchenden kommen) orientieren.

Methode 1

R: ratsuchende/r Kollege/in **B**: beratende Kollegen/innen

Schritt 1:

R schildert Situation und formuliert sein Ziel (sichtbar notieren!)

B hören zu

Schritt 2: B stellen Verständnisfragen

Schritt 3: B reflektieren kurz still die Situation

Schritt 4: B besprechen die Situation, diskutieren über Ursachen, Motive, Verstrickungen, äußeren Hypothesen, Vermutungen

R hört zu, schweigt, macht sich Notizen (sitzt ggf. außerhalb der Beratungsrunde)

Schritt 5: R nimmt Stellung: Das war neu, interessant ...

Schritt 6: B (Jede/r) macht Lösungsvorschläge

Schritt 7: Feedback von **R** an **B**

Anmerkung: Die Einführung der Methode sollte immer verbunden sein mit Hinweisen zum Gesprächsverhalten [Ich-Botschaften, Vermeidung von Killerphrasen etc.].

Methode 2 [zeitlich umfangreicher]

(bei Konflikten, Problemen zwischen L. und S., in denen die Personen eine besondere Rolle spielen, z. B. besonders schwierige/r Schüler/in, schwierige Klasse, lange Vorgeschichte usw.)

Phase 1: R schildert ausführliche die Situation, den Ablauf, den Vorfall etc. und formuliert sein Ziel

B stellen - wenn notwendig - Fragen zum Verständnis, zum Kontext (**keine** Bewertungen, Interpretationen, Hypothesen äußeren!)

R setzt sich etwas außerhalb und hört ab jetzt aufmerksam zu, macht sich Notizen.

Phase 2: B versetzen sich in **R**. Wie erginge es mir in der beschriebenen Situation? (Gefühle, Gedanken) Formulierungen aus der Ich-Perspektive

Phase 3: **B** versetzten sich in die Konfliktgegner [oder den Schüler/in/die Klasse, die das Problem „auslöst"] unter folgenden Blickrichtungen:

Ich verhalte mich so, weil...
Ich bin so, weil ...
Ich verhalte mich so, um ...

Phase 4: B äußern Vermutungen, Erklärungen, Hypothesen im Hinblick auf die Situation, auf die Verstrickungen der Personen wie das Entstehen und den Verlauf der Situation.

Phase 5: B sammeln Lösungsideen.

Phase 6: R stellt evtl. Verständnisfragen. **R** gibt Rückmeldung an die Runde: Was war neu für mich? Was hat mich überrascht? Was habe ich so nicht gesehen? Welchen Lösungsweg kann ich mir für mich vorstellen?

Abb. 9.9: Gestaltung einer Sitzung zur kollegialen Beratung

Modul 4

Lerncoaching Modul 4: 30. Juni – 1. Juli 2006 LernCoaching Programm Kurzfassung				Leitung: Peter Flittiger Waldemar Pallasch	
	Freitag, 30. Juni 2006			Sonnabend, 1. Juli 2006	
Zeit	Theoretische Aspekte	Training/ Übung	Modifikationen Alternativen	Theoretische Aspekte	Training/ Übung
Vormittag			Grundsätzlich erwünscht: Permanentes Feedback, Inhalte und Übungen werden entsprechend modifiziert	5. Team – Gruppe – Klasse Theoretische Splitter 7. Handlungsmodelle für die Intervention in Gruppen	6. Aktionssoziometrie u. a.
Nachmittag	1. Rückblick Aufarbeitung 2. Gruppen Wahrnehmung von Gruppen und Gruppenprozessen 4. Abschluss	3. Übung Gruppendiagnose Abgleich individueller Soziogramme über konkrete Gruppen		9. Institutionelle bzw. strukturelle Verankerung im eigenen System 10. Abschluss Zertifizierung	8. Was brauchen Sie für Ihren Unterricht? (intergruppaler Austausch)

Abb. 9.10: Programm (Kurzfassung des 4. Moduls)

Im Vordergrund dieses letzten Teiles standen die Arbeit mit Gruppen und Klassen sowie die Prüfung, was von dem Kennengelernten in die Praxis umgesetzt werden kann.

Die angemessene Wahrnehmung der Struktur von Gruppen und Klassen sowie der Mechanismen, die das Lernen wie das Miteinander bestimmen und die aus diesen Strukturen erwachsen oder sie prägen, sollte im Abgleich der eigenen Beschreibung überprüft werden. Lehrkräfte gleicher Lerngruppen entwickelten aus ihrer Sicht Soziogramme, skizzierten Einfluss- und Machtstrukturen der Lerngruppe, die sie vermuten, und prüften anschließend mit den ebenfalls in der Lerngruppe tätigen KollegInnen die jeweiligen Darstellungen.

Der letzte Vormittag war dann nach einer kurzen Information über in den Sozialwissenschaften bekannte Mechanismen in Gruppenbildungsprozessen (u. a.: Forming, Storming ...) geprägt davon, Methoden und Maßnahmen vorzustellen, mit denen Lehrkräfte Gruppenstrukturen sichtbar machen[7], beeinflussen und teamorientiertes Arbeiten entwickeln können. Ein Kurzreferat zum Thema „Team und Teamentwicklung" hatte hierbei u. a. die Funktion, die Chancen, die in der Verschiedenartigkeit der Schülerinnen und Schüler liegen, hervorzuheben.

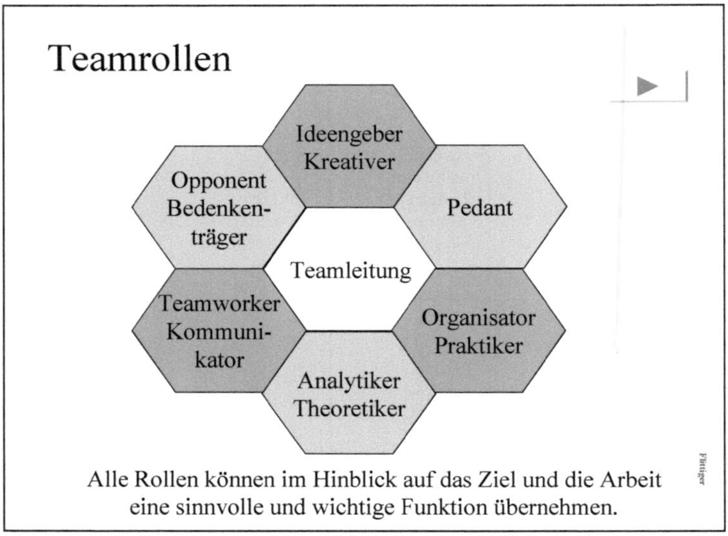

Abb. 9.11: Beispielfolie aus Teaminformationen

Die in Gruppen abschließend angestellten Überlegungen für die Umsetzung an der Thomas-Mann-Schule enthielten folgende Vorschläge, die nun im Rahmen eines schulinternen Diskussionsprozesses dem Kollegium insgesamt vorgestellt und beraten werden sollen:

- Etablierung der kollegialen Fallarbeit
- Teilnehmer/-innen der Fortbildung können als Multiplikatoren wirken.
- Während der geplanten Schilf-Tage (LDL-Konzept[8]) könnte eine Gruppe Ergebnisse der Fortbildung transportieren.
- Veränderungen in der Ausstattung des Lernumfeldes
- Verstärkung der Erziehung zu selbstständigem Lernen in eigenverantwortlichen Teams.
- Einbeziehung von Inhalten auf Elternabenden (z. B. als ppp zu Gruppenprozessen)
- Die Arbeit mit der Lernbiografie in die Lernplanarbeit aufnehmen

7 Hierzu gehörten z. B. Verfahren der Aktionssoziometrie, die jeweils auch praktisch erprobt wurden.

8 Es handelt sich hierbei um ein Vorhaben, in dem Lernen durch Lehren großflächig erprobt werden soll. Eine weitere Erläuterung würde an dieser Stelle zu weit führen.

- Schulinternes Curriculum für Teamentwicklung
- 11. Jahrgang Teambildung in VU
- Arbeit an der Lernbiografie an Projekttagen in 5 und 7
- Sprechtag für Schülerinnen und Schüler in 9
- Gesprächsführungstraining in die Ausbildung von Referendaren/innen einbauen
- Anwendung auf pädagogischen Konferenzen (z. B. Umgehen mit gruppendynamischen Prozessen)

Fazit

Die Durchführung einer schulinternen Fortbildung im Umfang von 40 Stunden, die zudem einen Teil des Wochenendes belastet, gibt schon einen Hinweis auf die Bereitschaft und das Engagement der Kolleginnen und Kollegen der Thomas-Mann-Schule, sich fortzubilden und ihre Handlungsmöglichkeiten zu erweitern. Eine ganz positive Erfahrung – und die ist zunächst noch unabhängig von dem Thema der Fortbildung, wenngleich nicht ganz unabhängig von dem Erleben der Art der Durchführung – war, dass die Kolleginnen und Kollegen sich während der Veranstaltung in einer Weise besser und intensiver kennen lernten und miteinander arbeiteten, als dies im normalen Schulalltag möglich ist. Trotz oder gerade wegen der Heterogenität der Zusammensetzung wurde dieses gemeinsame Arbeiten als ausgesprochen fruchtbar erlebt.

Die Reflexion der eigenen Praxis und die kritische Überprüfung bisher aus dem Alltag gewonnener (auch tradierter Lehrer-)Handlungsmuster ist ein ganz wesentlicher Aspekt in der Betrachtung gewesen.

Die Umsetzung eines Lerncoachingansatzes lässt eine Vielzahl bisher selbstverständlicher Vorgehensweisen problematisch erscheinen und müsste zu einem Umdenken vor allem in den Einstellungen und Haltungen von Lehrkräften führen. Die Abgabe der Verantwortung für das Lernen an den Lerner, sich als Lehrkraft zu begreifen als verantwortlich für die möglichst passgenaue Gestaltung von Lernwegen, für die Begleitung und Moderation des Lernprozesses, für die Gestaltung des Lernumfeldes und die Steuerung und Moderation von Gruppenprozessen bedeutet eben auch eine Abkehr von einem Denken, in dem sich die Lehrkraft nach dem Motto „Ich muss mit euch xyz erreichen!“ in der Pflicht sieht, Ergebniserfolg zu erzielen.

Die Entscheidung darüber, ob ein Schüler lernen will, diesem zu überlassen, ihn ganz ernst zu nehmen und ihn damit auch nicht aus seiner Verantwortung zu entlassen, gleichwohl alles zu unternehmen, um für jeden Lernwege zu ermöglichen, erfordert die Einnahme einer neuen Rolle. Und diese Rolle bedarf anderen Handelns – eines Handelns, welches aber auch deutlich psychisch entlastend für Lehrkräfte wirken kann. Welche Schwierigkeiten ein solches neues Handeln mit sich bringen kann, war im Verlauf der Fortbildung wiederholt Gegenstand von Erörterungen. Auch Schülerinnen und Schüler sowie die Eltern sind ja Teil dieses Prozesses, auch deren Haltungen und Einstellungen sind es, die zu einem neuen Verständnis verändert werden müssten. So sind Eltern ja nicht selten der Ansicht, eine schlechte Leistung am Ende des Jahres sei wesentlich Ausdruck unzureichenden Unterrichtens, fehlenden Drucks, unfähiger Lehrkräfte etc. Die Erwartung ist, dass die Lehrkräfte verantwortlich sind für das Erreichen von Zielen. Und gerade Schülerinnen und Schüler müssten sich verabschieden von dem leichten Abschieben der Verantwortung für ihr Lernen, etwa wenn sie bisher durchaus häufig richtigerweise mutmaßen, der Klassenschnitt definiere ihr Ergebnis und nicht unbedingt das angestrebte Ziel oder die zu erwerbenden Kompetenzen.

Die Etablierung eines in diesem Buch formulierten Lerncoaching-Modells erfordert von Lehrkräften ein z. T. neues Selbstverständnis und würde sich gravierend auf die Gestaltung von Unterricht und Lernumgebung, Lehrer-Schüler-Verhältnis usw. auswirken. Es trifft damit aber gerade auf eine Situation, in der durch die Ausweitung der Unterrichtsverpflichtung, die größer werdenden Klassen und die Begrenzung der Ressourcen allgemein sowie die Umbauprozesse im System, die Steigerung der Verpflichtung, Ergebnisse in Vergleichsarbeiten, zentralen Abschlüssen nachzuweisen, ein besonderes Belastungsklima an den Schulen erzeugt ist. Dass sich hieraus Schwierigkeiten für die Umsetzung ergeben, wurde genauso deutlich wie die Probleme bei der Verwirklichung in den beteiligten Gruppen (Kollegium, Eltern, Schülerschaft).

Eine neue Rolle bedarf auch anderer Kompetenzen bzw. der Entwicklung und Schulung vorhandener Kompetenzen. So ist z. B. die pädagogisch-psychologische Gesprächsführung eine notwendige Voraussetzung für angemessene Beratungsprozesse. Der Blick auf diese Techniken wurde in der Fortbildung zwar immer wieder geworfen, aber sie bedarf längeren und wiederholten Trainings, um als Repertoire tatsächlich sicher zur Verfügung zu stehen. Zudem ist sie ein Handwerkszeug, das einer bestimmten Haltung bedarf, um im Sinne des humanistischen Menschenbildes eingesetzt werden zu können. Eine solche Haltung zu gewinnen, z. B. den Schüler in seinen Konstruktionen, mit seiner Lernbiografie, in seiner psychosozialen Situation Wege zu seinen Lösungen erschließen zu helfen und nicht mit eigenen aus der beruflichen Erfahrung gewonnenen Lösungen zum Ziel zu schieben, erfordert einen längeren Prozess. Ähnliches gilt z. B. auch für die Umsetzung der neuesten Ergebnisse der Lernforschung in die methodisch-didaktische Praxis.

Schlussbemerkung

Ich bin dankbar und stolz, dass trotz der hohen Arbeitsbelastung so viele Kolleginnen und Kollegen bereit waren, sich an dieser Fortbildung zu beteiligen, sich einlassen konnten auf neue Ansätze, auf das am eigenen Erleben orientierte Konzept und bereit sind, weiter mit an der Umsetzung in den Schulalltag zu arbeiten. Ein solches Engagement ist beileibe nicht selbstverständlich. Die Fortbildung hat wichtige Impuls gegeben, die eigene Praxis zu reflektieren und Wege zur Veränderung zu erörtern. Sie hat einen intensiven Dialog ausgelöst und führt hoffentlich dazu, erste Schritte zu gehen auf dem Weg zu einer Schule, in der möglichst viele der in diesem Buch formulierten Vorstellungen für besseres Lernen umgesetzt sind.

Und ich bin Professor Pallasch sehr dankbar, dass er trotz einer für ihn persönlich schweren Zeit bereit war, mit mir und für mich dieses Projekt durchzuführen. Für eine Schule eröffnet sich nur selten eine solche Chance.

Regina Walter, Hilda Rohmer-Stänner

10. Praxisbericht: Berufsbegleitende Weiterbildung zum LernCoach am Institut für LernCoaching und Bildung Berlin

LernCoaching – ein individuelles Angebot für junge Menschen im Übergang Schule – Beruf – Arbeitswelt

Obwohl LernCoaching als didaktische Form noch relativ jung ist, gibt es bereits Ausbildungen, die wie z. B. in Berlin insbesondere für die Arbeit mit jungen Menschen entwickelt und erfolgreich erprobt wurden.

Eine berufsbegleitende Weiterbildung zum LernCoach wurde von der Bildungsmarkt Vulkan gGmbH in Berlin in einem Modellversuch des Bundesministeriums für Bildung und Forschung in den Jahren 2003 bis 2006 erprobt und hierauf aufbauend nun vom Institut für LernCoaching und Bildung Berlin – ILeB angeboten. Das ILeB Berlin ist ein Projekt der Bildungsmarkt Vulkan gGmbH und GFBM e.V. zwei von drei mitwirkenden Partnern am Modellversuch.

Die berufsbegleitende Weiterbildung, zum LernCoach richtet sich an pädagogische Fachkräfte, die mit Jugendlichen im Übergang Schule – Beruf – Arbeitswelt arbeiten.

Definition und Ziele von LernCoaching in der Arbeit mit jungen Menschen im Übergang Schule – Beruf – Arbeitswelt

Der Begriff „LernCoaching“ wird inzwischen vielfältig gebraucht und ist inhaltlich unterschiedlich untersetzt. Das hier vorgestellte individuelle LernCoaching ist ein Angebot für junge Menschen im Übergang Schule – Beruf – Arbeitswelt, um

- deren berufliche Entwicklung zu befördern,
- ihre Fähigkeit für eine individuelle aktive Karriereplanung zu entwickeln,
- die Eigenverantwortung für eine erfolgreiche berufliche Integration zu unterstützen.

Das Einzelangebot richtet sich an Jugendliche und junge Erwachsene zwischen 15 und 27 Jahren, die sich im Übergang von der Schule zur Arbeitswelt befinden. Das LernCoaching arbeitet systemunabhängig und stellt eine professionelle Unterstützung durch ausgebildete LernCoachs dar. Der ausgebildete LernCoach arbeitet als Externer und steht dem Jugendlichen als erwachsene Bezugsperson zur Verfügung, egal, ob der Jugendliche sich noch in der Schule befindet, ob er in eine Maßnahme der Berufsvorbereitung wechselt, ob er eine überbetriebliche oder eine betriebliche Ausbildung absolviert oder auf Arbeitssuche ist.

Das Konzept des LernCoachings geht davon aus, dass junge Menschen im Übergang von der Schule in die Arbeitswelt mit einer Reihe von Anforderungen konfrontiert sind, die ihre aktuellen Handlungskompetenzen weit überschreiten. Das LernCoaching bietet hier Unterstützung an, indem es auf dem z. T. noch nicht ausgeschöpften Entwicklungspotenzial der Jugendlichen aufbaut und das individuelle Lernen über sich selbst stimuliert. Dabei werden die aktuelle Lebenssituation des Jugendlichen, seine Bedürfnisse, Schwierigkeiten und Ziele in den Fokus der Beratung gestellt und mit Coachingmethoden bearbeitet.

Dies erfolgt mit dem Ziel, die eigenen Berufsvorstellungen der Jugendlichen zu klären und die Integration in die Arbeitswelt zu befördern. Angestrebt wird eine Balance zwischen den an sie gestellten Anforderungen der Berufswelt und ihrer aktuellen individuellen Lebenssituation.

Diese Notwendigkeit besteht um so mehr, da durchgängige Arbeitsbiografien nicht mehr die Regel sein werden, Familienstrukturen instabiler werden und das Wissen über aktuelle berufliche Anforderungen und die Arbeitsmarktsituationen sich stetig erneuern.

Die berufsbegleitende Weiterbildung zum LernCoach

Zielgruppe und Ziele der Weiterbildung

Die berufsbegleitende Weiterbildung zum LernCoach erfolgt berufsbegleitend und richtet sich an Fachkräfte der Jugendarbeit wie Sozialpädagogen/-innen, Lehrer/-innen, Berater/-innen und Freizeitpädagogen/-innen sowie Fallmanager/-innen.

Dafür wurde ein Curriculum entwickelt und erprobt, das die pädagogischen Vorerfahrungen und Qualifizierungen der Weiterzubildenden einbezieht und deren Feld- und Sachkompetenz in der Arbeit und im Umgang mit Jugendlichen/jungen Erwachsenen produktiv aufgreift.

Ziel der Weiterbildung ist, bei den LernCoachs *Kernkompetenzen* zu entwickeln, die für eine künftige Tätigkeit als LernCoach für die Zielgruppe der Jugendlichen/jungen Erwachsenen von besonderer Bedeutung sind.

Dazu gehören:
- Beratungskompetenz, incl. Methoden- und Sozialkompetenz
- Diagnosekompetenz
- Kenntnisse des Arbeitsmarktes

Auf der Grundlage dieser definierten Kernkompetenzen entstand ein Curriculum mit 11 Modulen, das auf die Anforderungen einer Tätigkeit als Lern-Coach passgenau optimiert und zugeschnitten ist. Die Kompetenzen werden durch Theoriebausteine und durch praxisbezogenes Training entwickelt. In der Ausbildung wird bereits an Realproblemen gearbeitet und das angemessene Vorgehen als Coach trainiert.

In die Weiterentwicklung des Curriculums sind die Erkenntnisse aus der praktischen Erprobung mit 30 Teilnehmenden in zwei Kursen und die Ergebnisse der begleitenden Evaluation einbezogen.

Die berufsbegleitende Weiterbildung umfasst insgesamt 360 Stunden und dauert je nach der angebotenen zeitlichen Kursstruktur 12 bis 15 Monate. Für das Selbststudium der Teilnehmenden werden ca. 120 Stunden veranschlagt.

Voraussetzungen für die Teilnahme an der Ausbildung zum LernCoach

Voraussetzung für die Teilnahme an dem Weiterbildungskurs ist in der Regel eine pädagogische Ausbildung, d. h. also entweder ein Fachschul-, Fachhochschul- oder Hochschulabschluss. Interessenten, die nicht über diesen Standard verfügen, also z. B. keinen Studienabschluss vorweisen können, müssen eine Tätigkeit in der pädagogischen Praxis mit Jugendlichen und entsprechende Zusatzqualifikationen nachweisen. Dies ist deshalb wichtig, weil Erfahrungen mit der jugendlichen Lebenswelt eine wichtige Voraussetzung zum Kontaktaufbau mit den Jugendlichen darstellen.

Eine unabdingbare Voraussetzung der Ausbildung zum LernCoach ist die psychische Stabilität des Weiterbildungsinteressierten. Dazu zählt auch die Fähigkeit zur Akzeptanz und Empathie sowie ein kongruentes Verhalten gegenüber den Jugendlichen. Die Erfahrung aus den bisherigen Kursen zeigt, dass Coachs, die nicht über diese Fähigkeiten verfügen, kein stabiles Vertrauensverhältnis zum Coachee aufbauen können. Diese Fähigkeit zum Vertrauensaufbau ist das A und O eines erfolgreichen Coachingprozesses insbesondere im Umgang mit der jungen Zielgruppe. Wo dies nicht gelingt, wird das Coaching in der Regel vom Coachee abgebrochen.

Eine weitere Voraussetzung – auch dies zeigt die Erfahrung – ist die, dass Weiterbildungsteilnehmende nichtdeutscher Herkunft mit den Feinheiten der deutschen Sprache umgehen können.

Um auch jugendlichen Migranten mehr Berater, die selbst nichtdeutscher Herkunft sind, anbieten zu können, richtet sich das Angebot von ILeB auch an Personen unterschiedlicher Kulturkreise. Ein Coach, dessen Muttersprache türkisch ist, ist ein idealer Partner für einen türkischen Jugendlichen, weil die Sitzungen in der Muttersprache durchgeführt werden können. Für die Ausbildung ist eine gute Kenntnis der deutschen Sprache deshalb wichtig, weil viele Methodenbausteine auf der verbalen Kommunikation aufbauen und gerade die Fähigkeiten des Zuhörens und Verstehens in der Ausbildung auf Basis der deutschen Sprache geschult werden.

Inhaltliche Schwerpunkte der einzelnen Module

Eine Übersicht über die Module der berufsbegleitenden Weiterbildung zum LernCoach bietet Abbildung 10.1.

Module der berufsbegleitenden Weiterbildung zum LernCoach

Beratungskompetenz
Modul 1 + 2 mit 170 Std.

Zielgruppenspezifische Kompetenzen
Modul 3 – 6 mit 84 Std.

LernCoaching als freiberufliche Tätigkeit
Modul 7 + 8 mit 38 Std.

LernCoach im Kontext der Bedingungen, Angebote und Anforderungen des Bildungs- und Arbeitsmarktes
Modul 9 – 11 mit 52 Std.

LernCoach

Abb. 10.1: Module der Berufsbegleitenden Weiterbildung zum LernCoach

Module 1 und 2: Vermittlung von Beratungskompetenz im Coachingprozess

Themenbereiche sind:
- Theoretische Grundlagen
- Methodentraining,
- Praxiscoaching,
- Supervision
- Zertifizierung nach dem KCM

Der Aufbau von Coaching-Kompetenz als zentralem Handlungsinstrument von LernCoachs bildet mit 170 Std. den umfassendsten Teil der Weiterbildung. Die Vermittlung von Beratungskompetenzen erfolgt nach dem *Kieler*

Coaching Modell (KCM) des Instituts für Advanced Studies (AS) der Christian-Albrechts-Universität zu Kiel.

Das Curriculum setzt bei der Erarbeitung theoretischer Grundlagen des Coachings an. Ein umfangreiches Methodentraining schafft die „handwerklichen Grundlagen“ für den Coachingprozess. Ein Praxiscoaching mit Jugendlichen und jungen Erwachsenen, das von den Trainern fachlich begleitet wird, bietet die Klammer zwischen Wissensaneignung und Wissensanwendung. Die Module 1 und 2 werden mit einem Testing und einem Zertifikat des AS der Universität Kiel abgeschlossen.

Die theoretischen Grundlagen der Ausbildung zum LernCoach

Das Konzept zur Ausbildung von LernCoachs basiert gemäß dem Kieler Supervisions- und Coachingmodell auf drei wissenschaftlichen Theorien: dem humanistischen Menschenbild, der Systemtheorie und dem Konstruktivismus. Diese Ansätze sind Grundlage der LernCoach-Ausbildung und sie sind ausschlaggebend für die Methoden, mit denen gearbeitet wird.

Das humanistische Menschenbild ist Grundlage des Coachingprozesses. Nur wenn der LernCoach bereit und fähig ist, dem Jugendlichen eine bedingungslose Akzeptanz und Wertschätzung entgegenzubringen, kann eine Vertrauensbasis aufgebaut werden, die ein zentraler Gelingensfaktor für das erfolgreiche Coaching ist.

Der systemtheoretische Ansatz verhilft zu der für das Coaching wichtigen Erkenntnis, dass ein steuernder Zugriff des Coachs auf den Coachee z. B. durch Ratschläge und Lösungsvorschläge in der Regel nicht von Erfolg gekrönt ist. Systeme haben ihre eigene Logik und nehmen in der Regel nur das auf, was dem System Nutzen verspricht. Dies gilt auch für das „System“ der jugendlichen Persönlichkeit, mit der der Coach arbeiten wird. Der Verzicht auf das Vorgeben von Lösungen und Ratschlägen ist im Übrigen etwas, was Pädagogen besonders schwer fällt, weil das Geben von Ratschlägen und Lösungen zum täglichen Handwerkszeug ihres Berufes gehört.

Als dritte Säule des theoretischen Ansatzes ist der Konstruktivismus zu nennen, der davon ausgeht, dass das menschliche Gehirn sich seine je eigenen Bilder von der uns umgebenden Realität konstruiert. Damit hat jeder Mensch nicht nur seine eigene Wahrnehmung, sondern er speichert die Welt und seine Erlebnisse auch in der ihm eigenen Weise ab. Die Probleme, mit denen ein Coachee sich konfrontiert sieht, sind damit ebenfalls als Konstrukte zu begreifen. Für den Coach liegt der Schlüssel zum erfolgreichen Arbeiten deshalb darin, die Wahrnehmungsmuster des Coachee zu erkennen und seine Problemsicht zu verstehen. Aus diesem Grunde wird in der Ausbildung der LernCoachs großer Wert auf die Schulung der Wahrnehmungs- und Beobachtungsfähigkeit sowie des Zuhören-Könnens gelegt.

In der Ausbildung zum LernCoach werden diese theoretischen Grundsätze vermittelt sowie insgesamt über 60 Methodenbausteine, die sich auf die pädagogisch-therapeutische Gesprächsführung, Problemformulierung und Zielfindung, Problembearbeitung und Lösungsfindung sowie den strukturierten Aufbau eines Coachingprozesses beziehen. Die Methoden wurden z. T. von den Autoren des KCM entwickelt und kommen darüber hinaus aus der Kommunikationstheorie, der systemischen Beratung, dem Psychodrama und dem NLP.

Die Grundhaltung des Coachs: Akzeptanz – Empathie – Kongruenz

Für das Gelingen des Coachings ist es unabdingbar, dass der Coach dem Jugendlichen mit einer warmen, zugewandten und nicht Besitz ergreifenden Wertschätzung, ohne Einschränkungen und Bewertungen gegenüber tritt. Dies wird als Akzeptanz bezeichnet. Für die Jugendlichen ist es in der Regel eine ungewohnte Erfahrung, dass ein Erwachsener sich Zeit nimmt ihnen zuzuhören, sie nicht kritisiert, nicht bewertet oder abwertet und ihnen auch keine Ratschläge erteilt. Akzeptanz ist der erste Schritt zum Vertrauensaufbau zwischen Coach und jugendlichem Coachee.

Diese Begegnung auf Augenhöhe herzustellen, ist im Schul- und Berufsalltag der jungen Menschen mit auch an sie steigenden Anforderungen und zunehmenden Zwängen immer schwieriger.

Empathie, d. h. ein präzises und einfühlendes Verstehen der subjektiven Realität des Jugendlichen, öffnet für den Coach die Tür zum Verständnis der Problemlage des Jugendlichen und gibt diesem das Gefühl verstanden zu werden. Die Erfahrung, von einem Erwachsenen verstanden zu werden, ist für das Selbstbewusstsein des Jugendlichen ein wichtiges Entwicklungsmoment.

Die Kongruenz des Coachs, das heißt seine Stimmigkeit mit sich selbst, ist ein Faktor, der ganz besonders in der Begegnung mit Jugendlichen zählt. Jugendliche haben ein feines Gespür dafür, wenn Erwachsene nicht stimmig sind. Sie werden als Vertrauenspersonen nicht akzeptiert. Kongruenz ist deshalb ein guter Wegbereiter für die personale Begegnung von Coach und Jugendlichem.

Die hier genannten Grundeinstellungen des Coachs zum Jugendlichen bewirken, dass ein Vertrauensverhältnis zwischen Coach und Jugendlichem wachsen kann. Für die Jugendlichen ist eine derartige Beziehung ein positiver Anker, der ihnen – möglicherweise nach langer Zeit – zum ersten Mal wieder ein positives Verhältnis zu einem Erwachsenen ermöglicht. Von Bedeutung ist in diesem Zusammenhang auch die Tatsache, dass der Coach keiner Institution angehört, von der der Jugendliche abhängig ist. Der Coach kann hier frei von dem Zwang agieren, ein bestimmtes, von außen gesetztes Ziel zu erreichen. Für den Jugendlichen bietet sich im Coach eine unabhängige Vertrauensperson an, der er Probleme und Wünsche anvertrauen kann, ohne institutionelle Sanktionen befürchten zu müssen.

Methodentraining

Erste Trainingseinheit: Die Grundbausteine der Gesprächsführung

Im ersten Schritt werden die Grundbausteine der Gesprächsführung nach dem Kieler Coachingmodell trainiert. Diese Methodenbausteine sind die Grundausstattung für jede Form der Kommunikation, die im Coaching stattfindet. Sie kommen ganz besonders in der ersten Phase des Coachingprozesses, der Problembeschreibung, zum Tragen. Die Leitfrage lautet hier: Worum geht es dem Coachee?

Zweite Trainingseinheit: Das Problem formulieren und das Ziel finden

Im zweiten Schritt geht es zunächst um die Fähigkeit, das Problemknäuel, das der Coachee vorbringt, zu entwirren, das Hauptproblem zu formulieren, Teilprobleme zu strukturieren und nach Dringlichkeit und/oder Wichtigkeit zu priorisieren. Die Strukturierung des Problemfeldes ist der Dreh- und Angelpunkt im Coaching, erst recht für die genannte Zielgruppe. Die Leitfrage lautet: Was ist das Problem des Coachee und welches Teilproblem soll vorrangig bearbeitet werden?
Mit der Problemformulierung verbunden ist die Zielformulierung. Die Zielformulierung lenkt den Blick des Coachee weg von den Problemen hin zu seinen oft heimlichen Zielen und Visionen. Die Leitfrage lautet: Was möchte der Coachee klären, erreichen und verändern?

Dritte Trainingseinheit: Den Coachingprozess beginnen

Im dritten Schritt werden die Teilnehmer darauf vorbereitet, den Coachingprozess zu beginnen. Hier lernen sie zunächst, wie sie den Erstkontakt mit dem Coachee gestalten.
Des Weiteren werden die Phasen des Coachingprozesses mit ihrer jeweiligen verschiedenen Fragestellung und dem dazu gehörenden Arbeitsrepertoire vermittelt.

Vierte Trainingseinheit: Die Probleme bearbeiten

Im vierten Modul lernen die Teilnehmer ca. 30 Methodenbausteine kennen, die sich speziell der Problembearbeitung widmen. Bei den Methodenbausteinen zur Problembearbeitung wird ein besonderer Schwerpunkt auf Bausteine gelegt, die helfen, einen Zugang zu den Emotionen des Jugendlichen herzustellen. Die Leitfrage lautet hier: Auf welcher Sinnesebene ist der Coachee besonders ansprechbar und welche Methoden sind geeignet, sein spezielles Problem zu bearbeiten?

Fünfte Trainingseinheit: Gemeinsam Lösungen finden und realisieren

Hat der Coachee einen Lösungsschritt realisiert, wird dies in der folgenden Sitzung aufgearbeitet. Die Leitfrage lautet: Konnte der Coachee die Lösung wie geplant umsetzen?

Das Praxiscoaching

Bestandteil der berufsbegleitenden Weiterbildung und der Zertifizierung für die Tätigkeit als LernCoach ist ein fachlich begleitetes Praxiscoaching. Die in der Kursstruktur angelegte Parallelität von Theorie und Praxis ermöglicht in einem relativ kurzen Zeitraum die methodische Aneignung der Basisgrundlagen für die Arbeit im Coachingprozess

Das Praxiscoaching umfasst mindestens 12 Coachingsitzungen. Diese werden kontinuierlich parallel zur theoretischen Vermittlung durchgeführt und von den Trainern fachlich begleitet.

Über jede Sitzung ist ein standardisiertes Protokoll zu führen. Die Protokolle dienen als Grundlage für eine Falldokumentation, die zur abschließenden Zertifizierung vorliegen muss. In der Regel können im Rahmen der Ausbildungszeit ein bis zwei Jugendliche betreut werden.

Im Verlauf der fallbezogenen Arbeit beurteilen die Trainer, ob der Weiterzubildende für die Tätigkeit als LernCoach geeignet ist und ob ethische Grundsätze und Verhaltensnormen (International Coach Federation) für die künftige Tätigkeit eingehalten werden.

Die Diskrepanz zwischen Wissen und Anforderungen wird somit systematisch verringert. Damit ist das Praxiscoaching eine wichtige Komponente zur Entwicklung von Qualitätsstandards in der Arbeit von LernCoachs.

Die Herausbildung der Identität des/der Weiterzubildenden für eine künftige Tätigkeit als „LernCoach“ wird mit dem Praxiscoaching stark gefördert. Dies ist im Hinblick auf die neu zu entwickelnde Rolle im Vergleich zur bisherigen Beratungspraxis der Weiterzubildenden in sozialen Handlungsfeldern ein wichtiger Faktor.

Supervision

Supervision ist integrativer und obligatorischer Bestandteil der Weiterbildung zum LernCoach. Der Supervision in der Weiterbildung kommt für Personen aus pädagogischen Arbeitsfeldern verstärkt die Aufgabe zu, den Rollenwechsel, den die Berater in jedem Fall vollziehen, zu begleiten. Die Auseinandersetzung mit der eigenen Person und Biografie, die reflektierte Selbsterfahrung im Prozess des Lernens – all das schafft die Grundlage für den individuellen Stil und eine professionelle Beraterposition. Die Auseinandersetzung mit den eigenen Stärken und Schwächen, mit Ängsten und Spannungen im Umgang mit dem/der Coachee und die Identifikation mit dem persönlichen Denk- und Verhaltensmuster sind wie für jeden Coach unabdingbar für die Tätigkeit als LernCoach im Umgang mit der genannten Zielgruppe.

Darüber hinaus ist die Auseinandersetzung mit einer neuen beruflichen Perspektive als Freiberufler und Coach für Personen in sozialen Arbeitsfeldern ein besonderes Thema.

Module 3 – 6: Entwicklung von Kompetenzen zur Eignungsdiagnostik und zur Wahrnehmung von zielgruppenspezifischen Aspekten im Coaching

Themenbereiche sind:

- Eignungsdiagnostik,
- Entwicklungspsychologische Aspekte des Jugend- und frühen Entwicklungsalters
- Kenntnisse zu Genderaspekten im Coachingprozess
- Kenntnisse zu interkulturellen Aspekten im Coachingprozess

Als Coach mit jungen Menschen zu arbeiten, erfordert neben der personalen Kompetenz, das Wissen um ihre Problemlagen und ihre entwicklungsspezifischen und kulturspezifischen Besonderheiten.

Modul „Eignungsdiagnostik“

Das Modul „Eignungsdiagnostik“ vermittelt Grundlagen diagnostischer Eignungsfeststellung und gibt einen Überblick über die gängigen diagnostischen Instrumente und ihre Eignung für die Zielgruppe im Übergang Schule – Beruf. Die Weiterzubildenden lernen Anforderungen an die jeweiligen Verfahren wie standardisierte Tests, Assessment Center, Interviews und Fragebögen kennen. Vermittelt werden Grundlagen wie die DIN 33430 zur Qualitätssicherung beim Einsatz und der Durchführung von Tests. Der im Einzelfall auf das individuelle Ziel bezogene Einsatz von Testverfahren im Coaching soll eine Grundlage bieten für eine realistische Einschätzung der berufsspezifischen Kompetenzen des Coachee.

Modul „Entwicklungspsychologische Aspekte“

Das Modul „Entwicklungspsychologische Aspekte des Jugend- und frühen Entwicklungsalters“ erweitert das Grundlagenwissen der Teilnehmenden um Themenstellungen wie das Erkennen von Verhaltensauffälligkeiten, gesundheitlich bedingten Störungen und Krankheitsbildern im Jugend- und frühen Erwachsenenalter. LernCoachs brauchen diese Kompetenz, um bei krankheitsbedingten Verhaltensauffälligkeiten ihre Grenzen zu erkennen und bei Bedarf den Coachee an die entsprechenden Fachdienste zu vermitteln.

Modul „Gendertraining“

Geschlechtsspezifisch bedingte Fragestellungen und der geschlechtsdifferenzierte Umgang mit den jugendlichen Klienten müssen auch im Coachingprozess beachtet werden. Im angebotenen Modul „Genderaspekte im Coachingprozess“ geht es um die Sensibilisierung der Weiterzubildenden im Hinblick auf die geschlechtsspezifische Arbeit im Coachingprozess. Die Auseinandersetzung mit dem eigenen Rollenverhalten und die Wahrnehmung geschlechtsspezifischer Verhaltensweisen des Coachee ist notwendig, um Blockaden zwischen Coach und Coachee zu vermeiden.

Modul „Interkulturelle Aspekte im Coachingprozess“

Das Coaching mit Menschen nicht-deutscher Herkunft erfordert neben dem hohen Maß an menschlicher Wertschätzung und Akzeptanz ein interkulturelles Problemverständnis für die besonderen Problemlagen dieser Zielgruppe. Trainingsziel im Modul „Interkulturelle Beratungskompetenz“ ist, die interkulturelle Handlungskompetenz der LernCoachs zu entwickeln, indem ein Bewusstsein für kulturspezifisch determinierte Verhaltensweisen geschaffen und ein Verhaltens- und Kommunikationsrepertoire im Umgang mit Personen fremder Kulturen aufgebaut wird (vgl. A. Thomas, E. Kinas & S. Schroll-Mach 2005, Handbuch Interkulturelle Kommunikation und Kooperation Bd. 1. Grundlagen und Praxisfelder).

Modul 7: Aspekte und Organisation der Selbständigkeit als LernCoach

Die selbstständige oder auch nebenberufliche Tätigkeit als LernCoach erfordert Wissen über Finanzierungsformen, Marketingstrategien, rechtliche Rahmenbedingungen und Anforderungen an Netzwerkarbeit.

Wirksame Selbstvermarktungsstrategien und Techniken zur Analyse und Planung sowie die Selbstorganisation einer freiberuflichen Tätigkeit werden in diesem Modul vermittelt.

Modul 8 – 11: LernCoaching im Kontext der Bedingungen, Angebote und Anforderungen des Bildungs- und Arbeitsmarktes

LernCoachs benötigen für die Arbeit im Coaching mit Jugendlichen im Übergang Schule – Beruf – Arbeitswelt genaue und umfassende Kenntnisse beruflicher Bildungs- bzw. Ausbildungsmöglichkeiten, deren Fördermöglichkeiten und Zugangsvoraussetzungen. Viele Jugendliche sind immer weniger in der Lage, die Anforderungen des aktuellen Arbeitsmarktes tatsächlich einschätzen zu können. Der LernCoach bleibt und ist in erster Linie Coach und kein „Informationsgeber“. Dennoch hat die Arbeit gezeigt, dass aktuelle Kenntnisse des LernCoachs über die Rahmenbedingungen und Anforderungen der Berufs- und Arbeitswelt den Coachingprozess effizienter gestalten.

Zertifizierung als Coach

Die Gesamtweiterbildung für die Tätigkeit als LernCoach wird zertifiziert durch das ILeB Berlin. Die Zertifizierung für die Module 1 und 2 (Coaching) erfolgt durch das Institut Advanced Studies der Christian-Albrechts-Universität zu Kiel. Abbildung 10.2 zeigt die Bestandteile für die Zertifizierung der Module 1 und 2.

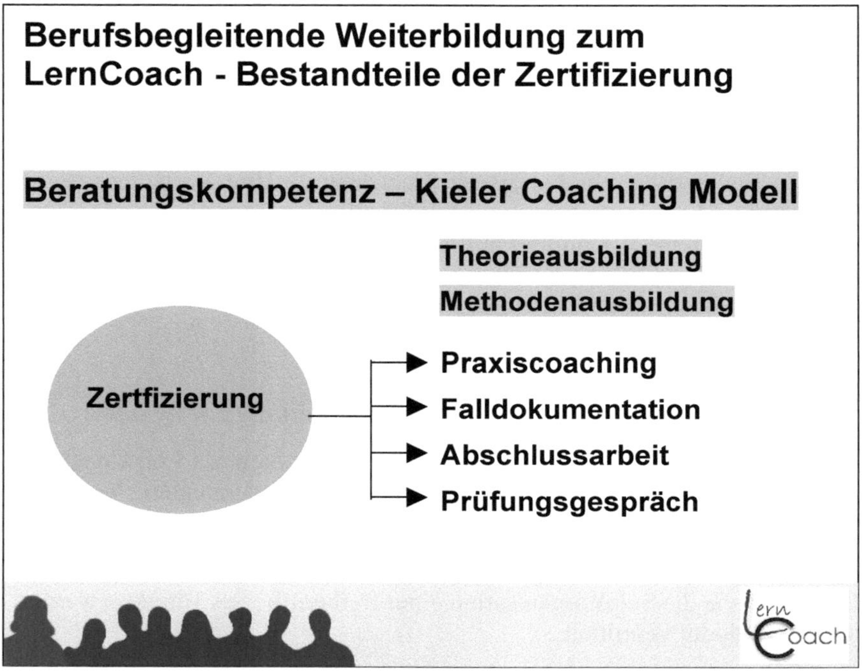

Abb. 10.2: Berufsbegleitende Weiterbildung zum LernCoach – Bestandteile der Zertifizierung

Wer die Weiterbildung erfolgreich bestehen möchte, hat im Prozess der Ausbildung folgende Leistungen zu erbringen:

- Regelmäßige Teilnahme an den Veranstaltungsblöcken
- Durchführung von Praxiscoaching als integraler Bestandteil der Ausbildung
- Abschluss-Testing als Gruppen-Kolloquium
- Falldokumentation über ein durchgeführtes Praxiscoaching mit mindestens 5 Doppelstunden

Wenn der Teilnehmer alle Anforderungen erfüllt hat, erhält er das Zertifikat für die Module 1 und 2 vom Advanced Studies.

Fazit – das Besondere am Coaching mit Jugendlichen

Das Coaching von Jugendlichen und jungen Erwachsenen, die mit Problemen beim Übergang Schule – Arbeitswelt konfrontiert sind, erfordert andere Zugangsweisen und Methoden als das Coachen von Erwachsenen. Dies betrifft die unterschiedliche Problemlage, die Arbeit an Problemen und Zielen, die Auswahl der Methodenbausteine, die Rolle des Coachs und die Arbeit an der Stärkung des Selbstbewusstseins des Jugendlichen.

Problemlagen im Coaching von Jugendlichen aus den Ergebnissen im Modellversuch

Erwachsene, die ein Coaching in Anspruch nehmen, haben in der Regel ein klares Problem und ein klares Ziel, das sie erreichen möchten. Die Zielgruppe der Jugendlichen und jungen Erwachsenen ist hierzu in der Regel nicht in der Lage. Die Probleme werden als diffus empfunden und überschatten das gesamte Lebensgefühl wie eine schwarze Wolke. Oft bewegen sich die Jugendlichen in einem für sie unentwirrbaren Knäuel von Angst, Orientierungslosigkeit, Wut und Schuldempfinden. Schuldzuweisungen an die Umwelt sind gepaart mit Allmachtsfantasien einerseits und einem kaum vorhandenen Selbstbewusstsein und Beziehungsängsten auf der anderen Seite. Selten tritt nur ein Problem isoliert auf. So sind z. B. schulische Probleme immer auch verbunden mit familiären, finanziellen, gesundheitlichen oder sozialen Problemlagen. Die Arbeit an der Fokussierung der Problemlagen ist deshalb der Dreh- und Angelpunkt des Coachings mit der jugendlichen Zielgruppe. Oft sind auch die Ziele unklar. Die Jugendlichen schwankten hier zwischen absolutem Defätismus nach dem Motto „ich kann gar nichts“, „ich habe keine Ziele“ oder sie tragen eher verschämt ihre geheimen Träume vor. Der Coach muss die Ziele des Jugendlichen ernst nehmen selbst dann, wenn er diese Ziele für unrealistisch hält. Ziele zu finden und zu formulieren setzt Energien frei. Und ob ein Ziel wirklich erreichbar ist und mit welchen Strategien, wird im Coachingprozess Schritt für Schritt geklärt.

Die Analyse der Problemlagen von 58 Teilnehmern/-innen im Praxiscoaching durch beteiligte Trainer, Dozenten, LernCoachs und Evaluatoren im Rahmen des genannten Modellversuchs gibt eine Überblick darüber, welche allgemeine Problemlagen im Coaching von jungen Menschen besonders häufig benannt werden und bearbeitet wurden:

- Verbesserung im schulischen Bereich erreichen (z. B. Leistungsoptimierung) 23 %
- Fortschritte in der beruflichen Entwicklung einleiten (z. B. Berufswünsche überprüfen, berufliche Perspektiven klären) 26 %

- Probleme in der beruflichen Entwicklung bearbeiten (z. B. die Entscheidungsfindung) 44 %
- Entwicklung individueller Kompetenzen (z. B. Kommunikationsfähigkeit, Konfliktstrategien, Entwicklung von Selbstbewusstsein) 44 %
- Entwicklung sozialer Kompetenzen (z. B. Verbesserung der sozialen Interaktionsfähigkeit) 16 %

Die Zahlen zeigen die Mehrfachproblematiken, mit denen die jungen Menschen belastet sind. Dies stellt eine besondere Herausforderung für das Coaching dar. Die Mehrzahl der Jugendlichen im Modellversuch war in ihrer familiären Umwelt mit Problemen konfrontiert, die sich massiv auf ihre schulische und berufliche Biografie auswirkten. Es waren dies in erster Linie die Scheidung der Eltern, das Aufwachsen bei nur einem überforderten Elternteil, Alkoholismus der Eltern, Arbeitslosigkeit der Eltern, Aufwachsen im Heim, eigene Krankheit oder der Todesfall eines Elternteils. In der Schule wurden diese Schüler verhaltensauffällig, es traten Leistungsverweigerung und z.T. Schulabsentismus auf, es wurden nur schlechte oder gar keine Schulabschlüsse erreicht. Lehrstellen waren für sie in der Regel nur schwer zu bekommen. Jugendliche, die sich bereits in Ausbildung oder Beschäftigung befanden, hatten Leistungsprobleme, Konflikte mit Kollegen und Vorgesetzten sowie Schwierigkeiten, die Rahmenbedingungen und Anforderungen des Berufslebens zu akzeptieren.

Die Methodenauswahl

Im Coaching mit Erwachsenen setzt der Coach in der Regel eher kognitive Methoden ein, um das Anliegen des Klienten zu bearbeiten. Beim Coaching mit der Zielgruppe der Jugendlichen und jungen Erwachsenen wird ein besonderer Schwerpunkt auf Methoden gelegt, die helfen, einen Zugang zu den Emotionen der Jugendlichen herzustellen. Es sind dies z. B. verschiedene Methoden der Visualisierung, Methoden der psychodramatischen Konkretisierung, Methoden aus dem NLP, insbesondere die Arbeit mit Ressourcen, Methoden aus der Gestalttherapie, Methoden aus der Biografiearbeit sowie Entspannungstechniken. Selbstverständlich wird auch mit systemischen Methoden gearbeitet. Der Einsatz von kognitiven Methoden ist jedoch in dem Maße eingeschränkt, je größer die emotionale Belastung des Coachee ist.

Ebenso ist in der Arbeit mit jungen Menschen im Übergang Schule – Beruf der Einsatz von Methoden zur Fremd- und Selbstwahrnehmung von besonderer Wichtigkeit.

Die Rolle des Coachs

Auch beim Coaching von Erwachsenen ist wichtig, dass die Chemie zwischen Coach und Klient stimmt. Bei jugendlichen Coachees jedoch ist es ein unabdingbares Muss. Ist es dem Coach gelungen, eine Vertrauensbrücke zum Coachee aufzubauen, ist der Jugendliche auch bereit, darüber zu gehen und zu erzählen, was ihn bewegt. Gelingt dies nicht, bricht der Jugendliche das Coaching ab. Akzeptanz, Empathie und Kongruenz sind deshalb unverzichtbare Haltungen beim Coaching von Jugendlichen.

Stärkung des Selbstbewusstseins

Ein Erwachsener, der Coaching in Anspruch nimmt, hat ein oder mehrere Probleme. Er muss deshalb jedoch nicht an einem Mangel an Selbstbewusstsein leiden. Im Gegenteil, wer aus eigenem Antrieb ein Coaching in Anspruch nimmt, hat genug Selbstbewusstsein sich professionelle Unterstützung zu sichern. Den jugendlichen Coachees hingegen mangelt es in der Regel massiv an Selbstbewusstsein. Insbesondere diejenigen, die eine gescheiterte schulische Biografie zu verkraften haben, trauen sich nichts mehr zu. Deshalb wird im Coaching intensiv an Selbst- und Fremdbildern gearbeitet. Dazu gehört es auch, gemeinsam erarbeitete Lösungen in kleinen Schritten anzugehen und zu trainieren. Denn jeder auch noch so kleine Erfolg stärkt das Selbstbewusstsein und gibt Energie für weitere Aufgaben. Das gewachsene Selbstbewusstsein zeigt sich bereits im Coachingprozess zum Beispiel in der Distanzierung von früheren Verhaltensweisen, oft in einer veränderten Körperhaltung, einem anderen Kleidungsstil oder einer neuen Frisur. Deutlich wird der Fortschritt dann, wenn sich die Einstellung zur Schule, zum Ausbildungsplatz oder zur Beschäftigung ändert. Der Coachee übernimmt Verantwortung für ein eigenes Tun und reflektiert sein konkretes Verhalten in der Schule, in der Ausbildung oder beruflichen Tätigkeit: Er geht zur Schule, kommt pünktlich zur Ausbildungsstelle, er lernt für die Prüfung, wird aktiver im Arbeitsalltag und macht Pläne für die Zukunft. Damit ist das primäre Ziel des Coachings erreicht: Der Jugendliche beginnt sich selbst zu regulieren und aktiviert seine beruflichen und privaten Selbstgestaltungspotenziale.

LernCoaching – eine Karriereplanung für Jugendliche

Die Ausbildung von LernCoachs in dem hier vorgestellten Projekt ist eine Investition in die Karriereplanung insbesondere derjenigen Jugendlichen, die in der Regelschule versagen bzw. bei denen die Regelschule versagt. Geht man davon aus, dass ein Coachingprozess mit einem Jugendlichen zwischen 15 und 30 Stunden beträgt, ist dies eine geringe Investition verglichen mit den sozialen und finanziellen Folgekosten, die die Gesellschaft zur Zeit aufwenden muss, um Jugendliche mit einer gescheiterten Schulbiografie aufzufangen und in die Arbeitswelt zu integrieren – oft mit geringem Erfolg. Warum sollen nicht auch Jugendliche in den Genuss einer Methode kommen, die sich Führungskräfte zur eigenen Professionalisierung leisten und die zur individuellen Stabilisierung nachhaltig beiträgt?

Literatur

Altrichter, H.; Messner, E.; Posch, P.: Schulen evaluieren sich selbst. Ein Leitfaden. Seelze: Kallmeyersche Verlagsbuchhandlung 2004

Anderson, J.R.: Kognitive Psychologie. Heidelberg, Berlin: Spektrum 2001

Argyris, C.: Die lernende Organisation. Stuttgart: Klett-Cotta 2002

Arnold, M.: Aspekte einer modernen Neurodidaktik. Emotionen und Kognitionen im Lernprozess. München 2002

Aufschnaiter, C.: Lerntheorien zwischen Neurowissenschaften und päd-agogischer Psychologie. In: Pädagogik 2005, Heft 5, 52-55

Backhausen, W.; Thommen, J.-P. (Hrsg.): Coaching. Durch systemisches Denken zu innovativer Personalentwicklung. Wiesbaden: Gabler 2003

Bachmair, S.; Faber, J.; Henning, C.; Kolb, R.; Willig, W.: Beraten will gelernt sein. Weinheim, Basel: Beltz 1983

Bauer, J.: Das Gedächtnis des Körpers. Frankfurt a.M.: Eichborn 2002

Bauer, J.: Lob der Schule. Hamburg: Hoffmann und Campe 2007

Barrow, J.D.: Die Entdeckung des Unmöglichen. Forschung an den Grenzen des Wissens. Heidelberg, Berlin: Spektrum 2001

Bayer, H.: Coaching-Kompetenz: Persönlichkeit und Führungspsychologie. München, Basel: Reinhardt 1995

Beck, R.; Birkle, W.: Der LernCoach. Edingen-Neckarhausen: Interaktive Medien Verlag 2004

Becker, N.: Die neurowissenschaftliche Herausforderung der Pädagogik. Bad Heilbrunn: Klinkhardt 2006

Benner, D.: Allgemeine Pädagogik. Eine systematisch-problemgeschichtliche Einführung in die Grundstruktur pädagogischen Denkens und Handelns. Weinheim: Beltz 2001

Berg, H.C.: Genetisch lehren mit Wagenschein und Willmann. Neue Sammlung (1990) 1

Berlyne, D. E.: Konflikt, Erregung, Neugier. Zur Psychologie der kognitiven Motivation [1960]. Stuttgart: Klett-Kotter 1974

Bodenmann, G. et al.: Klasssische Lerntheorien. Bern: Huber 2004

Bönsch, M.: Didaktisches Minimum. Neuwied: Luchterhand 1996

Bönsch, M.: Didaktisches Additum. Neuwied: Luchterhand 1998

Brody, R.: Effectively Managing Human Service Oraganisations. Newbury Park, London, New Delhi 1993

Brunner, E.J.; Schönig, W. (Hrsg.): Theorie und Praxis der Beratung. Freiburg i.Br.: Lambertus 1999

Bueb, B.: Lob der Disziplin. Eine Streitschrift. Berlin: List 2006

Chalmers, D.J.: Das Rätsel des bewussten Erlebens. In: Spektrum der Wissenschaften 2002, Heft 3, 12-19

Ciompi, L: Affektlogik. Über die Struktur der Psyche und ihre Entwicklung. Klett-Cotta: Stuttgart 1982

Ciompi, L.: Die emotionalen Grundlagen des Denkens. Vandenhoeck & Ruprecht: Göttingen 1997

Dalin, P.: Schule auf dem Weg ins 21. Jahrhundert. Neuwied: Luchterhand 1997

Dalin, P.; Rolff, H.-G.; Buchen, H.: Institutioneller Schulentwicklungs-Prozess (ISP). Ein Handbuch. Soest: LSW 1995, 2. Aufl.
Dambmann, U.M.: Erfolgsfaktor Gehirn oder die Auflösung des Widerspruchs von Gefühl und Verstand. Münster: Lit 2004
Das Manifest. Elf führende Neurowissenschaftler über Gegenwart und Zu-kunft der Hirnforschung. In: Gehirn und Geist 2004, Heft 6
Dauber, H.: Radikale Schulkritik als Schultheorie. In: Tillmann, K.-J. (Hrsg.), Schultheorien. Hamburg 1987
Dauber, H.; Zwiebel, R. (Hrsg.): Professionelle Selbstreflexion aus pädagogischer und psychoanalytischer Sicht. Bad Heibrunn: Klinkhardt 2006
Decker, P.: Neueste Erkenntnisse der Neurowissenschaften bezüglich des Lernens und ihre Bedeutung für die Pädagogik. Kiel: Christian-Albrechts-Universität zu Kiel, Philosophische Fakultät 2006 (Unveröffentlichte Di-plomarbeit)
Deetjen, P.; Speckmann, E.-J. (Hrsg.): Physiologie. München, Wien, Baltimore: Urban u. Schwarzenberg 1994
Dethlefsen, T.; Dahlke, R.: Krankheit als Weg. München: Goldmann 1998, 12. Aufl.
Der Spiegel, 2005, Nr. 13
Der Spiegel, 2006, Nr. 15
DIE ZEIT, 2002, Nr. 33
Emrich, H.M: Psychosomatische Aspekte psychotischer Erkrankungen. In: Plassmann, R. et al. (Hrsg.), Integrierte Medizin: Neue Modelle für Psychosomatik und Psychiatrie. Giessen: Psychosozial Verlag 2002, 37-52
Fallner, H.; Pohl, M.: Coaching mit System. Opladen: Leske+Budrich 2001
Faulstich, P.; Gnahs D. u.a. (Hrsg.) : Praxishandbuch selbstbestimmtes Lernen. Konzepte, Perspektiven und Instrumente für die berufliche Aus- und Weiterbildung. Weinheim und München: Juventa 2002
Faulstich, P.; Forneck, H.; Knoll, J.: Begründet, geleitet und beraten. Selbstgesteuerte Lernaktivitäten im empirischen Zugang. In: Bielefeld: Bertelsmann, 2005, 8-17
Festinger, L.: Theorie der kognitiven Dissonanz. [1957]. Bern: Huber 1978
Fischer-Epe, M.: Coaching: Miteinander Ziele erreichen. Reinbek bei Hamburg: Rowohlt 2002
Fischer, M.; Graf, P.: Coaching. Alling: Sandmann 1998
Fokus (Magazin) 2004, Nr. 16
Fokus (Magazin) 2004, Nr. 24
Freire, P.: Pädagogik der Unterdrückten. Bildung als Praxis der Freiheit. Reinbek: Rowohlt 1970
Frey, K.: Die Projektmethode [1982]. Weinheim: Beltz 2002
Friedrich, G.; Preiss, G.: Lehren mit Köpfchen. In: Gehirn & Geist 2005, Heft 2, 32-39
Frommann, A.: Was ist Beratung? In: Brunner, E.J.; Schönig, W. (Hrsg.), Theorie und Praxis der Beratung. Freiburg i.Br.: Lambertus 1999, 28-40
Fromm, E.; Suzuki, D.T.; de Martino, R.: Zen-Buddhismus und Psychoanalyse. München: Suhrkamp 1991
Fuchs, C.: Selbstwirksam lernen. Bern: hep 2005
Fullan, M.: Change processes and strategies at the school level. In: The Elementary School Journal 85(3): 1985, 391-421
Gasser, P.: Lernpsychologie für eine wandelbare Praxis. Aarau: Sauerländer 2000

‚Gedächtnis'. In: Spektrum der Wissenschaft (Themenheft) 2003, Heft 2
Gehirn und Geist (Magazin für Psychologie und Hirnforschung) 2006, Heft 1
Göhlich, M.; Zirfas, J.: Lernen. Ein pädagogischer Grundbegriff. Stuttgart: Kohlhammer 2007
Graf, J. (Hrsg.): Das Jahrbuch der Management-Weiterbildung. Bonn: Gerhard May 2004
Grawe, K.: Psychologische Therapie. Göttingen: Hogrefe 1998
Grawe, K.: Neuropsychotherapie. Göttingen, Bern, Toronto, Seattle, Oxford, Prag: Hogrefe 2004
Groeben, A. v.d.: Dem Lernen Zeit geben. In: Pädagogik 2005, Heft12, 6-9
Hameyer, U.: Behind the secrets of success – How to support and sustain school improvement in the information society. In: Pantzar, E. (Ed.), Perspectives on the age of the information society (11-27). Tampere: Tampere University Press 2002
Hameyer, U.: Leitbilder der Schulentwicklung. Lerneinheit 41.05. In: Bessoth, R. (Hrsg.), Schulleitung – Ein Lernsystem. Band 4: Pädagogische Führung – Unterricht. Lerneinheit 41.05 (1-24). Neuwied: Luchterhand 2003
Hameyer, U.: Bildungsstandards – vergessene Geschichte. In: journal für schulentwicklung 2004, Heft 4, 8-19
Hameyer, U.: Didaktisches Planen. Laboratorium für Lerncoaching. Internes Arbeitspapier. Institut für Pädagogik. Universität Kiel 2004
Hameyer, U. u.a.: Standards. In: journal für schulentwicklung (Themenheft) 2004, Heft 4
Hameyer, U.: Innenansichten schwedischer Schulen – Kennzeichen und Tragfähigkeit systemischer Schulentwicklung. Stockholm, Skolverket 2004 (interne Fassung)
Hameyer, U.: Kursbuch Wissensmanagement. AS-Schriftenreihe. Universität Kiel 2004
Hameyer; U.: Schulinterne Standards. In: OberstufenKolleg Bielefeld (Hrsg.), TriOs 2007, Heft 4
Hameyer, U.: Transforming domain knowledge. In: Moon, B. (Ed.), Curriculum, domain knowledge and pedagogy (working title). London: 2007 (forthcoming)
Hameyer, U. ; Rößer, B.: Entdeckendes Lernen. In: Wiechmann, J. (Hrsg.), Unterrichtsmethoden (Arbeitstitel). Weinheim: Beltz 2007 (im Druck)
Hameyer, U.; Pallasch, W.; Wiechmann, J.: Pädagogische Organisa-tionsberatung 1998, AS-Module: Interne Arbeitsmaterialien, Universität Kiel
Hampden-Turner, C.: Modelle des Menschen. Ein Handbuch des menschlichen Bewusstseins. Weinheim, Basel: Beltz 1983
Hänsler, H.: Kurzzeitsupervision – Konzeptionelle Überlegungen für einen Ausbildungsgang im Rahmen pädagogischer Qualifikation (ausgerichtet auf das Advanced Studies Weiterbildungsstudium). Kiel: Christian-Albrechts-Universität zu Kiel, Erziehungswissenschaftliche Fakultät 2000 (Unveröffentlichte Diplomarbeit)
Hauschildt, J.; Gemünden, H.G. (Hrsg.).: Promotoren. Wiesbaden: Gabler 1999
Helmke, A.: Unterrichtsqualität. Seelze: Friedrich 2003
Helmke, A.: Was wissen wir über guten Unterricht? II. Folge. In: Pädagogik 2006, Heft 2
Hendriksen, J.: Intervision. Kollegiale Beratung in sozialer Arbeit und Schule. Weinheim, Basel: Beltz 2000

Hentig, H. v.: Die Schule neu denken: Eine Übung in praktischer Vernunft. München: Hanser 1993
Hentig, H. v.: Bewährung. München, Wien: Hanser 2006
Herrmann, U.: Gehirnforschung und die Pädagogik des Lehrens und Lernens: Auf dem Weg zu einer ‚Neurodidaktik'. In: Zeitschrift für Pädagogik 2004, Heft 4
Herrmann, U.: Die nationale Testservice-Agentur IQB: Der Abgesang auf pädagogische Schulentwicklung. Internes Arbeitspapier 2005
Herrmann, U. (Hrsg.): Neurodidaktik. Grundlagen und Vorschläge für hirngerechtes Lehren und Lernen. Weinheim, Basel: Beltz 2006
Hesse, J.K.: Systemisch-lösungsorientierte Kurztherapie. Göttingen: Vandenhoek & Ruprecht 1997
Heymann, W.: Was macht Üben ‚intelligent'? In: Pädagogik 2005, Heft 11, 6-10
Hornby, A.S.: Oxford Advanced Learner's Dictionary Of Current English. Oxford: University Press 1986
Holling, H.: Verhaltensmodellierung für die Durchführung von Mitarbeitergesprächen. In: Kleinmann, M.; Strauss, B. (Hrsg.), Potentialfeststellung und Personalentwicklung. Göttingen 1998, 229-241
Huschke-Rhein, R.: Systemische Erziehungswissenschaft. Pädagogik als Beratungswissenschaft. Weinheim: Deutscher Studienverlag 1998
Hüther, G.: Bedienungsanleitung für ein menschliches Gehirn. Göttingen: Vandenhoeck & Ruprecht 2005
Hutterer, R.: Das Paradigma der humanistischen Psychologie: Entwicklung, Ideengeschichte und Produktivität. Wien, New York: Springer 1998
Illich, I.: Entschulung der Gesellschaft. München: Kösel 1971
Kaiser, A. (Hrsg.): Selbstlernkompetenz. München: Luchterhand 2003
Kaiser, R.; Kaiser, A.: Denken trainieren. Lernen optimieren. Augsburg: ZIEL 2006, 2. Aufl.
Kaul, C.: Der Weg zum passenden Coach. In: Vertriebsmanagement 2001
Kaul, C.: Einsame Spitze – Coaching bei Volkswagen. In: Backhausen, W.; Thommen, J-P. (Hrsg), Coaching. Durch systemisches Denken zu innovativer Personalentwicklung. Wiesbaden: Gabler 2003, 351-366
Kehlmann; D.: Die Vermessung der Erde. Reinbek bei Hamburg: Rowohlt 2005
Kelm, V.: Coaching – Eine aktuelle Betrachtung des Mitarbeitercoaching. Kiel: Christian-Albrechts-Universität zu Kiel, Philosophische Fakultät 2004 (Unveröffentlichte Diplomarbeit)
Key, E.: Das Jahrhundert des Kindes [1900]. Königstein: 1978
King, A.: Abenteuer Timeline. Reisen auf der mentalen Zeitebene. Norderstedt: Selbstverlag 2004
Kittel, W.: Pseudoneuro. In: Frankfurter Rundschau, 23.11. 2004
Klein, S.: Zeit. Der Stoff aus dem das Leben ist. Frankfurt a.M.: Fischer 2006
Klieme, E. et al.: Zur Entwicklung nationaler Bildungsstandards. Berlin: BMBF 2003
Kline, P.; Saunders, B.: 40 Schritte zur Lernenden Organisation. Das Praxisbuch. Paderborn: Junfermann 1997
Klose, U. u.a.: Funktionelle Bildgebung mit der Magnetresonanztomographie. In: electromedica 67 1999, Heft 1
Kounin, J.S.: Techniken der Klassenführung. Stuttgart: Klett 1976
Kramer, B.: Mentale Integration von Text und Bild. In: IPN Blätter 2005, 4/05

Krapp, A.; Weidemann, B. (Hrsg.): Pädagogische Psychologie. Weinheim: Beltz 2001
Krause, C.; Fittkau, B.; Fuhr, R.; Thiel, H.-U. (Hrsg.): Pädagogische Beratung. Grundlagen und Praxisanwendung. Paderborn, München, Wien, Zürich: Schöningh 2002
Krawitz, R.: Pädagogik statt Therapie: Vom Sinn individualpädagogischen Sehens, Denkens und Handelns. Bad Heilbrunn: Klinkhardt, 1997, 3.Aufl.
Kriz, J.: Grundkonzepte der Psychotherapie. Eine Einführung. Weinheim: Psychologie Verlags Union 1994, 4. Aufl.
Krope, P.: Zum Verhältnis von erster und zweiter Ausbildungsphase im Rahmen der Lehramtsausbildung nach dem Bachelor-Master-System. Internes Arbeitspapier, Institut für Pädagogik, Dezember 2005
Krope, P.; Wolze, W.: Konstruktive Begriffsbildung. Münster: Waxmann 2005
Krottenthaler, E.; See, C. v.: Von Science zu Fiction – Wissenschaft mit anderen Worten. Stuttgart: S. Hirzel 2006
KSM: Das Kieler Supervisionsmodell (KSM). Pallasch, W.; Kölln, D.; Reimers, H. & Rottmann, C.: Das Kieler Supervisionsmodell (KSM). Manual zur pädagogischen Supervision. Weinheim, München: Juventa 2001, Neuauflage 2001
Küstenmacher, W.T.; Seiwert, L.: simplify your life. Frankfurt, New York: Campus 2002
Leithwood, K.; Louis, K.S. (Eds.): Organizational Learning in Schools. Lisse: Swets and Zeitlinger 1998
Lehner, F.: Organizational memory. München: Hanser 2000
Levine, R.: Eine Landkarte der Zeit. München: Heyne 1998
Lightman, A.: Und immer wieder die Zeit. München: Heyne 1996
Linke, D.: Das Gehirn. München: Beck 2002
Looss, W.: Coaching für Manager. Problembewältigung unter vier Augen. Landsberg/Lech: Verlag Moderne Industrie 1993
Mahlmann, R.: Einzel-Coaching. Kompetenz entwickeln. Weinheim, Basel: Beltz 2001
Markowitsch, H.J.: Dem Gedächtnis auf der Spur. Darmstadt: Wissenschaftliche Buchgesellschaft 2002
Marszk, D.: Denken braucht nicht nur den Kopf. In: Die Welt (Wissenschaft) 27. September 2005
Meier, M.: Neuropädagogik. Entwurf einer neuropädagogischen Theorie aisthetischer Erziehung und Möglichkeiten ihrer praktischen Umsetzung auf der Grundlage interdisziplinärer Erkenntnisse aus Pädagogik, Psychologie und Hirnforschung. Marburg: Tectum 2004
Meinberg, E.: Das Menschenbild der modernen Erziehungswissenschaft. Darmstadt: Wissenschaftliche Buchgesellschaft 1988
Meyer, H.: Was sind Unterrichtsmethoden? In: Pädagogik 2004, Heft 1, 12-15
Miller, R.: Selbstcoaching für Schulleitungen. Weinheim, Basel, Berlin: Beltz 2003
Miller, R.: Beziehungsdidaktik. Weinheim, Basel: Beltz 1997
Miller, R.: Lehrer lernen: Ein pädagogisches Arbeitsbuch für Lehranwärter, Referendare, Lehrer und Lehrergruppen. Weinheim, Basel: Beltz 1993
Morneburg, H. (Hrsg.): Bildgebende Systeme für die medizinische Diagnostik. Erlangen: Publicis MCD 1995
Müller, A.: Nachhaltiges Lernen. Beatenberg: pepp.medien 1999
Müller, A.: Lernen steckt an. Bern: hep-Verlag 2001

Müller, A.: Wenn nicht ich, …? Und weitere unbequeme Fragen zum Lernen in Schule und Beruf. Bern: hep-Verlag 2002
Müller, A.: Lernbuch Lerncoaching. Institut Beatenberg: Internes Arbeitspapier 2005
Müller-Schöll, A.; Priepke, M.: Sozialmanagment. Berlin: Luchterhand 1991
Obhi, S.; Haggard, P.: Der freie Wille auf dem Prüfstand. In: Spektrum der Wissenschaft 2006, Heft 6, 6-13
OECD: Wie funktioniert das Gehirn? Auf dem Weg zu einer neuen Lernlandschaft. Stuttgart, New York: Schattenauer 2004
Oerter, R.: Menschenbilder in der modernen Gesellschaft: Konzeptionen des Menschen in Wissenschaft, Bildung, Kunst, Wirtschaft und Politik. Stuttgart: Enke 1999
Pädagogik: Lehrercoaching als Beitrag zur Schulentwicklung (ohne Autor), Mai 2002, Heft 5
Pädagogik, April 2004, Heft 4
Pädagogische Rundschau, März-April 2005, Heft 2
Pallasch, W.: Pädagogisches Gesprächstraining. Lern- und Trainingsprogramm zur Vermittlung therapeutischer Gesprächs- und Beratungskompetenz. Weinheim, München: Juventa 1995, 4. Aufl.
Pallasch, W.: Personenzentrierte Gesprächsführung. In: Buddrus, V. (Hrsg.), Humanistische Pädagogik. Bad Heilbrunn: Klinkhardt 1995, 153-172
Pallasch, W.: Supervision: Neue Formen beruflicher Praxisbegleitung in pädagogischen Arbeitsfeldern. Weinheim, München: Juventa 1997, 3. Aufl.
Pallasch, W.: Konflikte durch Coaching regeln. Methoden und Beispiele begleitender Interventionen. In: journal für schulentwicklung 1999, Heft 2, 26-50
Pallasch, W. (unter Mitarbeit von Ralf Petersen u. Helga Hänsler): Coaching. Personalentwicklung im Schulbereich. AS-Train-Broschüre. Institut für Advanced Studies, Universität Kiel 2001
Pallasch, W.: Lerncoaching. Ein Weg aus der schuldidaktischen Krise? In: Grundschule 2006, Heft 3
Pallasch, W.; Kölln, D.: Pädagogisches Gesprächstraining. Lern- und Trainingsprogramm zur Vermittlung therapeutischer Gesprächs- und Bera-tungskompetenz. Weinheim, München: Juventa 2002, 5. Aufl.
Pallasch, W.; Kölln, D.; Reimers, H.; Rottmann, C.: Das Kieler Supervisionsmodell (KSM). Manual zur pädagogischen Supervision. Weinheim, München: Juventa 2001, Neuauflage
Pallasch, W.; Mutzeck, W.; Reimers, H.: Beratung – Training – Supervision. Eine Bestandsaufnahme über Konzepte zum Erwerb von Handlungskompetenz in pädagogischen Arbeitsfeldern. Weinheim, München: Juventa 1996
Pallasch,W.; Pallasch, C.: Schweigen, dann schweigen – sonst nichts. Weinheim, München: Juventa 1998
Pallasch, W.; Petersen, R.: Coaching. Ausbildungs- und Trainingsprogramm zum Coach in pädagogischen und sozialen Arbeitsfeldern. Weinheim, München: Juventa 2005
Pallasch, W.; Simon. R.: Professionelles Coaching im Schulbereich. In: journal für schulentwicklung 2003, Heft 1, 17-26
Penrose, R.: Das Große, das Kleine und der menschliche Geist. Heidelberg, Berlin: Spektrum 2002

Petersen, R.: Pädagogisch-therapeutisches Gesprächsverhalten. Aktualisierung und Erweiterung einer Konzeption. Kiel: Christian-Albrechts-Universität zu Kiel, Erziehungswissenschaftliche Fakultät 1999 (Unveröffentlichte Diplomarbeit)
Petersen, J.; Grone-Lübke, W. v.: Didaktik interaktiv. Teil 1: Anthropologische Grundlegung und Geschichte. Donauwörth: Auer 2005
Plassmann, R.; Schütz, M.; Uexküll, Th. v. (Hrsg.): Integrierte Medizin: Neue Modelle für Psychosomatik und Psychiatrie. Gießen: Psychozial-Verlag 2002
Potthoff, W.; Wolf, A.: Einführung in die Strukturbegriffe der Erziehungswissenschaft. Freiburg i. Br.: Herder 1974
Preiss, G. (Hrsg.) Neurodidaktik. Theoretische und praktische Beiträge. Pfaffenweiler 1996
Protokoll vom 27. September 2006 der ‚Kommission zur Wahrnehmung der Belange der Kinder' des Deutschen Bundestages.
Psychrembel. Klinisches Wörterbuch. Berlin, New York: de Gruyter 2002
Quitmann, H.: Humanistische Psychologie: Psychologie, Philosophie, Organisationsentwicklung. Göttingen, Bern, Toronto, Seattle: Hogrefe 1996, 3. Aufl.
Rauen, C.: Coaching. Göttingen: Verlag für Angewandte Psychologie 1999
Rauen, C. (Hrsg.): Handbuch Coaching. Göttingen: Verlag für Angewandte Psychologie 2000
Rauen, C. (Hrsg.): Coaching-Tools. Bonn: managerSeminare Verlag 2005
‚Rätsel Gehirn'. In: Spektrum der Wissenschaft (Themenheft) 2002, Heft 3
Rechtien, W.: Beratung. Theorien, Modelle und Methoden. München, Wien: Profil 1998
Reich, E.: Kultur und Kognition. Impliziert die moderne Hirnforschung eine Neukonzeptionierung didaktischer Positionen. In: Pädagogische Rundschau 2005, Heft 5, 527-538
Reich, K.: Systemisch-konstruktivistische Pädagogik. München: Luchterhand 2002
Renn, K.: Dein Körper sagt dir, wer du werden kannst. Freiburg i. Br.: Herder 2006
Retter, H: Studienbuch Pädagogische Kommunikation. Bad Heilbrunn: Klinkhardt 2000
Rheinberg, F.: Motivation. Stuttgart: Kohlhammer 2000, 3.Aufl.
Rörig, S.; Reiners-Kröncke, W.: Burnout in der sozialen Arbeit. Augsburg: ZIEL 2003
Rösing, I.: Ist die Burnoutforschung ausgebrannt? Analyse und Kritik der internationalen Burnout-Forschung. Heidelberg: Asanger 2003
Rolff, H.-G.: Wandel durch Selbstorganisation. München: Juventa 1993
Roth, G.: Fühlen, Denken, Handeln. Wie das Gehirn unser Verhalten steuert. Frankfurt am Main: Suhrkamp 2001
Roth, G.: Aus Sicht des Gehirns. Frankfurt a. M.: Suhrkamp 2003
Roth, G.: Warum sind Lehren und Lernen so schwierig? In: Zeitschrift für Pädagogik 2004, Heft 4
Roth, G.: Gleichtakt im Gehirn. In: Gehirn und Geist, Dossier-ND 1, 2006, 24-32
Schäffler, A.; Menche, N.: Biologie, Anatomie, Physiologie. München, Jena: Urban & Fischer 2000
Scheunpflug, A.: Biologische Grundlagen des Lernens. Berlin: Cornelsen 2001
Schirrmacher, F.: Das Methusalem-Komplott. München: Blessing 2004
Schneider, U.: Wissensmanagement. Die Aktivierung des intellektuellen Kapitals. Frankfurt a.M.: Edition Blickpunkt Wirtschaft 1996

Schön, B.: Therapie statt Erziehung? Chancen und Probleme der Therapeutisierung pädagogischer und sozialer Arbeit. Frankfurt a.M.: VAS 1993
Schratz, M.: Theorie und Praxis – ein unglückliches Paar. In: Lernende Schule 2004, Heft 27, 42-46
Schratz, M.; Steiner-Löffler, U.: Die lernende Schule. Arbeitsbuch pädagogische Schulentwicklung. Weinheim: Beltz 1998
Schreyögg, A.: Coaching. Eine Einführung für Praxis und Ausbildung. Frankfurt a.M., New York: Campus 1998
Schreyögg, A.: Editorial. In: Organisationsberatung, Supervision, Clinical Management. Hemsbach 2000, 1, 3-8
Schwäbisch, L.; Siems, M.: Selbstentfaltung durch Meditation. Reinbek: Rowohlt 1983
Sejkora, K.: Coaching und Supervision. In: Agogik 1995, 2, 32-48
Senge, P.M.: Die fünfte Disziplin. Kunst und Praxis der lernenden Organisation. Stuttgart: Klett-Cotta 1999
Senge, P.M.; Kleiner, A.; Roberts, Ch.; Ross, R.B.; Smith, B.S.: The Fifth Discipline Fieldbook. Strategies and Tools for Building a Learning Organisation. New York, London, Toronto, Sydney, Auckland: Richard B. Ross, and Bryan J. Smith 1994
Shazer, S. de: Wege der erfolgreichen Kurztherapie. Stuttgart: Klett-Cotta 1995, 5. Aufl.
Sheldrake, R.: Die Theorie der morphogenetischen Felder. In: Schaeffer, M.; Bachmann, A. (Hrsg.), Neues Bewusstsein – neues Leben. München: Heyne 1998, 261-183
Siebert, H.: Selbstgesteuertes Lernen und Lernberatung. Augsburg: ZIEL 2006
Singer, W.: Development and plasicity of cortical processing architecture. Science 270, 758-764
Singer, W.: Der Beobachter im Gehirn. Frankfurt a.M: Suhrkamp 2002
Spada, H. (Hrsg.).: Lehrbuch Allgemeine Psychologie. Bern: Huber 1998
Spitzer, M.: Geist im Netz. Modelle für Lernen, Denken und Handeln. Heidelberg, Berlin: Spektrum Akademischer Verlag 2000
Spitzer, M.: Lernen. Gehirnforschung und die Schule des Lebens. Heidelberg, Berlin: Spektrum 2002
Spitzer, M.: Selbstbestimmen. Gehirnforschung und die Frage: Was sollen wir tun? Heidelberg, Berlin: Spektrum 2004
Spitzer, M.: Nervenkitzel. Stuttgart: Suhrkamp 2006
Stangl, W.: Lernstile – was ist dran? In: Praxis Schule 2005, Heft 5
Steiner, G.: Lernverhalten, Lernleistung und Instruktionsmethoden. In: Enzyklopädie der Psychologie, Bd. 3, Göttingen 1997
Storch, M; Krause, F.: Selbstmanagement – ressourcenorientiert. Grund-lagen und Trainingsmanual für die Arbeit mit dem Züricher Ressourcen Modell. Bern, Göttingen, Toronto, Seattle: Huber 2003
Strittmatter, A.: Beratungsqualität, Editorial. In: journal für schulentwick-lung 1999, Heft 2, 4-8
Strittmater-Haubold, V. (Hrsg.): Konzepte und Tools für das Training der Zukunft. Weinheim: Deutscher Studienverlag 2000
Struck, P.; Würtl, I.: Vom Pauker zum Coach. München, Wien: Hanser 1999
Sturma, D.: Philosophie und Neurowissenschaften. Frankfurt: Suhrkamp 2006
Süskind, P.: Das Parfüm. Zürich: Diogenes 1994

Tenorth, H.E.: Bildungsstandards – Wunderwaffe oder Holzweg der Bildungsreform. Vortrag in der Herman-Ehlers-Akademie (Kiel) Mai 2005
Thomas, A.; Kinas, E.; Schroll-Mach, S.: Handbuch Interkulturelle Kommunikation und Kooperation B1. Grundlagen und Praxisfelder: 2005
Tippelt, R.; Schmidt, B.: Was wissen wir über das Lernen im Unterricht? In: Pädagogik 2005, Heft 3 (57. Jg.), 6-11
Tücke, M.: Grundlagen der Psychologie für (zukünftige) Lehrer. Münster: LIT 2003
Vaas, R.: Gedächtnis. In: Lexikon der Neurowissenschaften (unter: www.wissenschaft-online.de)
Vester, F.: Denken, lernen, vergessen [1975]. Stuttgart: dva München 1996
Vogelauer, W.: Was ist Coaching – was ist es nicht! In: Agogik 1995, 2, 58-70
Völker, U. (Hrsg.): Humanistische Psychologie. Ansätze einer lebensnahen Wissenschaft vom Menschen. Weinheim, Basel: Beltz 1980
Volkswagen Coaching GmbH, Wolfsburg (Dr. C. Kaul): Interne Arbeitspapiere, ‚Jeder Gute kann noch besser werden', 2001
Wagenschein, M.: Verstehen lehren: Genetisch-Sokratisch-Exemplarisch. Mit einer Einführung von Hartmut von Hentig und einer Studienhilfe von Hans-Christoph Berg [1968]. Weinheim: Beltz 1992, 10. Aufl.
Watzlawick, P.; Nardone, G. (Hrsg.): Kurzzeitherapie und Wirklichkeit. München, Zürich: Piper 1999
Weiss, T.: Familientherapie ohne Familie: Kurztherapie mit Einzelpatienten. München: Kösel 1988
Wilber, K.: Integrale Psychologie. Freiamt: Arbor 2001
Wilber, K.: Halbzeit der Evolution. Frankfurt a.M.: Fischer 2004, 7. Aufl.
Wildt, J.: Ein hochschuldidaktischer Blick auf die Lehrerbildung: Hochschule als didaktisches Lern- und Handlungsfeld. In: Bayer, M. u. a. (Hrsg.), Lehrerin und Lehrer werden ohne Kompetenz? Bad Heilbrunn: Klinkhardt 2000
Willigis, J.: Die Welle ist das Meer. Freiburg i.Br.: Herder 2003
Zimbardo, P.G.: Psychologie. Berlin u. a.: Springer 1992